董千里 著

集成场

'一带一路'产能合作网链研究

中国社会科学出版社

图书在版编目（CIP）数据

集成场："一带一路"产能合作网链研究/董千里著．—北京：中国社会科学出版社，2020.4
　ISBN 978－7－5203－5579－7

　Ⅰ.①集… Ⅱ.①董… Ⅲ.①"一带一路"—国际合作—研究 Ⅳ.①F125

中国版本图书馆 CIP 数据核字（2019）第 249089 号

出 版 人	赵剑英
责任编辑	车文娇
责任校对	周晓东
责任印制	王　超

出　　版	中国社会科学出版社
社　　址	北京鼓楼西大街甲 158 号
邮　　编	100720
网　　址	http：//www.csspw.cn
发 行 部	010－84083685
门 市 部	010－84029450
经　　销	新华书店及其他书店
印　　刷	北京明恒达印务有限公司
装　　订	廊坊市广阳区广增装订厂
版　　次	2020 年 4 月第 1 版
印　　次	2020 年 4 月第 1 次印刷
开　　本	710×1000　1/16
印　　张	20.5
插　　页	2
字　　数	347 千字
定　　价	106.00 元

凡购买中国社会科学出版社图书，如有质量问题请与本社营销中心联系调换
电话：010－84083683
版权所有　侵权必究

前　言

　　集成场是在对中国改革开放以来物流高级化实践初步总结的基础上，经过两业联动模式及机制及"一带一路"产能合作的网链机制研究，分阶段结合产业联动实践项目研究，逐步深入完善起来的。

　　集成场理论最初部分体现为《高级物流学》[①] 中的物流集成，在物流集成实践运作基础上的网链是物流链，这是借鉴了在国外物流业考察学习和中国物流概念引入及其物流业高级化实践的组织形式，在实践基础上形成的相应理论研究。其细化概念很多，通过教育部项目（编号：08JHQ0045）的研究成果即《物流集成理论及实现机制》[②] 提出了物流集成场范畴，形成了物流集成场理论体系。借用物流集成场理论，对西安国际港务区的研究中将物流集成场理论应用于国际物流实践，形成了《物流集成场：国际陆港理论与实践》[③]，其中更多地涉及和引用了多种集成体的实践、物流基核的场源建设理论内涵与实践外延、物流作业平台和信息平台的理论体系，也就是说，通过国际物流枢纽，将物流业与区域经济和产业联系在一起。

　　在承接陕西省发改委重大研究课题（编号：SXFGW-02）"陕西省制造业与物流业联动发展研究"时，以陕西制造业与物流业联动为基础，考察了众多陕西制造业与物流业联动案例，对改革开放以来的两业联动深有启发；进而在承接国家社科基金项目（编号：13BJY080）的研究过程中，又从更大范围进行了116个两业联动案例的分析研究，其主要结论通过两

[①] 参见董千里《高级物流学》，人民交通出版社1999年版；董千里《高级物流学》（第三版），人民交通出版社2015年版。
[②] 董千里、鄢飞：《物流集成理论及实现机制》，社会科学文献出版社2011年版。
[③] 董千里：《物流集成场：国际陆港理论与实践》，社会科学文献出版社2012年版。

业联动发展模式等理论成果①得以重点体现；在承担国家社科基金项目（编号：17BJL063）的研究过程中，进一步归纳梳理了152个"一带一路"产能合作案例、208个产能合作风险与危机应对案例。这样，基于案例研究等为主的集成场理论在两业联动、国际产能合作研究过程中进一步完善，进而从集成场全球价值链视角，对"一带一路"产能合作进行更有深度的理论和应用研究。研究表明，集成场作为研究的基本范畴，结合全球价值链对于产业联动的集成优化、国际产能合作网链机制的研究，有了更深刻的认识，在获得产能合作研究成果的基础上，集成场本身的哲学意义也显示了其通用性和在产业经济与管理主动优化方面的价值。

在进行国家社科基金项目（编号：17BJL063）的研究中，博士生闫柏睿参与了研究报告第二章产能合作文献梳理的数据分析和第十一章"一带一路"产能合作风险及其防范的数据分析，研究生李明垚参与了第三章产能合作国家供求分析和第四章境内产业网链升级机制的数据分析整理，博士生王东方参与了第六章物流绩效、政府治理与国际贸易的数据分析。研究生崔国华、李向冬、郦晓璐、孙记兰、卢大江等参与了116个两业联动案例和152个"一带一路"产能合作案例的收集；孟煜波、李倩、童菲、姚华等参与了208个产能合作风险与危机应对案例的收集。

此著作是在研究报告材料的基础上，著者进一步理论提炼，并按照专家和出版社要求进一步删改、提炼、充实完善的，以《集成场："一带一路"产能合作网链研究》为书名正式出版。

董千里

2020.03.16

---

① 董千里：《集成场理论：两业联动发展模式及机制》，中国社会科学出版社2018年版。

摘 要

一 研究过程及其内容总括

本书基于源自境内"联动"和境外"合作"两类重要集成实践提炼的基础理论，融合集成场全球价值链视角进行理论集成创新，结合"一带一路"产能合作实践研究，有利于引导"一带一路"产能合作更顺利地展开。

（1）将中国在改革开放40余年来，将物流外包形成的两业联动、产业联动模式，延伸到"一带一路"产能合作中，奠定了集成场全球价值链视角的产业转型升级实践的集成场认识，经过理论提炼完善，推向"一带一路"产能合作研究。

（2）为走向"一带一路"，借助先进的电子信息技术，如物联网、大数据和智能机器人技术等，改变网链重组关系，在进行技术创新的基核、联接键中发挥作用，以同态网链结构、网链绿色延伸、网链转型升级和风险—危机—应急集成应对等理论体系，在"一带一路"背景下，基于境内两业联动发展模式，由集成体主导集成创新、绿色延伸到境外，实现"一带一路"产能合作发展模式、产业园区发展模式并落实到实践中。

（3）集成场理论引导产能合作实践的机制是，集成体主导地方产业链进行转型升级，实现绿色延伸，在"一带一路"背景下进行产能合作、网链治理、价值链升级，奠定了集成场主动优化理论并引导"一带一路"产能合作实践。在产能合作的全球价值链分工中，将主要研究成果、观点和建议组合成了一系列结合实践的理论应用路径和实现方式。

本书分为五篇十二章，通过基础理论篇、实践归纳篇、理论提炼篇、引导实践篇和结论启示篇，在整体上构成了一个"一带一路"产能合作理论及实践应用的完整逻辑体系。基础理论方面对集成场理论进一步充实完善，对产能合作实践起到观点归纳、实践引导和总结提炼的作用。研究报告概括归纳了四个主要基础理论研究成果，从六个方面对产能合作集成创新实践的研究观点进行推广应用；另外，还形成了七个方面的研究主要推论和四方面主要启示。

二　产能合作理论集成创新

集成场全球价值链视角在"一带一路"产能合作研究中体现了理论集成创新，其创新要点可归纳如下。

（1）同态网链结构理论。集成场的同态网链结构理论为境内创建的产业联动模式延伸境外产能合作应用奠定了基础理论，同时也丰富了集成场理论。集成体主导的网链参与"一带一路"产能合作，形式上分别为物流链、供应链、供应链集成和产业链的网链结构，可统称为同态网链结构，将网链绿色延伸和风险—危机—集成应对纳入网链治理研究。集成场的集成体、基核和联接键所构建的网链是反映人工大系统的最简单的网链结构，便于抓住网链最核心的范畴，以同态网链范畴类推分析和研究探讨两链间关系。以网链结构微观经济动能结合政府规划政策势能，将知识集成、技术创新、绿色延伸转化为网链的经济动能运行，通过集成体集成力、基核集成引力和网链联接键的技术创新成果体现出来。

（2）网链绿色延伸理论。集成创新是网链绿色延伸的前提，为"产业转移"到"产能合作"的研究视角和范畴进行理论拓展。产业迁移往往具有梯度转移特征，产能合作要集成产业转移的优势，为避免被误解为"过剩""劣质"的产业转移之嫌，就要在产品用途、服务品牌、产能技术和生态环境等方面有所改进，即体现网链集成体的文化先行，并融于基核承载的技术创新和联接键的综合包容之中，以网链绿色延伸境外的形式与东道国进行共享价值链的合作。研究报告用集成场这种新视角：①源自中国改革开放的认识、实践和提炼，结合中国在改革开放从引进和承接外资、建厂和拓展市场等过程中遇到的问题与解决的措施探索，提炼中国对作为"世界工厂"的产业网链认识与治理过程的理论；②探索中国开始观察依托"一带一路"走向全球价值链，在新的全球价值链分工中找到中国产业链在全球价值链分工的地位、作用和途径；③总结和指导为构建人类命运共同体，在"一带一路"产能合作中如何做出中国贡献，走出中国道路，形成中国文化特色并融于"一带一路"产能合作之中。

（3）网链转型升级理论。网链是相对的，是基本竞争单位，网链结构螺旋形的自运行和群运行是产业转型升级的方向叠加，体现了集成体和集成体集群关系的战略一致。网链结构简化了研究对象及运行过程重复、交叉问题和方法集成创新，并以网链群发展向量叠加体现产业的转型升级。运用集成体、基核和联接键构成的网链是最简单的网链结构，是人工大系统的最简要描述。研究报告用最简单的网链结构描述了研究对象及基本特征，便于凝聚焦点、集成创新并进行深入研究。梳理了国内企业作为集成体走向"一带一路"进行产能合作的 152 个"一带一路"产能合作案例，都是产业组织化基础上的再组织过程，可以概括为境外产业集聚、产业集群。集成场中具有"主动优化"的实体，是主动优化的集成体，其承载集成创新的基地是基核，对内对外以技术集成衔接为联接键，从而将集成体、基核、联接键组合为网链集成系统，这也是集成场视角的最简单的同态网链结构。引导集成实践的理论是集成场，可用于识别、提炼国内产业链走向"一带一路"乃至全球价值链的路径及理论。

（4）网链风险—危机—应急集成应对理论、境外风险识别—危机转换—应急处理集成管理理论。研究报告用 208 个产能合作出现的风险危机案例进行分析，指出国别风险即政治风险是主要风险类型，案例占比接近 50%，接下来是运营风险、合作风险、信用风险和财务风险，约占 30%，总共累计风险危机案例达到 80%。案例分析验证，网链绿色延伸的集成体必须推动中华优秀文化的渗透与传播；否则，即使在友好关系国家中也可能发生各类网链突发事件。针对"一带一路"产能合作中的网链绿色延伸过程，不仅提出了风险识别、危机转化和应急管理的一体化管理体系，还提出将中国先进文化融入产能合作过程也是预防并降低风险的一种途径。

三　产能合作实践观点提炼

通过"一带一路"产能合作实践的理论提炼并完善，进一步引导产能合作实践，其主要观点梳理提炼如下。

（1）产业链提升到国家层面是产业产能"走出去"的前提。课题研究用集成场同态网链理论简化了网链结构，可进一步探讨物流链、供应链、供应链集成乃至产业链，实现网链集成创新、绿色延伸，是名正言顺"走出去"的必要前提。从地方产业链升级到国家价值链层次，集成体应当关注品牌效应,在产品、工艺和过程中体现中华文化优秀品质,融于战略形成、战略实施之中,并渗透于基核承载的场源、联接键所承载的技术创新之中,并体现于网链结构自运行发展过程,形成相对独立的竞合单元。案例验证,"一带一路"产能合作以国家价值链、绿色延伸的形式"走出去",成功的可能性更大。

(2) 集成场全球价值链视角可用于产能合作模式的探讨及实践。集成体关系是中外集成体"企企"关系在境外的延伸,延伸的核心内容是基核及场源建设,而这种网链的绿色延伸特征应融于"一带一路"产能合作发展模式之中,即:

$$产能合作发展模式 = 集成体 \begin{Bmatrix} 中外融合 \\ 中外联盟 \\ 中外伙伴 \\ 独立经营 \end{Bmatrix} 关系 + \begin{Bmatrix} 综合型 \\ 关联型 \\ 园区型 \end{Bmatrix} 基核 + \begin{Bmatrix} 文化型 \\ 制度型 \\ 政企型 \\ 技术型 \\ 资源型 \\ 信息型 \\ \cdots\cdots \end{Bmatrix} 联接键$$

产能合作发展模式与两业联动发展模式是同态网链结构性质,其形式与内容还有更深刻的含义,即从境内延伸至境外的集成体、基核和联接键维度相同,即结构相同但内涵相异,特别是要将中华优秀文化渗透于基核、联接键的建设。从集成场视角观察境外园区支持网链绿色延伸的同态发展模式如下,即:

$$境外园区发展模式 = 集成体 \begin{Bmatrix} 相对控股 \\ 合资控股 \\ 绝对控股 \\ 独资开发 \end{Bmatrix} 关系 + \begin{Bmatrix} 制造型 \\ 研发型 \\ 资源型 \\ 综合型 \\ 平台型 \\ \cdots\cdots \end{Bmatrix} 基核 + \begin{Bmatrix} 社会型 \\ 制度型 \\ 政企型 \\ 技术型 \\ 资源型 \\ 信息型 \\ \cdots\cdots \end{Bmatrix} 联接键$$

境外园区发展模式中的集成体主要是平台集成体,有时还是具有一定实力的产业集成体,因此,其除了具有基于基核场源的集成引力以外,还具有产业整合能力的集成力作用。在境外园区规划建设过程中,中方集成体可以按照东道国政府、法律要求进行独资建设,或与东道国企业进行合资控股或相对控股建设，为了体现集成体意志，可以采用控股合资、控股合作等股权融合的集成体间关系，实现国际产能合作机制要求，以境外园区发展模式促进国际产能合作发展。

（3）集成创新要满足产业绿色延伸、转型升级的要求。创新是新的合成场元组合产生新的产出函数。两业联动模式、境外产能合作模式、境外产业园模式都是新形成的合成场元关系。这种新关系有利于集成创新目的的实现。中国改革开放中引进外资并走向"一带一路"产能合作是寻求共赢发展的良好倡议，是区别于以往产业转移的产能合作，其目的是寻求共赢，构建人类命运共同体。所以在运用以往经验时，要能够进行顶层设计，促进产业网链集成创新，构建产业境内与境外集成创新发展机制，实现网链的绿色延伸。

（4）产能合作的中方优秀文化渗透、传播需要持之以恒。要注重文化、机制和制度的软实力作用。我国产业链要走向"一带一路"，必须要克服政治、经济、社会等因素的各种阻碍，防范"一带一路"产能合作过程中政治、经济、社会、金融等各类风险。在"一带一路"产能合作发展模式和境外园区发展模式中都不能忽略中华优秀文化的渗透与传播，这些软实力对预防、防范和应对网链突发事件也能起到一定的潜移默化的作用。

（5）集成体网链治理与政府规划政策等治理的差异与协同作用，是系统集成环境可选择或调节的一种控制途径。集成场视角的"一带一路"网链治理关系，可以分为网链内部结构治理和网链外部环境治理两部分。网链本身具有相对性，业内网链、业间网链都属于网链治理范畴。网链治理侧重网链内部治理，政府治理侧重环境治理，特别是网链所涉及的政治、经济、法律等大环境治理。网链内部结构治理与网链外部环境治理主体不同，政府是环境治理主体，核心企业或核心企业群以集成体方式成为治理集成体，两者在治理的主导者方面不同、治理的对象不同、治理的性质不同。作为人工大系统，网链治理主体在两个层面不同而又有一定交织的治理关系，前者侧重于微观，后者侧重于宏观。

（6）全球价值链扩展了"一带一路"产能合作的集成场理论应用边界和境界。运用集成场理论，在构建和完善境内两业联动发展模式基础上，向境外产能合作发展及机制拓展，在"一带一路"网链绿色延伸过程中，从网链结构角度针对不同考察对象进行研究，其构成范围具有相对性。集成场基本范畴及集成场哲学思想是在实践—理论—实践的过程中形成的。

在理论方面，构建了集成场的集成体、基核和联接键的同态网链结构这个最简网链，便于结合案例进行境内到境外产业转移、产能合作方面的理论探讨；便于境内境外比较并进行理论创新探索。在实践方面，抓住了产能合作的实践途径，缩短认识、验证和实践过程进度。

产能合作基础理论及其成果在七个方面的推论、四个方面的启示，表明集成场还可进一步朝产业经济与管理主动优化的哲学方向提炼及应用研究。

目 录

基础理论篇

第一章 顶层设计：集成场网链结构 ………………………… 3
　第一节　集成场通论的视角 ……………………………………… 3
　第二节　研究视角的基本观点 …………………………………… 23
　第三节　研究思路与技术路线 …………………………………… 33

第二章 分析视角：全球价值链 ……………………………… 37
　第一节　全球价值链的认识 ……………………………………… 37
　第二节　产能合作案例与问题提出 ……………………………… 42
　第三节　本章小结 ………………………………………………… 48

实践归纳篇

第三章 场线趋势：产能合作国家供求分析 ………………… 51
　第一节　"一带一路"国际贸易背景 …………………………… 51
　第二节　中国与"一带一路"沿线国家出口与进口贸易概况…… 52
　第三节　中国与"一带一路"沿线国家贸易需求分析…………… 60
　第四节　本章小结 ………………………………………………… 71

第四章 转型升级：境内产业网链升级机制 ……… 73
  第一节 物流业与相关产业协同模型构建 ……… 73
  第二节 物流业与相关产业协同测度分析 ……… 81
  第三节 物流业与相关产业协同路径分析 ……… 87
  第四节 本章小结 ……… 102

理论提炼篇

第五章 网链治理：产业联动与创新升级 ……… 107
  第一节 "三维"网链统一机制促进产业转型升级 ……… 107
  第二节 物流业创新及产业升级机理识别 ……… 113
  第三节 改革开放的网链发展体验 ……… 122
  第四节 改革开放的物流业创新及产业升级机制 ……… 129
  第五节 本章小结 ……… 136

第六章 宏观治理：物流绩效、政府治理与国际贸易 ……… 139
  第一节 基本范畴 ……… 139
  第二节 模型构建及实证分析 ……… 142
  第三节 本章小结 ……… 158

引导实践篇

第七章 国家价值链：产能合作模式的集成场认识 ……… 163
  第一节 集成场全球价值链视角的产能合作 ……… 163
  第二节 合作中分享改革开放的成果与经验 ……… 169
  第三节 网链绿色延伸的创新和可持续发展 ……… 174
  第四节 本章小结 ……… 179

第八章　网链集成创新：创建绿色延伸机制 …… 182

第一节　网链结构 …… 182
第二节　生存与发展是网链集成创新的基本动因 …… 185
第三节　集成场视角的两业联动网链集成创新机制 …… 196
第四节　本章小结 …… 207

第九章　网链绿色延伸：重型卡车产能合作探讨 …… 210

第一节　网链绿色延伸的问题 …… 210
第二节　重卡网链绿色延伸的理论基础 …… 213
第三节　重卡产能合作发展模式及案例验证 …… 217
第四节　重卡网链绿色延伸策略及价值链取向 …… 226
第五节　本章小结 …… 232

第十章　全球价值链：境外园区在产能合作中的使命及实现 …… 234

第一节　引言 …… 234
第二节　境外园区的基核规划及场源认识 …… 248
第三节　境外园区的产能合作案例分析 …… 255
第四节　本章小结 …… 257

第十一章　网链机制：预见、进取、应对 …… 259

第一节　"一带一路"产能合作的风险识别 …… 259
第二节　"一带一路"产能合作的风险类型 …… 263
第三节　"一带一路"产能合作的风险测度 …… 275
第四节　"一带一路"产能合作的风险防范 …… 282
第五节　本章小结 …… 289

结论启示篇

第十二章　主要研究结论与启示 …… 293

第一节　主要理论成果 …… 293

第二节　主要启示 …………………………………………… 299

参考文献 ……………………………………………………… 301

关键术语中英文对照 ………………………………………… 308

基础理论篇

基础理论篇主要包括第一章和第二章，从集成场全球价值链顶层设计视角，将集成场研究视角、术语及产能合作文献纳入集成场全球价值链进行梳理、讨论，使整个著作站在集成场全球价值链视角的分层集成系统进行分析研究。

第一章 顶层设计：集成场网链结构

自改革开放以来，中国经济经历了全球价值链的导入，产品的输出，经过境内学习、实践体会，认识到国内产业链所处的价值链地位。今天我们要参与国际市场竞争，就要有能力形成物流链、供应链乃至产业链等的网链结构，从而有需要、有能力沿"一带一路"走出境外、走向世界寻求国际产能合作，能够在新一轮国际产能合作中体现中国参与国际合作、体现中国产业链在全球价值链中的地位、优势和走向"一带一路"的本质特征，将全球价值链融入构建人类命运共同体的全过程。

第一节 集成场通论的视角

"一带一路"产能合作是中国参与国际产能合作的一种典型形式。国际产能合作是一种产业能力建立在国家间供求联系上的协同联合行动。在这种联合行动中体现着全球价值链中各国产业参与的合作及竞合关系，特别是在主导网链结构过程中，产业链的领导企业作为集成体，主导着产业网链发展战略以及专业方向的选择，有时市场竞争会纳入政治因素，这种国家竞争战略取向，有时会影响，甚至决定集成体主导的网链结构运行方向，带来了国际竞争的复杂性。"一带一路"沿线国家间产能合作更多地强调了产能合作与构建人类命运共同体之间的关系，也就是国际合作中的共赢。集成场是源自中国物流业高级化的集成过程、两业联动、产业联动实践的理论提炼，具有国内经济体制特征的"一带一路"产能合作是一个非常复杂的人工大系统，需要在对研究对象进行有效简化的基础上研究，而集成场理论将研究对象简化为集成体、基核、联接键构成的网链结构，结合改革开放引入市场机制，在网链集成创新过程中促进产业转型升级，从境内产业链走向国家价值链，参与"一带一路"产能合作，在全球价值链中获得价值增值。集成场能够体现社会主义经济体制下核心企业或领导企业的主导网链形成、运行和优化过程、示范作用，能够抓住网链最主要的合成场元，简化"一带一路"产能合作的研究对象、过程和方法，有利于借鉴既有理论研究成果，结合实践深入浅出地进行产业联动、网链集成研究，引导或指导"一带一路"产能合作的网链集成实践和优化活动过程。

一 市场促进了物流集成实践

为什么要用集成场作为研究"一带一路"产能合作的基础理论？集成场理论源自中国改革开放实践，体现了改革开放后的产业联动网链结构特征。为什么要用全球价值链研究"一带一路"产能合作？今天中国要走向"一带一路"，产业集成体主导的产业链及其在价值链中的地位，需要有基础理论进行引导。集成场正是从物流集成场①发展过来的，是社会主义市场经济体制改革的实践总结和理论提炼。物流集成场是对物流业既成的理论总结提炼，而集成场是针对两业联动、产业联动的理论总结提炼。面对"一带一路"产能合作需要进一步拓展集成场理论应用，这些都是当代市场机制作用的结果。

（一）物流集成场是反映物流业改革实践的理论

中国改革开放引进了市场经济机制。市场所需要的是集成物流服务，特别是以最低的成本获得集成物流的优质服务。物流业从业者提供的服务从过去的物流资源服务如仓库出租服务，物流功能服务如运输服务，开始根据客户需要，通过物流集成过程实现集成物流服务如取货、运输、配送和交付一体化，改变了专业部门管辖企业生产的计划经济特色。

物流集成理论正是源自物流业集成实践的提炼和升华，经过物流集成活动实践的梳理、归纳，提炼形成了物流集成场理论，使之成为提纲挈领的理论体系，可用于探讨物流业转型升级、制造业与物流业联动的两业联动，以及物流业与其他产业的联动实践中的理论问题。

---

① 参见董千里、鄢飞《物流集成理论及实现机制》，社会科学文献出版社2011年版；董千里《物流集成场：国际陆港理论与实践》，社会科学文献出版社2012年版。

（二）集成场理论能体现多产业间的专业化协作

在进行物流高级化探索的实践中，要关注物流业的服务业特征。物流业转型升级需要有自己的服务对象，制造业是典型的服务对象领域之一。物流业与制造业的两业联动实践，反映了物流业组织化的物流链组织形式，制造业组织化的供应链组织形式形成，因此在两业联动中进一步提升了物流链与供应链两链对接的理论。经过对不同产业集成体、基核和联接键之间关系再次梳理、归纳、提炼和总结形成的集成场理论，可用于探讨两业联动、产业联动中的转型升级，境内产业集聚，以及通过网链结构的绿色延伸，向"一带一路"沿线国家开展产能合作。

（三）境内走向境外的产业链网链绿色延伸

在这一研究探索过程中，更赋予了集成场理论哲学应用，表现了管理哲学的通用性。实践表明，在电子信息技术、集成管理理论的发展和支撑下，产业集成、联动、升级发展具有一定的继承性、延续性，本着大道至简的原则，将其概括为集成场。

Raymond Vernon（1966）利用产品生命周期理论来解释美国20世纪50年代的贸易状况和预测60年代对欧投资的可能模式，指出国际产业转移现状及发展趋势。石东平、夏华龙（1998）则认为梯形产业转移和升级主要是指发达国家将在其国内已经失去比较优势的产业，不断转移到发展中国家或地区，从而带动了当地的产业升级。而其对产业转移的内在动因的解释，主要是从宏观、微观两个角度阐述了九种观点，包括成本上升论、移入需求论、生命周期论、梯度转移论、产业成长演化论，以及国际生产折中论、企业成长空间扩张论、企业赢利空间界限论和集成经济论（陈刚、刘珊珊）。刘勇等（2018）认为，国际产能合作的产生是国际产业分工与产业发展的必然，主要合作方式有国际贸易、国际投资、国际开发合作等，在地区、国家产业转移扩展到其他地区和国家的同时，实现了全球产业链、价值链与资本链的重构，并将生产要素在全球范围内进行了重新配置组合。自19世纪70年代开始，全球分工与协作日渐成为经济增长的重要驱动因素。大卫·李嘉图提出的比较优势理论、赫克歇尔与俄林（H-O理论）发展出的要素禀赋理论、迈克尔·波特提出的竞争优势理论影响比较大，迈克尔·波特理论主要是国家竞争优势理论。参考有关学者的研究，梳理五次国际产业转移与国际产能合作的比较，参见表1-1。

表 1-1　　五次国际产业转移与国际产能合作的比较

产业转移浪潮	国际产业转移	典型案例特征	国际产能合作	可借鉴理论
第一次（18世纪末至19世纪上半叶）	发达国家向落后地区的市场占领	输出地是英国，输入地是欧洲大陆和美国	通过殖民扩张进行产业转移，基本没有国际合作	产品输出到产业输出；比较优势理论；要素禀赋理论；美国"优势产业转移"
第二次（20世纪50—60年代）	发达国家向发达国家转移与发展中国家向发达国家转移分别存在	日本和德国承接了美国转移出的产业	资本主义与社会主义国家阵营内部以合作为主；形成地缘政治烙印	日本雁行模式；"边际产业转移"模式
第三次（20世纪70—80年代）	发达国家向发展中国家产业转移（拉美、东亚）	（1960—1970年）输出国是日本和德国，输入地区是亚洲"四小龙"	在产业转移中逐渐形成贸易投资规则；逐步形成WTO规则	梯形产业转移论（1998年）；竞争优势理论；产业结构、价值链基础上的"产业升级"（1999年）
第四次（20世纪90年代到2012年前后）	发展中国家间内部转移及发达国家在发展中国家布局调整	（1980—1990年）美国、日本、德国向亚洲"四小龙"输出，向发展中国家输入产业转移；有些国家出现了"双向转移"现象	努力形成公平对等的国际发展机制；我国加入世界贸易组织并成为"世界工厂"	探讨应对"俘获型"网链治理；全球价值链的提升
第五次（2012年以后）①	"一带一路"产能合作进一步深入	产业高端链条回流欧美发达国家；中国"一带一路"倡议	产能合作中努力形成"五通"、三个共同体	集成场全球价值链视角（2017年）；产业转型升级；网链绿色延伸

资料来源：根据刘勇、黄子恒、杜帅等（2018），邱斌、周勤、刘修岩、陈健（2016），Gereffi（1999），董千里（2018），张梅（2016）等论文资料整理。

---

① 这是本著作借鉴文献资料对产业转移浪潮的一种阶段划分，其目的在于进一步体现产能合作与产业转移之间的差异，体现"一带一路"倡议精神的网链绿色延伸理论。参见董千里《深化"一带一路"产能合作的集成场认识》，《国家治理》2018年第40期。

从表1-1中可以看到，在国际上形成的五次产业转移浪潮中，在第二次世界大战结束以前的产业转移主要以殖民扩张为主，几乎没有国际产能合作；前四次产业转移的特点基本上是"梯度转移"，即在产业区域上，以发达国家→次发达国家→发展中国家的梯度次序转移；在产业层次上，以劳动密集型产业→资本密集型产业→技术密集型产业的梯度次序转移；而在高耗能高污染产业方面，是以发达国家→发展中国家的梯度次序转移（董小君，2014）。在整个产业转移的浪潮中，中国是从1950年开始逐步融入发达国家主导的全球价值链分工体系，并于2001年加入WTO，开始加入全球产业链分工的战略过程。[①] 在此过程中深深体会到，传统的产业转移不仅是产业空间移动，更凸显了产业输出者的政治、经济等利益诉求。在新近的国际产业转移中也出现了高端产业回流现象。中国提出的"一带一路"产能合作，应当如何体现中国所倡导的构建人类命运共同体的国际产能合作理念，是一个值得深入研究的课题。

（四）"一带一路"产能合作取向

分析国际产业转移的含义，比较其与国际产能合作的关系，可以看到国际产业转移主要指产业生产设施的空间扩张或迁移；而国际产能合作表示了更深刻的国家之间的合作内容，特别是"一带一路"建立人类命运共同体的美好愿望。中国"一带一路"倡议的产能合作应当有新的取向：在"一带一路"产能合作中，中国要通过产业结构升级、产业链集成创新以及网链绿色延伸，通过推动政策沟通、设施联通、贸易畅通、资金融通、民心相通等过程，实现"一带一路"倡议与相关国家和地区发展战略的对接，进而助推经济全球化的进一步发展[②]，实现共同发展、融合发展、和平发展。李克强总理指出，共同发展，就是要结成利益共同体；融合发展，就是要形成命运共同体；和平发展，就是要打造责任共同体。构建人类命运共同体应是"一带一路"产能合作最终愿望。

在"一带一路"产能合作框架下，亚洲、非洲、拉丁美洲等的基础设施建设力度正在不断加大，进而在领先产业绿色延伸过程中、在集成创新中实现产业价值链升级。在这一复杂过程中，集成场通论可探讨研究境内

---

① 陈健、康曼琳、陈苔菁：《国内价值链的构建如何影响企业国际价值链拓展？——来自微观数据的经验实证》，《产业经济研究》2019年第1期。

② 国纪平：《构建人类命运共同体的伟大实践》，《人民日报》2018年10月4日第3版。

境外环境在有较大差异下,产业集聚、产业集群基础上的产业链境外网链绿色延伸在实践中、在理论上都有值得研究和遵循的一般规律。

二 集成场源自实践的形成与发展

(一)源自实践的提炼总结

集成场理论是在改革开放以后物流业组织化、高级化发展实践的基础上,在制造业与物流业的两业联动中,逐步认识、归纳提炼出来的,是在运用集成场视角观察产业联动、产业集聚与产业集群的实践中进一步完善起来的。[①] 可以说,集成体主导的网链结构源自实践的总结提炼,不仅体现了人工大系统主动性特征,而且在分析研究各类集成系统的优化实践过程中,具有凸显关键因素、主要机制和认识的相对性特征。改革开放首先解放的是集成体,激活了集成体的主导能力、奋斗精神和创新意识;其次是基核场源建设,构建产业基地,并先后用公路、铁路等境内外高速路网衔接起来,构成了基核集成引力的场源构成部分;在此过程中,信息技术构成的信息型联接键,支持集成体将资源型联接键、技术型联接键综合运用起来,进而支持产业功能、产业业务过程的联接键发挥作用。集成场理论基本上是伴随着改革开放的物流业发展、产业联动形成的物流链、供应链、供应链集成的网链结构及其机制的提炼与总结。

通过集成体主导网链结构形成与运作机制的关系,将人工大系统本质特征体现出来,最重要的是体现为合成场元理论。改革开放帮助中国建立和完善社会主义市场经济体制的理论体系,在市场经济背景中物流业必须找到自己的服务对象才能够生存与发展。企业在市场找业务,是集成体主导网链在集成场运作的优化机理,物流链这一网链结构在市场竞争中形成成长,在两业联动的网链之间体现着竞合机制。

(二)基本范畴是实践竞争的要件

集成场基本范畴有集成体、基核、联接键等,均源自改革开放后社会主义市场经济体制下的物流业企业内部和企业间业务组织关系或产业组织关系,是支持物流业组织化、物流业高级化发展[②]的产业升级理论——物流

[①] 参见董千里《集成场理论:两业联动模式及机制》,中国社会科学出版社2018年版。该著作通过物流链切入供应链两业联动形成的两链耦合关系研究,进一步完善了集成场理论。

[②] 董千里所著的《高级物流学》(人民交通出版社1999年版)提出物流集成、物流链和物流集成管理等物流高级化涉及的范畴。

集成场①以及所服务的工商企业、产业形成的两业联动、产业集聚和集群的产业联动升级机制——集成场理论②。

集成场面对的是人工大系统，在人工大系统中体现着人与人之间合作与竞争关系，形成了网链结构的主动性质，主动优化、主动创新、主动升级，以满足需求，这就需要主动创新的有机体，即用集成体代表这种智能决策机构。集成体是由主体单元与客体单元构成的二元结构，并具有战略主体、行为主体、利益主体的三主体特征③，在集成场中起着主导网链形成、运行和集成优化的作用。以物流链为例，作为物流集成体，能够整合资源商、功能商，进而形成集成服务商，这是微观经济动能的直接激励网链分阶段发展结果④。在宏观上，涉及不同运输网络升级、载运工具升级，枢纽基核、信息平台升级之间相互影响过程。这些不仅仍旧可以用网链结构探讨，而且反映了网链结构作为一般系统的相对性性质。

集成体应具有主导网链及创新的企业家精神。集成体作为核心企业具有主导网链形成与运作的集成能力；集成体也可能作为配合企业被其他的集成体所整合，形成网链结构的决策智能结构组成部分。基核是企业业务运作的基地，也是承载场源集成引力的载体。对应物流业是物流基核，制造业是制造基核，产业园区是公共型基核。基核决定了产业集聚的空间布局，决定了网链运行的效率和成本。联接键是集成体、基核及其之间的联系、连接方式，涉及基础设施连接通道，也涉及网链、平台的联系、连接通道。

---

① 董千里、鄢飞所著《物流集成理论及实现机制》（社会科学文献出版社 2011 年版）将物流集成系列概念、理论归纳为物流集成场；董千里所著《物流集成场：国际陆港理论与实践》（社会科学文献出版社 2012 年版）结合国际陆港性质、功能和运作，进一步完善了物流集成场理论。

② 单一集成体的研究不能体现产业网链的发展机制，因此，物流集成体、产业集成体和平台集成体及其在境内外之间的关系直接影响到基核和联键的建设与创新。参见董千里《集成场理论：两业联动模式及机制》，中国社会科学出版社 2018 年版。

③ 董千里：《基于"一带一路"跨境物流网络构建的产业联动发展——集成场理论的顶层设计思路》，《中国流通经济》2015 年第 10 期。

④ 例如，高速公路网促进了载运工具升级，改变了我国卡车"缺重少轻"的局面；铁路提速促进了高铁发展，使得"高铁物流"也在研究探讨中；不同运输方式转型升级促进了不同运输方式之间的竞争与合作，也促进了多式联运得到发展；其本质是集成创新、转型升级过程。集成，也就是主动优化，成为物流业发展的主导方向。

(三) 网链结构是市场竞争的基本单元

集成场从物流集成、物流集成场理论对物流链促进物流业高级化发展的实践观察，特别是两业联动过程中的物流链切入供应链，形成供应链集成过程，扩展了其视角。这一过程正是源自改革开放社会主义市场经济体制的确立。首先使得物流集成体形成，从承包制改革的逐步深入，为实现国有企业对国家的承包指标，开展国有企业内部承包，企业内部承包逐步深入单车承包，从单车风险抵押承包到单车资产抵押承包，经过几轮承包制改革，国有运输企业几乎没有公车了，下一步如何发展。一是分散的单车经营，二是集成化发展。这些都与其服务的客户对象密切相关。

组织起来的物流业的专业化形式：物流链，其性质仍然是服务业，组织化需自身有更稳定的服务对象，这些服务对象应当是高端物流需求，也就是高端物流需求引导物流业高级化发展（董千里，2015）。在境外企业进入中国市场进行开发时，往往也具有这样的特点，伴随其产能进入实业有相应的物流企业。

(四) 国际市场体现的是网链与网链间的竞争

集成体、基核和联接键所构成的是最基本、最简单的网链结构。这种网链结构的形成是从点、线、网、链集成优化过程中实现的，体现了集成体在单一产业、两个产业和多产业之间集成优化实践的理论提炼发展过程。通过物流集成形成的物流链、制造过程集成形成的供应链、物流链切入供应链过程实现的供应链集成等实践，都可以用集成场理论概括，即用网链结构概括集成场理论构建的物流链、供应链、供应链集成乃至产业链，都可以是价值链观察的对象，这些网链结构往往具有集成体、基核、联接键结构的同态特点。这就便于我们简化境内产业链网链结构形成、链接、嵌入和转移到境外产能合作之间的研究，具体见图1-1。

在图1-1中，集成体主导的网链是经济动能实际运行过程，可以从资源集成、功能集成、系统集成等内在发展，到两业联动的产业集成、两链对接和协调发展，不仅能实现微观网链的JIT等准时化管理，而且可以从地方价值链形成国内价值链（Domestic Value Chain，DVC）、国家价值链（National Value Chain，NVC），进而走向全球价值链（Global Value Chain，GVC）。可以通过网链集成创新、绿色延伸，实现国家价值链功能，在"一带一路"全球价值链中获得其网链相应地位。

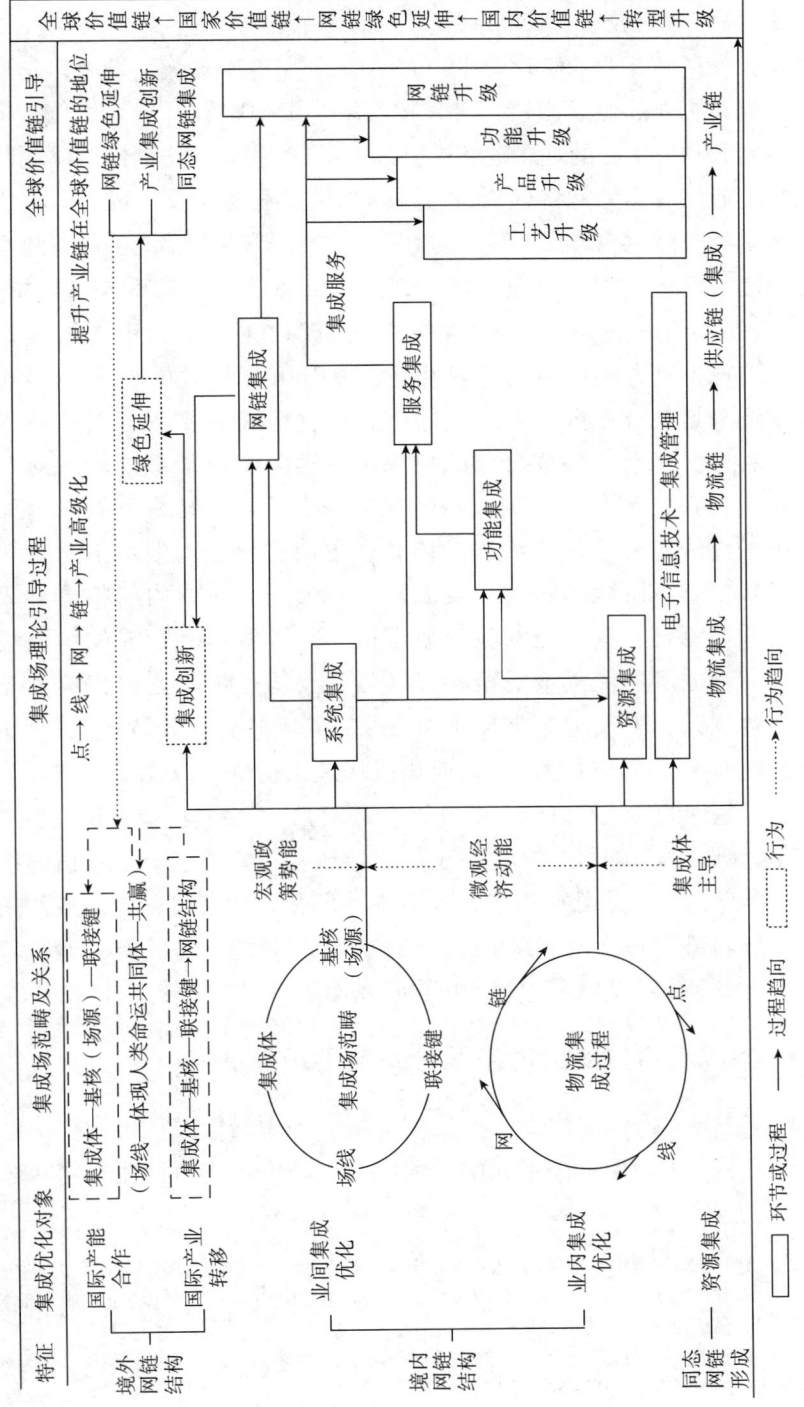

图1-1 同态网链从境内到境外绿色延伸的过程

（五）集成场理论研究的拓展

长安大学的董千里自 20 世纪 90 年代起研究物流高级化发展，先是主要研究物流系统内部要素构成，研究物流系统资源整合、主动优化，将公路货运站纳入物流中心的理念范畴进行讨论[①]，特别是注意到经济体制改革形成的货运业发展趋势是将取货、运输和配送过程的系统集成，即集成体主导货运集散一体化战略或系统，提出货运企业要转换经营机制、建立现代企业制度，货运业向物流业发展，其发展的思路和基础就是整合资源、集成运作、满足客户需求；节点（枢纽）是资源、功能和过程整合的依托，即基核，体现为复合性场源的承载基地，吸引相关资源并进行优化组合；电子信息技术是整合资源、集成优化功能和过程最重要的基础性技术手段，即联接键，承载着集成创新的成果。科学的物流理念的融入对传统的货运站向支持物流业发展的基核转换，提出了评价指标和要求，面向社会服务的物流走向区域物流服务体系，主动优化的范围从单一企业走向区域发展。这一阶段的物流业发展研究主要是针对业内的物流集成创新、物流战略管理，概括为物流集成理论。为了概括所形成的物流集成理论体系，建立了物流集成场范畴，其侧重点仍是物流业内集成并与相关产业发生联系，发现物流业与制造业中的集成差异及其特点[②]，从案例研究上升到理论提炼，进一步将物流集成场理论提炼为以支持制造业与物流业联动为基础的集成场理论（杨小凯，1982），这更具集成场理论在产业联动应用、研究的一般性。在此基础上，形成基于集成场全球价值链视角的研究基础理论，将其概括为集成场通论。那么，从集成场更一般的角度观察，在集成场全球价值链视角下"一带一路"产能合作既有的研究范畴及有待进一步研究的范畴及过程，可参见图 1-2。

三　集成场合成场元时空间分布及层级关联

集成体主导的网链结构实际上反映了集成场中的集成系统的网链结构与层次，表明了主动性合成场元的自适应、主动优化能力，在不同网链结

[①] 参见董千里《物流中心初探》，《汽车运输研究》1995 年第 4 期；董千里《物流中心再探》，《汽车运输研究》1997 年第 1 期。该论文提出了货运集散中心、物流信息中心和物流监控中心的"三个中心集成为一体"的物流基核、联接键建设思想。

[②] 参见董千里主持的长安大学物流与供应链研究所承担的陕西省发改委重大课题"陕西制造业与物流业联动发展研究"（SXFGW-02）。

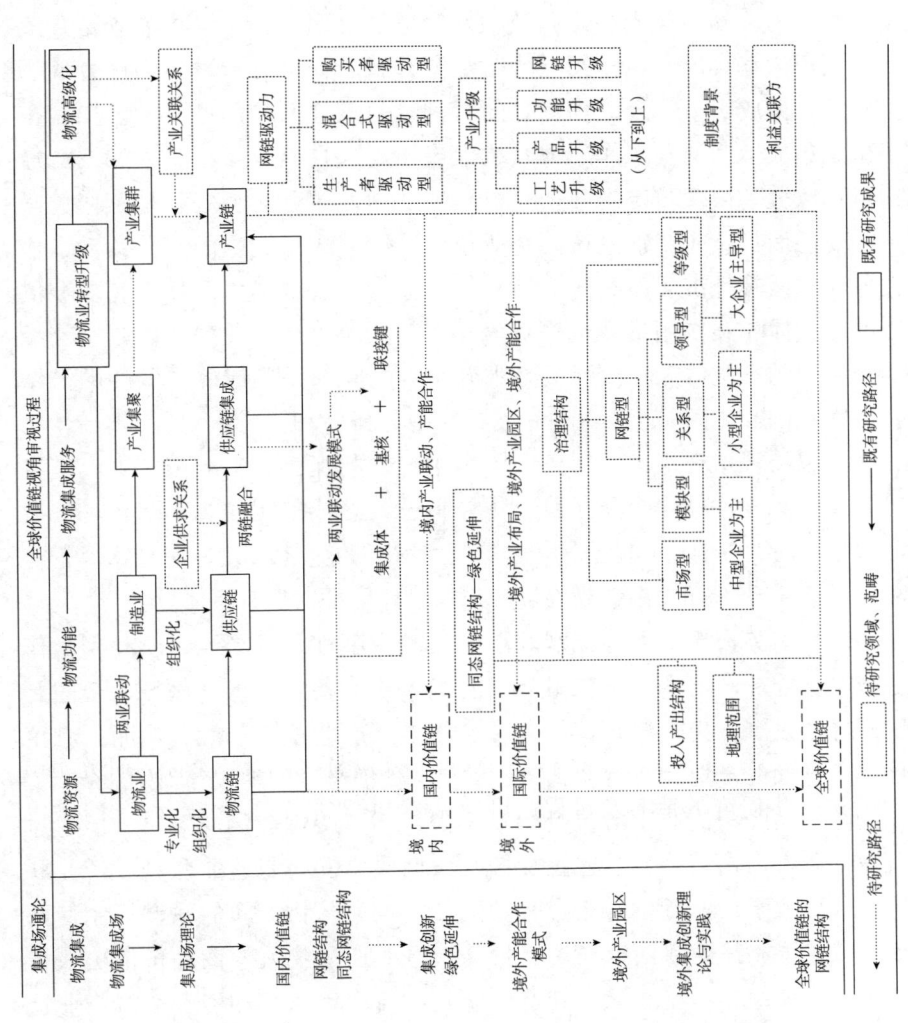

图1-2 集成场全球价值链视角一带一路产能合作既有及待研究范畴及过程

构中具有同态系统性质。这种同态系统层次表明考察对象和研究过程具有相对性。

（一）合成场元及其时空分布

合成场元是集成活动中值得单独进行考察的场元素，即基本单元。合成场元可分为主动性合成场元和被动性合成场元两大类型。集成场是合成场元在集成力和集成引力作用下的时空分布状态。集成力是主动性合成场元产生的，集成引力是合成场元之间特别是基核之间作用产生的，二者构成了微观集成运动的基本作用力。从集成场观察物流业参与联动的产业经济运行可以分为微观与宏观两个主要层次认识，而且两者之间是密切关联的。微观层面是企业特别是核心企业作为网链集成体主导的经济活动，作为集成体在微观经济层面经济活动有机体体。在宏观层面往往涉及多个供应链的集成体相互作用形成的产业联动、产业集聚、产业集群、产业链经济活动主导的有机体。经济活动微观到宏观的联系是集成体主导的网链结构在国家、国家之间乃至全球价值链的产业经济活动。

从集成场视角观察，起到集成体作用的（物流链、供应链、供应链集成等）网链结构的核心企业是具有主体单元与客体单元的二元结构，具有战略主体、行为主体和利益主体的三主体特征的有机体[①]，是综合体现企业家精神，能主动进行优化，寻求自身与外界环境平衡的有机体。

政府作为集成场中主导宏观环境的一类主动性合成场元，所起到的作用是政策势能。政府本身不应具有自身的经济利益，并谋求区域、全国乃至国际经济发展，力求将政策势能转变为国家产业经济动能，从而影响了全球不同层面的产业经济活动，定位了全球价值链中的地位与作用。

物流业是经济流通中的重要产业，虽然不直接创造物质财富，但通过物流业基础性、衔接性、渗透性及其服务性质，以与制造业联动、产业联动等方式形成了产业转型升级过程。例如，电商与物流间的联动机制使两者无法分割。物流效率使电商更有价值，电商通过物流使商品价值更快得到实现。类似地，物流业结合其产业间的物流、信息流和资金流对产业运行经济效率具有决定性作用。这是因为，差异度越大，相互间联系越重要；由于专业化分工度的提高，物流业在经济流通中的促进、协同、制约等作

---

① 董千里：《基于"一带一路"跨境物流网络构建的产业联动发展——集成场理论的顶层设计思路》，《中国流通经济》2015 年第 10 期。

用越发深入和重要。这就是物流业与其他产业联动的重要地位和性质。

(二) 合成场元间作用与联系

经济系统的分工度提高后,同一专业产品对不同地区、不同人群的使用价值的差异度大大增加。对于产品的选择强度可以用每种产品对不同人、不同企业、不同地区使用价值的差异度来体现。差异度的具体分析可以用反映使用价值的差异的熵来定量描述(杨小凯,1982)。分工度不高时,产品的时空分布方案不管怎样变化,现有产品的总使用价值变化不大,而分工度很高时,现有产品的时空分布只要稍有变化,则所有产品总的使用价值将产生大幅度波动(杨小凯,1982)。时空微观层面:市场经济状态下,供应链核心企业的集成力,具有整合资源实现目标的能力,能与基核、联接键的联合、协同作用结合在一起。

可借用经典物理公式简化集成场理论文字阐述部分。

(1) 集成体的集成力可表示为:

$$P_{集成力} = r \cdot a_{集成} = r \cdot \frac{\mathrm{d}^2 y}{\mathrm{d}t^2} \tag{1-1}$$

式中,$P_{集成力}$ 表示集成体的集成力;r 是物流集成体可支配的资源质量,在集成过程中体现为可支配资源的有效度测量;$a_{集成}$ 是集成过程的加速度,在集成过程中体现为集成体的战略意图和意志;y 是集成系统产出函数的一阶导数,是产出函数的增长率;t 表示时间。

集成体的集成力充分展示了其在市场竞争的实力和集成服务的能力。集成体的市场竞争力和集成服务能力才是企业及相关产业做大做强的战略来源和战略驱动的根本动力。

(2) 基核的集成引力。根据基核集成引力的基本内涵,集成体主导的基核与基核之间的集成引力可以表示为式(1-2):

$$P_{集成引力} = k_{引力系数} \cdot \frac{r_A \cdot r_B}{t_{网络可达}^2} \tag{1-2}$$

式中,r_A、r_B 分别表示集成体 A、集成体 B 可支配的资源质量;$t_{网络可达}$ 是集成体介入物流网络的可达性;$k_{引力系数}$ 表明资源质量的兼容及协同能力级别的参数,其取值范围①可参考表 1-2 所示内容。

---

① 董千里、董展:《提升国际陆港物流集成力的战略思考》,《综合运输》2011 年第 8 期。

表 1–2　　　　　$k_{引力系数}$ 系数级别及取值范围参考

$k_{引力系数}$ 系数级别	不兼容	兼容	协同
取值范围	$0 \leq k_{引力系数} < 1$	$k_{引力系数} = 1$	$k_{引力系数} > 1$

当 $0 \leq k_{引力系数} < 1$ 时，表明两个集成体资源不兼容，简单粗暴地强制融合可能导致物流集成系统效率降低；

当 $k_{引力系数} = 1$ 时，表明两个集成体资源性质基本兼容，物流集成后的集成系统产出规模能力扩大时，物流集成效率基本没有改变；

当 $k_{引力系数} > 1$ 时，表明两个集成体资源协调，物流集成后的集成系统规模能力扩大，物流集成效率提高（董千里，2018）。

（3）受政府政策势能的影响，企业主导网链在产业、区域经济发展的活力，是可以将政府政策势能作用转变为集成体主导经济动能的主动优化能力和政策影响的实现程度。政府政策势能可表示为式（1–3）：

$$\varepsilon_{政策势能} = Mgh = \sum krh \qquad (1-3)$$

式中，M 表示一定政策范围可调控的资源，是宏观政策可调控相关资源范围；可用 m 表示微观集成体可整合的资源；g 表示政府政策发布作用效果系数，一般层级越高，效果系数 g 越大；h 表示政府政策发布机构的行政级别，例如，国家、省区、市县等层次政策发布级别，在本书集成场研究中为宏观政策势能所能影响特定区域资源的范围。在集成场涉及的资源也可用 r 表示，在理论上有 $M = \sum m = \sum r$，即从集成场的视角，宏观政策势能可影响一定范围的集成体，可影响集成体主导的微观经济动能资源范围，因此有 $\sum m = \sum r$。在区域经济或特定产业经济系统中涉及很多个集成体，其所施展的集成力合成推动区域或产业经济活动，在特定产业经济或区域经济领域就会形成微观经济动能，促进集成体在特定区域、特定产业领域形成集成力的合成作用，体现该领域的微观经济动能与宏观政策势能引导的相互作用机制，可能引导某一产业方向、某一区域的微观经济集成力合成并推动经济动能形成和发展。

主导微观经济动能的集成体系统产出函数为 y，产出函数 y 可用其变化率表达，即可以通过一次导数表现出来，用 $\dfrac{dy}{dx}$ 表示。

$$\varepsilon_{经济动能} = \frac{1}{2}mv^2 = \frac{1}{2}r\left(\frac{dy}{dt}\right)^2 \tag{1-4}$$

微观经济集成体主导网链运行,在产业网链结构运行中可以用右手法则确定理论发展方向,并可用集成力的合成 P 来表达。由于集成体主导集成力是用产出函数 $f(x)$ 来表达绩效的,产出函数效率为 $\frac{dy}{dx}$,有 $\frac{dy}{dx} = v$,其中,v 可以代表微观经济动能的速率,因此,集成体的集成力合成推动微观经济动能,处于理想状态的宏观经济政策势能还是要通过微观经济动能的集成体去实现。政府宏观政策势能与产业微观经济动能之间的关系,应该使政策势能在一定范围内、一定程度上转化为经济动能或影响经济动能演变关系,宏观政策势能转化为微观经济动能理想状态的表达式为

$$\varepsilon_{政策势能} = Mgh = \frac{1}{2}\sum mv^2$$

式中,v 表示微观经济动能运行速率。可具体表达为下式关系

$$\varepsilon_{政策势能} = Mgh = \frac{1}{2}\sum mv^2 = \frac{1}{2}mv_{末}^2 - \frac{1}{2}mv_{初}^2 = \frac{1}{2}m[v_{末}^2 - v_{初}^2]$$
$$= \frac{1}{2}m(v_{末} + v_{初})(v_{末} - v_{初}) = \frac{1}{2}m\left(\frac{dy_{末}}{dt} + \frac{dy_{初}}{dt}\right)\left(\frac{dy_{末}}{dt} - \frac{dy_{初}}{dt}\right)$$
$$= \frac{1}{2}r\left(\frac{dy_{末}}{dt} + \frac{dy_{初}}{dt}\right)\left(\frac{dy_{末}}{dt} - \frac{dy_{初}}{dt}\right)$$

在微观到宏观集成系统可调控资源不变的情况下,在系统的集成力使得期末产出效率高于期初产出效率时,政策势能再引导并转化为经济动能方才有成效,即 $\left(\frac{dy_{末}}{dt} - \frac{dy_{初}}{dt}\right) > 0$。所以说,政府在宏观层面的政策势能要有针对性地影响微观经济动能,当政府的政策势能产生的能级可以通过政策势能的有效实施实现产业政策的针对性时,才能形成宏观政策势能效果,达到理论上的理想政策势能状态,即

$$\varepsilon_{政策势能} = \varepsilon_{经济动能}$$

也就是要将政府制定产业政策的政策势能转化为促进产业经济发展的经济动能。

$$\varepsilon_{政策势能} = Mgh = \sum krh = \frac{1}{2}rv_{末}^2 - \frac{1}{2}rv_{初}^2$$
$$= \frac{1}{2}r\left(\frac{dy_{末}}{dt} + \frac{dy_{初}}{dt}\right)\left(\frac{dy_{末}}{dt} - \frac{dy_{初}}{dt}\right) = \varepsilon_{经济动能} \tag{1-5}$$

集成场视角就是要充分发挥政策势能作用，要让政策势能引导、形成和促进的微观经济动能活跃起来，也就是要在一定时期使得经济系统的整体产出函数所表达的效率变化大于零，产出函数正增长。

（三）集成体主导的网链结构

经济发展的主要因素涉及分工程度、技术水平和反馈效率。集成体主导的网链，以及网链与网链之间的集成体关系体现了分工程度，体现了集成体之间的竞合关系；基核往往承载技术水平于其中，决定生产能力、质量与成本；反馈效率主要体现在联接键类型构成及其内容建设方面。

1. 集成体的主导作用

集成场的形成充分体现了中国服务业在改革开放中的不断变革进步，体现了经济体制改革对集成体（企业有机体）增强活力、整合资源和形成网链竞争能力的机制，能在不同市场竞争中体现集成体发展壮大的要求。集成体具有主体单元、客体单元二元结构，体现了战略规划的自主性，也体现了实体经济发展的物质资源要求；同时具有战略主体、行为主体和利益主体三主体特征，描述了集成体的形成发展机制。

在改革开放以前的计划经济体制下，企业完成国家计划下达的任务，企业没有自主权也没有活力；在经济体制改革后，企业有了自身发展要求，为了自身发展需要投资，需要获得利润，也需要承担风险，这就形成了计划经济体制不曾有的集成体性质。物流企业具有了活力，这种活力决定了企业为了生存与发展必须要有盈利能力，具有发展能力，这些对企业的长期发展战略提出了要求。企业整合资源需要有集成力，体现主动优化的集成力，这种集成力伴随着市场竞争的范围扩大，自然从资源集成、功能集成走向系统集成，提供一体化服务能力。

2. 基核的基地作用

基核是经济扩张过程中的以土地资源为基础的场源承载地，场源体现了集成引力之源，是各类集成体进行经济生产及其协同活动的基地，是在经济发展、市场竞争中进可攻退可守的物质基础和场源承载。我国在经济体制改革中一个重要的突破是在流通领域的基核所创造经济效率的放大。

技术水平决定产出的质量、数量与成本，先进技术只有通过大规模生产商品并投放市场才能推动经济增长，基核就成为技术创新的承载依托和实现分工程度的载体；网链结构的可持续发展中往往需要储存积累技术、依托生产能力，否则集成体可能在网链竞争过程中处于被动状态。

3. 联接键的衔接作用

为了便于认识联接键，大致可以将其分为三类六型，即基础类（信息型、资源型、技术型）、服务类（功能型、过程型）和综合类（信息型、资源型、技术型、功能型、过程型等为实现特定目的的组合，被称为组合型）。①联接键不仅连接起各部分合成场元，而且能够发挥效能放大作用，起到了集成创新作用，所以，能够体现技术创新的重要内容和主要成果。

联接键的类型与设计决定了联接键的技术水平。信息型联接键沟通各类资源之间的联系，是资源集成优化、功能集成优化的必要条件，可使得人员、设备、技术、资金、需求等实现最佳组合。同样的人员在不同地域不同信息型联接键作用下，工作效率差异巨大。因此，信息型联接键由于信息沟通产生了放大作用，这也是技术创新突破效率最丰富、最有效的领域之一。集成系统的反馈效率很大程度上取决于信息型联接键的作用。

集成场中集成活动的前提条件是信息。即使是信息型联接键，其构建的技术水平、基本功能和表现形式也是多种多样的。特别是，信息型联接键决定了分工度高低、专业化协作水平，并决定了信息集成带来的经济效率。近年来一些技术创新特别是信息技术创新、人工智能技术等很多都集中在这一合成场元范畴。

最典型的基础类联接键是运输通道，将集成体与各类资源、生产和市场基地紧密连接在一起。这类联接键不仅包括物质资源，也包括人力资源、信息和技术。基础类联接键不仅通过资源型联接键连接原料地，也连接了市场，将原料、生产和市场纳入网链结构之中。联接键的质量与效率对经济集成放大作用十分明显，"要想富先修路""想快富就要修高速路"就是基础类联接键升级实践体验的真实写照。

4. 网链结构主要特征

集成体主导网链结构发展，使得网链结构不仅具有最简洁的同态网链结构特征，而且具有可重组、可升级的特征，在一定时间空间范围，具有相对稳定的性能，具有可持续、可迁移的发展潜力。

（1）最简的网链结构。集成场的基本范畴集成体、基核和联接键构成

---

① 董千里：《集成场视角：两业联动集成创新机制及网链绿色延伸》，《中国流通经济》2018年第1期。

了最简单的网链结构。而物流链就是物流集成体、基核和联接键构成的网链结构①；（制造）供应链就是由制造集成体、基核和联接键构成的网链结构。

（2）同态的网链结构。同态的网链结构体现的是同态的人工大系统，既是市场竞争的基本单位，又是竞争中合作的网链结构的构成。同态网链结构的基本范畴，便于在同类型集成场范畴之间构建集成创新的方式。物流链导入供应链就是由物流集成体与制造集成体、物流与制造基核和相互衔接的联接键构成的网链结构，它们之间构成了最简单的同态网链结构，体现了同态网链结构的人工大系统的基本特征。

（3）可重组的网链结构。通过链接、嵌入等方式可以形成新的网链结构，可重组的网链结构是提升网链集成创新能力，这是网链转型升级的必要前提。

（4）可升级的网链结构。网链结构能够体现集成场基本范畴及之间关系的创新升级，这种升级包括规模升级、功能升级、质量升级、能力升级和产业转型升级。

（5）相对稳定的网链结构。分布在一定时空范围和环境的网链结构，当其表示出相对稳定的产出能力时，其运行性能表现得比较稳定。

集成场合成场元的性质、种类和集成创新的基本关系，可见图1-3，这些关系使得人们对集成体主导网链产能合作的机制认识更为深刻。

图1-3描述了集成场基本范畴及其主导供应链、供应链集成，境内产业联动、境外产能合作都有十分重要的意义和作用，即使对境外园区通过产业集群形成产业链过程也能得到深化研究的启示。

四　合成场元作用机理及关联关系

通过梳理上述集成场主要范畴，集成场主要合成场元作用机理、在系统集成过程中的主要特征，可以形成管理哲学的一些基本原理。诸如，主动优化原理、结构创新原理、对称平衡原理、需供互动原理和效率经济原理。

---

① 董千里：《集成场视角：两业联动集成创新机制及网链绿色延伸》，《中国流通经济》2018年第1期。

第一章　顶层设计：集成场网链结构

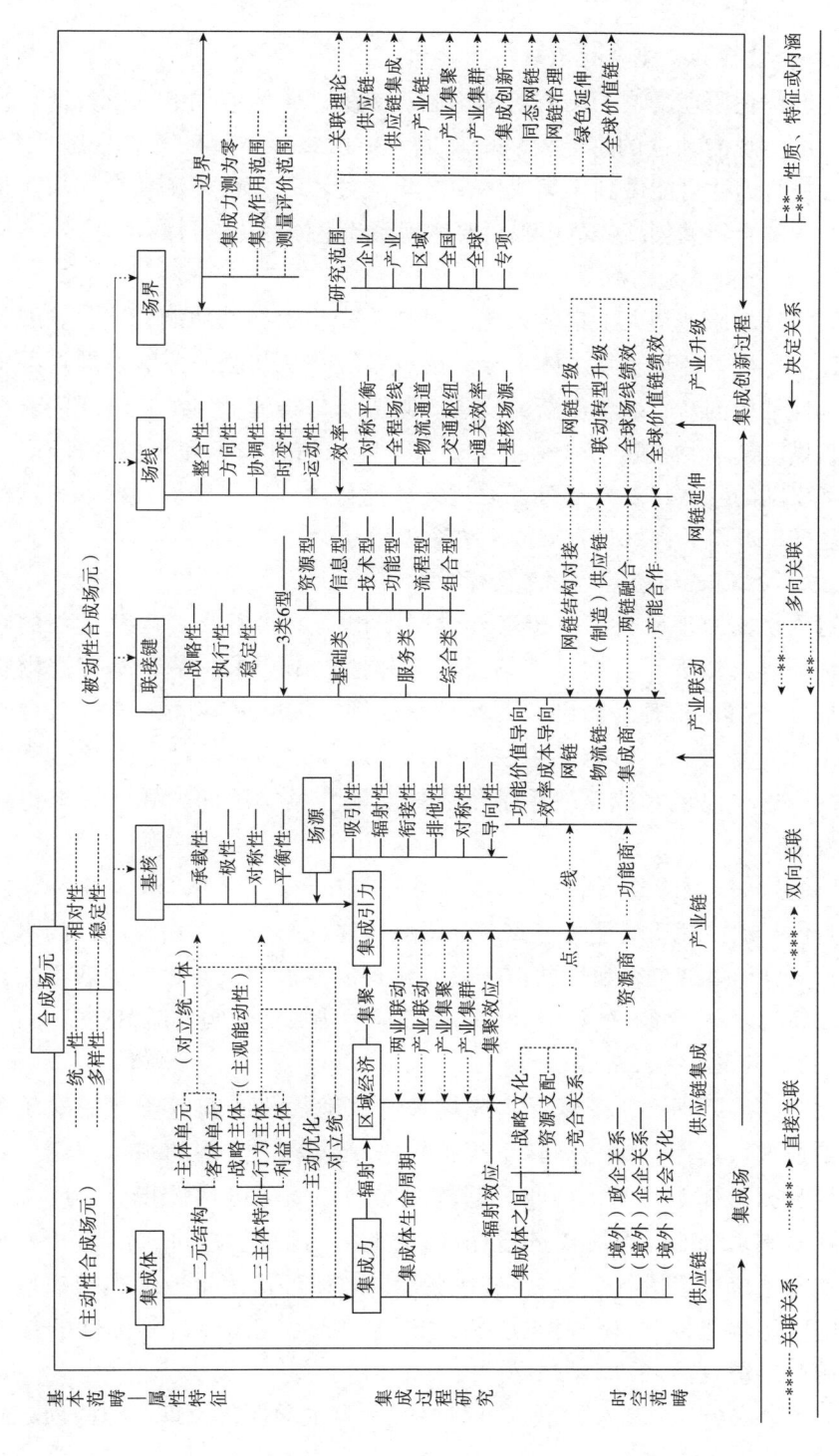

图 1-3　集成场基本范畴、性质与网链间基本关系

（一）集成体主动优化原理

主动优化原理反映了集成场理论主动寻优、整体寻优的本质特征，体现了人的主观能动性的主导要求。集成是要由集成体打破既有静态平衡、形成集成合力才可能做到。集成体主导集成过程是一种资源整合、功能整合和过程整合等的创新变革历程，要达到系统整体优化的目的。

（二）网链结构创新原理

结构创新原理是人工集成系统通过结构变化引导其功能变化、发展趋势跃迁的作用，体现了集成体主导的集成系统在从初级向高级发展过程中的持续性结构创新、系统创新的要求。制造业与物流业组织化形式的典型表现是供应链与物流链，这种组织化基于电子信息技术和集成管理理论，体现了联动的双方、多方都可以通过集成优化达到一个全新的状态，这就是产业转型升级、高级化发展的主要途径和方式。

（三）主通道物通量对称平衡原理

对称平衡原理反映了基于基核、国际物流主通道及其运营过程的本质特征要求，体现了长期可持续发展的理性机制需求。基于基核进出物通量对称平衡比较容易做到，而区域基核间、国际基核间物通量对程平衡就不太容易做到，但需要关注集成系统运作达到新的动态平衡过程的形式与内容，以更好地反映系统集成的功能与结构之间的关系，求得可持续发展。

（四）网链需供互动原理

需供互动原理反映了两个或多个集成体之间协同运作内在联系的本质特征，充分地体现了客观性的市场机制机理。需求与供应之间的获得差异是集成动力之源。既有的相对静态的系统通过集成活动实现动态集成。

（五）网链效率经济原理

效率经济原理反映了基于集成场理论主动优化时间等资源的本质特征，是通过可达性、时间周转量等指标来反映效率经济的基本原则。效率的可观测指标是时间，如测量基核间物理距离的可达性指标，反映整个国际物流系统的时间周转量指标（例如，一批货物从进入到离开一个国际物流系统所经历的全部时间）。显然，效率经济因集成运作带来集成系统的整体价值提升，同时也应关注规模经济、范围经济等测度的集成系统的产出绩效。

上述集成场五个基本原理，可简要表达为主动优化原理、结构创新原理、供需互动原理、物通量对称平衡原理、效率经济原理，支撑了集成场理论从单一产业集成到两业联动集成、产业转型升级实践的指导过程。集成场主要合成场元的主要作用机理、集成过程特征和管理哲学的基本原理间的联系如图 1-4 所示，其中包括一般性密切关系、重点联系等相互关系。集成场在整体上体现了主观性与客观性的结合，在具体集成过程中又体现了对立统一、量变质变和否定之否定规律的特征。

集成场理论为产业链在全球价值链视角下进一步体现其价值及其增值进行的"一带一路"产能合作研究奠定了理论基石，并提供了实践方向引导。

第二节　研究视角的基本观点

为了便于理论研究的深入讨论，先把集成场的基本观点，对"一带一路"产能合作的基本范畴及观点阐述清楚，便于读者阅读时对集成场有个整体印象，这样更容易从集成场全球价值链视角进行产业升级与价值链问题考察。集成场全球价值链的观点列于下面。

一　网链在集成场分析的应用

网络往往是网链运作过程体系的选择前提，构成了网链运行的一种系统性路径选择的可能性，是网链优化途径的一种抉择过程。在不同的网络之间存在着链接、嵌入等耦合关系，网链寻优途径、转型升级可以看作是基本途径的系统性选择。"一带一路"产能合作与网链协同与竞争是紧密相连的，集成场的基本范畴构成网链合成场元。从经济控制论及其网链相对的角度看，也是网链合成与拆分考虑和分析的网链结构构成。

（一）网链作为集成优化的识别对象

在经济控制论中，差异是指事物可识别的状态。先后发生的不同状态的事物就是差异成为运动，或称变异。同一性的反复构成数；有类别的数就是量；量与量之间的比较产生的比率就被称为度；度如能表现为另一种类别称之有量纲的度，反之则为无量纲的度。在主动性合成场元作用下，集成体作为主动性合成场元主导其他合成场元在时空进行优化分布，这个

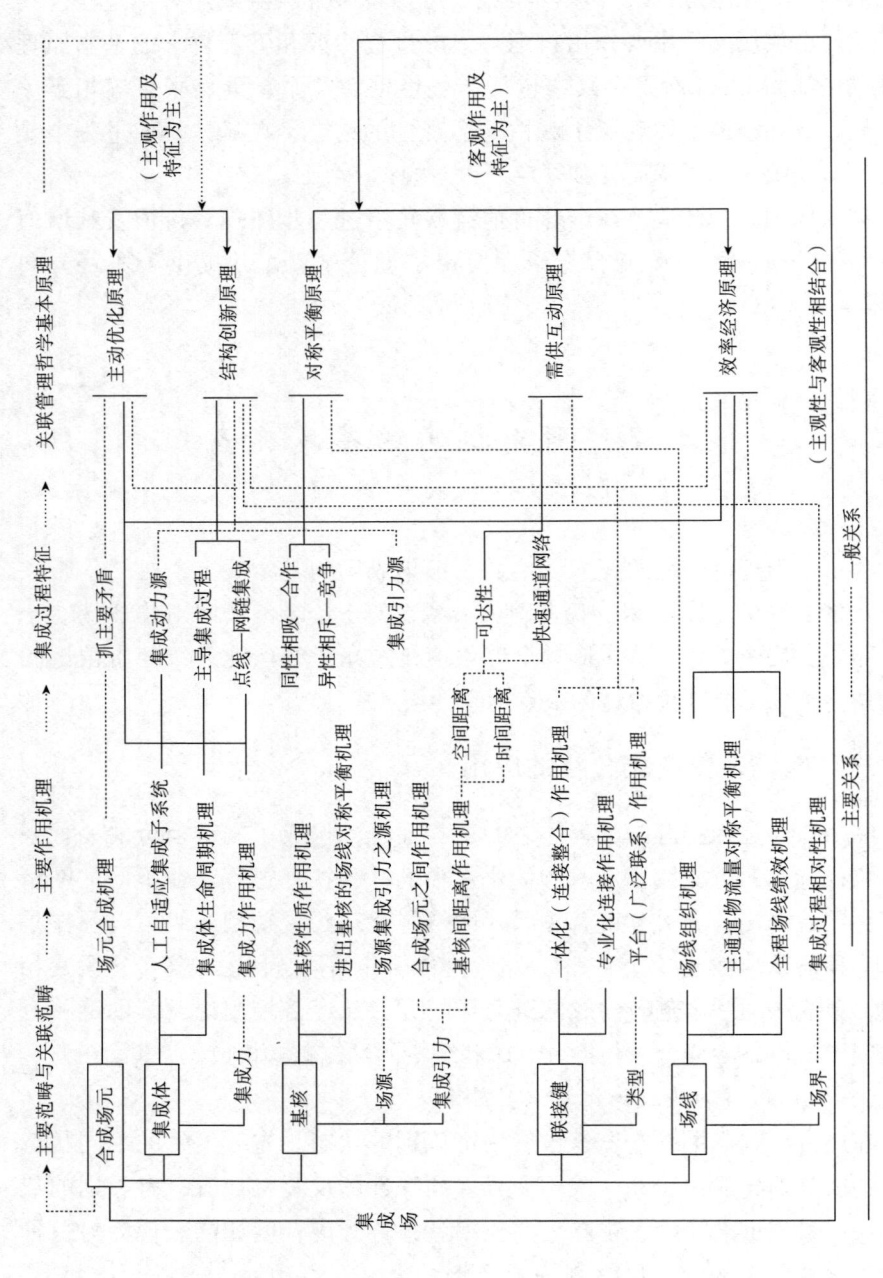

图 1-4 集成场主要合成场元作用机理和相互关系

过程体现了集成力和集成引力综合作用下的合成场元分布状态。典型的合成场元除了集成体以外，构成网链结构的还有基核、联接键。场线是基核或网链结构的产出绩效。

控制论指出，各种不同的系统在结构上存在着深刻的类似性，也即虽然完全不同的物质组成了不同系统，但是其行为和运动方式的差异度相同，因而可以用相同的微分方程或其他模型来模拟，这种类似性可称为同构。同构的定义是：如果两个系统存在一个一一对应的变换，使一个系统的状态对应于另一个系统的状态，而同时使表示前一个系统内部状态的表示式对应于后一个系统的内部相应状态的表示式，则这两个系统同构。[①]

（二）黑箱原理与同态原理对网链的认识

同构概念使我们能够用黑箱原理研究集成体、基核和联接键内部及其相互之间关系研究产业联动、产能合作的经济控制系统。所谓的黑箱原理是不管系统内部结构和物质特性，而只是研究其输入、输出之间的关系，研究输入变化时的反应行为，推出系统的模型，用来预测和控制系统。实际上，集成场是将其组成的对象划分为三种类型，便于我们认识集成场视角的网链结构的集成体、基核和联接键的性质、功能及在网链结构中的地位和作用，所以这种黑箱实质上更偏向介于白箱与黑箱之间的灰箱。黑箱原理具有相对性，同构概念也具有相对性，经过非一一对应单值变化的系统，若能与另一个系统同构，则这两个系统同态。同态概念的实质是"抽象"过程，抽象就是多一的单质变换使不同构的系统成为同态的。利用同态原理可以在自然语言中的某些概念与特定的数学模型之间建立同态关系，运用模型将实际事物进行建模分析。

（三）网链耦合、链接与嵌入之间的关系

耦合是指各因素之间的关系。系统内部、系统之间的交互影响关系就构成了耦合关系。经济耦合有多种形式，最基本的有串联耦合、并联耦合和反馈耦合。人工大系统有集成体主导的网链之间的合成，有两链之间链接关系和嵌入关系。

1. 集成体的主导性起主要作用

改革开放初期，在国家、集体和个人"三个一起上"的大背景下，企

[①] 汤兆魁：《"情报变压器"原理及其在情报交流中的应用》，《情报杂志》1993年第4期。

业在市场上开始从生产者转变成具有自主决策、自主经营能力的经营者，并对自己的战略决策、经营后果负责。作为体现融产业自身特点为一体的集成体，实施独立决策与经营能力。随着产业发展，人们认识到集成体在主导网链形成的过程中具有相对性。

2. 基核对质量成本效率的作用

核心企业能够整合其他企业为市场客户提供一体化服务。主动集成的核心企业具有强有力的集成能力，这种集成能力体现了核心企业作为集成体"主动优化"的智慧和能力基本特征。实际上，有很多企业被其他企业整合，被整合的企业在集成体主导的网链中体现着功能商、资源商的价值，而这种协同的行为能够提供整体物流解决方案及有效实行过程。主动整合与被动整合所形成的网链整体是一个为客户服务的集成服务系统。一些物流企业在被整合中也体现了自身的价值。

3. 联接键对网链绩效产生作用

原料市场与生产基地、生产基地与消费市场的网链链接关系，体现了规模经济、范围经济规则的作用。在"一带一路"产能合作中，国与国之间网链的竞合关系涉及战略、文化、企业等方面的制度性建设，联接键建设是典型的网链界面管理的系统设计，对于场线绩效产生重要的影响。

在相应文献研究应用的主要观点有：潘峰华、王缉慈（2010）以北京诺基亚星网工业园为例，说明了跨国公司如何通过供应链园区投资模式摆脱"被动嵌入"，分析这种情况对中国手机产业产生的影响并提出了对应的应对措施。结构性嵌入是指基于供应关系的企业间垂直链接（董千里，2012），包括网络主体间相互联系的总体性结构特征及参与者的网络位置，是对行为主体嵌入关系构成的各种网络的总体结构描述，反映的是企业间相互接触和相互关联的程度，可用网络密度、连通性、层级和网络中心度等概念度量。①"一带一路"建设中的国际产能合作，将成为推动第五次国际产业转移的重要标志性行动，在国际合作中建立实践典范，并将有助于更加平等、开放、创新、共赢的新的国际合作开发机制逐步探索和形成，乃至形成走向世界、发展更高层次的开放型经济（刘勇、黄子恒、杜帅等，2018）。

---

① 高伟、聂锐：《基于嵌入关系的企业网络链接模型研究》，《科技进步与对策》2010年第27期。

二　集成系统的集成场观点

（一）哲学与系统学的观点

传统的观点无法整体把握现代科技体系，因为它仅仅是把现代科学技术看成所有学科的集合，即一种非系统的总和。钱学森经过几十年工程实践的哲学思考逐步认识到，应当运用系统观点考察这个总体，明确其组分和结构[①]。世界是物质的，其结构是分层次而且是同态的，这种规律就便于我们把握物质系统的基本功能及其运行机制，用相对性的观点看待人工身后的物质世界。

钱学森（2011）认为，现在能用的、唯一能有效处理开放的复杂巨系统（包括社会系统）的方法，就是定性定量相结合的综合集成方法。这个方法是在社会系统、人体系统、地理系统中三个复杂巨系统研究实践的基础上，提炼、概括和抽象出来并且已被实践证明的。基于集成场观察的是人工集成系统，属于人工大系统，简称集成系统。人工集成系统属于人工大系统范畴。人工大系统除了具有集成体主导网链所具有的一般系统基本特征，也就是集合性、整体性、相关性、层次性、环境适应性以外，还具有人工大系统的目标性这一基本特征。集成场的"集成"是指集成体具有主动优化人工集成系统这一人工大系统的主要内涵。

（二）主导网链结构的观点

人工集成系统的主要特征就在于集成体的地位和作用，即主导地位和主动优化作用，中国改革开放给予了集成体极大的活力和发展动力。

（1）集成体主导产业联动网链的主动优化及竞合活力。集成体主导网链结构，网链结构具有集成系统的主动优化要求，这是人工大系统区别于其他自然系统的基本特征，也是集成系统区别于其他系统的基本特征。

（2）网链结构集成进化的机制。从产业到产业组织化的形式物流链、供应链、供应链集成等"网链结构"，在理论上提炼到网链转型升级的进化及演变机理，以及集成体主导经济动能与政府政策势能之间的互动作用关系。

（3）集成体主导网链不仅包括网链结构的内部结构、运行机制形成，

[①] 苗东升：《钱学森与系统学》，《西安交通大学学报》（社会科学版）2006年第6期。

而且包括不同网链之间的导入（对接）、互动（影响）、分享（利益）和融合（发展）过程的治理。集成体设计网链结构及网链之间的关系主要是网络治理关系，在内部更趋于精细化管理，在外部更趋于网链治理。

三　集成体主导经济动能

在集成场视角，集成体主导物流链、供应链、供应链集成到产业链等网链结构，呈现为不同规模经济实体的同态网链结构，在不同网链结构系统之间结构与功能具有一定的相似性，促进了微观经济发展活力及其动能。集成体是微观经济运行实体，从主导网链运行出发，扩展了经济实体活力，激发了产品业务功能与衔接市场关系的作用。

（一）集成体生存与发展动力

经济体制改革首先是增强企业活力，扩大企业自主权，使企业成为真正意义的企业，主宰自身生存能力和发展能力是主要内容。企业作为集成体体现的集成力①有大有小，但主体单元与客体单元的"二元结构"，战略主体、执行主体和利益主体的"三主体特征"是不可少的。集成体主导了网链结构的相对性。

（1）在微观经济网链起集成主导的实体作用的是集成体，其主导的对象是网链结构，在"一带一路"产能合作的网链结构中涉及网链链接、嵌入过程形成新的同态网链结构。网链治理目的是实现全球价值链的分工与价值定位。

（2）网链是由集成体、基核和联接键组成的网络组织结构，绩效通过场线体现，通常称为场线绩效。

（3）网链是从境内产业链所观察的国内价值链，境内产业链需要符合国家产业发展需要才能"走出去"，因此国内价值链需要转化提升为国家价值链乃至全球价值链。

（4）物流业向高级化发展，转型升级是高级化发展的具体形式，体现为专业化、信息化、网络化、集成化发展趋势，以更好地按照服务业性质，满足客户对服务业发展的需要。具体来说，产业一般是制造业，物流业要

---

① 集成体的集成力表示为整合资源、优化资源的能力和力度，见式（1-1），即 $P_{集成力} = r \cdot a_{集成} = r \cdot \dfrac{d^2 y}{dt^2}$。

满足制造业需要，实现两业联动、产业联动升级的具体范畴是生产性服务业。

（二）网链转型升级的绝对性

基核是网链转型升级的承载地，也是场源构成的载体，集成引力是其间竞合类型的具体体现①。一般情况下，基核间存在着竞合机制，同类型基核竞争大于合作，异类型基核合作大于竞争。在同一网链体系中，基核也是相互配套的，物流基核与生产基核、专业型基核与公共型基核构成配套的网链结构。

（1）网链转型升级的表现形式。物流业指的是高级化发展，什么是高级化发展？其体现为专业化、信息化、网络化、集成化的发展趋势。

（2）物流链从物流服务网链到生产性服务网链的升级。物流绩效可以表现为：集成体主导物流链形成与发展的绩效，即物流链高质量、高效率、低成本绩效；物流链转型升级绩效，即物流链指向生产性服务业的高端，可以参与两业联动的高端服务，例如，研发、设计等相关的生产性服务业，准时运输、准时配送、供应商管理库存的生产性服务业，专项物流、营销等的生产性服务业；物流链参与两链对接的供应链集成的绩效增值。

四 政府主导规划政策势能

各级政府政策有着明确的层级作用，政策制定的层级越高，所明确的层级势能作用越强，影响范围越广、强度越大。政府主要功能是战略规划、政策制定、运行监管和环境治理责任与作用，起到政策势能对经济动能的作用。这里讲的环境治理主要是地方、国家和全球环境治理，包括经济、政治、自然等环境的治理。全球治理观是共商共建共享②，倡导国际关系民主化，坚持国家不分大小、强弱、贫富一律平等，支持联合国发挥积极作用，支持扩大发展中国家在国际事务中的代表性和发言权。③ 在宏观经济方面起作用的是各级政府，可称之为集成主体，编制规划、制定政策和市场监管是其主要职能，宏观上起到政策势能作用，在集成场起到经济势能作

---

① 基核之间的集成引力，表示为式（1-2），即 $P_{集成引力} = k_{引力系数} \cdot \dfrac{r_A \cdot r_B}{l^2_{网络可达}}$。

② 2017年10月18日习近平总书记作的十九大报告。

③ 程国花：《负责任大国：世界的期待与中国认知》，《社会主义研究》2018年第6期。

用，规划指导一定经济发展史的形成，政策势能①需要转化为经济动能发挥作用。

（一）规划政策势能

各级政府的主要职能是编制规划、制定政策并引导产业经济发展，落实规划、监管市场是落实政策意图、实现规划目标的主要途径。在无特别必要时，可以将其简称为政策势能。

（1）政府政策势能在国内价值链提升到国家价值链等过程中发挥作用。政府政策势能有助于集成体通过网链流程、政策地位等升级，将国内价值链提升为国家价值链，最终在全球价值链中获得自身网链分工及其价值地位。

（2）国内价值链（也称为地方价值链）形成其实也要符合国家、地方产业政策，但地方价值链首先是满足并符合地方的产业政策。国内价值链是由集成体先建立地方价值链，然后利用国家政策势能、全国可以利用的资源进行品牌影响扩张，走出国门，像海尔一样。但地方资源是有限的，不如国家层面全国资源优化绩效好，因此，政策势能在宏观经济势能建立过程中的地位还是很重要的。

（二）监管政策势能

监管源自政府多个部门的集成主体，其监管职责对集成体在市场竞争中竞合行为与运行的合法性进行考察。

（1）形成国内价值链是必要条件。符合国家产业政策，形成国家价值链才能有利于"走出去"，是充分条件。形成或提升为国家价值链过程时，必须有集成创新，这样才有能力转化为全球价值链。

（2）支持国家价值链的国家政策势能，表现形式多样。例如，建立国家间战略合作伙伴关系等。这一点在习总书记访问意大利、法国表现得十分突出。可以说中国与发达国家之间合作可以明确地针对第三方市场进行合作，此前已经有了第三方市场合作成功的先例，是三方或多方共享成果的案例。

（三）治理政策势能

地方、全国乃至全球各国政府作为集成主体，对集成体主导的网链结

---

① 政府的政策势能表示为式（1-3）：$\varepsilon_{政策势能} = Mgh = \sum krh$。其中，$h$ 体现为政府的级别，级别越高，势能越大。

构运行环境进行监察与治理。

（1）不同层级的政府治理政策主要是通过产业规划、产业政策、法律规章和环境政策等来体现的，中央政府治理政策涉及重点产业治理、国家关系治理等方面，影响广度和深度都有所体现。

（2）体现国家政策势能作用，为国家价值链能够"走出去"的行为提供支持。例如，美国以国家力量对华为一家中国民营企业进行打压，在这种背景下，中国政府可对华为进行支持，以减少华为网链在"一带一路"和"走出去"方面的压力和难度。针对美国政府的非市场的霸凌行为，我国政府及时推出政策措施，维护集成体主导的网链安全。

（3）国家还没有发挥或没有注意发挥国家政策势能作用，这些往往发生在"一带一路"倡议早期或更早的时间。例如，海尔在20世纪90年代就走出境外，建立网链结构。及时总结和激励对"一带一路"产能合作健康发展有重要的影响。

五　经济动能与政策势能关系

产业转型升级是通过集成体实现的，转型升级符合集成体的战略目标、战略利益和经济利益。例如，华为的技术创新产品开发与储备、启用与投放市场时机，都与其发展的战略目标、战略环境密切相关；这些体现为微观的经济动能机制，是集成体主导网链发展的根本。而政府制定产业发展规划和政策，是一种政策引导，是一种产业发展环境倡导。产业的一些核心企业作为集成体，进行技术创新、主导境内价值链、网链绿色延伸、构建国家价值链，乃至走出国门构建全球价值链，都需要稳定的政治经济环境、公平竞争的市场环境、灵通便利的信息环境，而这些政治经济、市场竞争、国际物流和实时信息环境等条件的建立，都需要发挥政府作为集成主体的宏观调控政策势能作用。

（一）发挥政策势能的必要性

西方有些国家过于夸大了中国政府的作用，不同层次政策势能不同，中国政府重点引导了产业发展方向及环境。这一点我国不要止步不前，更不要上当，其实西方国家政府也在以政治经济政策等方式发挥政府政策势能作用，甚至还有战争讹诈恐吓行为。集成场机制下政府政策势能的发挥、产业政策导向正确和落实主要取决于集成体，寄期望于集成体主导的网链做出场线绩效。客观上，不是政府政策势能自身就能起作用，而是集成体集成创新能力、竞争实力在起作用。例如，波音737MAX事故，理应是我国大飞机横空出世的最好机会，但那也得我国航空产业集成体能干出来、飞出来才行啊。我们大飞机产业暂时尚不能出列就位，买方目前已经转向了空客。

（二）"激励"作用的政策势能

（1）最早"走出去"的产业转移网链结构，主要是基于传统经济理论下的一定小规模数量范围产业转移梯度作用。国家政策势能作用相对比较弱，往往只有局部产业政策势能，"一带一路"还未上升成为国家倡议。产能合作规模较小，环境阻力特别是国家间政治阻力相对比较小。例如，海尔"走出去"是20世纪90年代末，在相关国家政治上阻力相对较小。

（2）国家政策支持与集成体主导网链毕竟是不同性质的事情。产能合作最后是集成体主导实践的，枭龙飞机不可能由政府直接制造，只能是集成体参与制造。违背国家意志的价值链是走不出去的。例如，稀土产业链，"走出去"与否要符合国家政策，出口稀土产业链，现在要走回来，转变为进口稀土产业链。国家政策势能具体体现了国家战略意志力的激励与抑制作用。

（3）课题组研究分析的152个案例，其国家政策势能作用说明政府在"一带一路"应该做的事情。中国政府"一带一路"与哈萨克斯坦"光明之路"对接，与俄罗斯的"欧亚经济联盟"的对接，就可以缓解世界政治格局的竞争过程，有利于加强经济过程的合作。政府政策只是政策势能，需将集成体转化为经济动能，集成体须做出产品、做出品牌来，走向境外才能显示出竞争力来。

（三）"抑制"作用的政策势能

通过政策、规章和法律进行抑制、阻断等政策势能及其作用，抑制产业某种行为及发展态势。例如，稀土资源开发与出口政策、知识产权保护政策。

"一带一路"产能合作中，许多民营企业在1996年已经在境外建厂，走在产能合作实践的前面。中国政府"一带一路"倡议，起到一种引导作用，在经济控制系统中，激励—抑制是一对控制职能，也是政策势能产生经济动能①相应作用的一种结果。

第三节 研究思路与技术路线

一 研究的基本思路

（一）研究的基本思路

"一带一路"产能合作研究所涉及的境外部分调研有一定难度。本书对"一带一路"沿线国家国际贸易、产能合作现状进行了解，掌握沿线国家产业结构及关联产业需求情况，分析国内边际产业及其产能现状，以及与沿线国家产业互补的情况，通过案例掌握 152 个产能合作项目的网链结构特征。这些案例表明，境外产能合作的中方网链，在境内也往往是产业联动的典型案例，例如，海尔、华为、小米等。研究显示，国内两业联动的供应链、供应链集成和产业链，是国内价值链形成国家价值链的基础，也是国家价值链在"一带一路"产能合作全球价值链的组成部分。

（二）研究的主要内容

提出"一带一路"产能合作顶层设计理论，建立境内产业联动模型，建立以网链集成创新为基础的网链绿色延伸理论，验证境内产业联动到境外体现国家价值链的"一带一路"产能合作机理，按集成场范畴提炼产能合作模式，进行典型案例分析，归纳、梳理和提炼产能合作模式、机理、产能合作机制等。

应用产能顶层设计理论、合作机理、风险识别及防范机制，指导设计产能合作模式，进行阶段性成果分析交流等制定产能合作策略、途径，提出政策建议。

---

① 政策势能转化为经济动能，即关系式（1-5），$\varepsilon_{政策势能} = Mgh = \sum krh = \frac{1}{2}rv_{末}^2 - \frac{1}{2}rv_{初}^2 = \frac{1}{2}r\left(\frac{dy_{末}}{dt} + \frac{dy_{初}}{dt}\right)\left(\frac{dy_{末}}{dt} - \frac{dy_{初}}{dt}\right) = \varepsilon_{经济动能}$。

(三) 研究的主要方法

1. 定性分析与定量分析相结合

在人工集成系统研究和应用中，通常是科学理论、经验知识和专家判断力相结合，提出经验性假设（判断或猜想）。钱学森（2011）认为，这些经验性假设不能用严谨的科学方式加以证明，往往是定性的认识，但可用经验性数据和资料以及几十、几百、上千个参数的模型对其确实性进行检测。

2. 建模分析方法

本书中除了投入产出模型以及其他数学模型以外，还是用图形等工具进行逻辑演变过程等分析。模型也必须建立在经验和对系统的实际理解上，经过定量计算，通过反复对比，最后形成结论。钱学森（2011）认为，这样的结论就是我们在现阶段认识客观事物所能达到的最佳结论，是从定性上升到定量的认识。[①]

3. 典型案例解剖研究与案例统计分析方法

研究问题是案例研究方法的首要依据（Yin，2003），当确定了案例研究方法之后，无论是构建理论还是检验理论都很重要，一个完整的研究设计必须包含关于研究对象的理论，为研究提供一个足够清晰的蓝图[②]。高质量的理论贡献是本土产业联动延伸境外产能合作的案例研究实现从"实践"和"理论"再到"实践"飞跃的必需。[③] 典型案例研究是解剖麻雀的研究方法，便于掌握集成系统的演变过程及其特征，对研究案例设置关键词进行统计分析，便于在纷繁复杂的案例中，得到统一的研究规律及其重复性情况。

4. 结合知识工程的综合集成方法

综合集成方法在人工集成系统研究中能取得很好的效果，在解决问题的过程中，专家群体和专家的经验知识起着重要的作用。

[①] 钱学森：《一个科学新领域——开放的复杂巨系统及其方法论》，《上海理工大学学报》2011年第6期。本书将基于集成场的合成场元定性分析与相应的案例及量化模型分析结合起来进行研究。

[②] 毛基业、李晓燕：《理论在案例研究中的作用——中国企业管理案例论坛（2009）综述与范文分析》，《管理世界》2010年第2期。

[③] 毛基业、陈诚：《案例研究的理论构建：艾森哈特的新洞见——第十届"中国企业管理案例与质性研究论坛（2016）"会议综述》，《管理世界》2017年第2期。

(四) 网链建设与产能合作的联系

网链处于境内与境外，在政治、经济、社会等环境方面差异很大，但网链建设与"一带一路"产能合作联系是从境内延伸至境外的，涉及多个方面宏观政策势能和微观经济动能影响。如何把握境内外差异与联系，不仅涉及思路，而且涉及方法。梳理以下六方面的相互联系有利于解决网链绿色延伸中现实中存在的问题。

（1）网链形成的合成场元差异与联系。网链结构合成场元集成体、基核和联接键，通过产权资本、土地资本和联接键类型建立境外产能合作联系。突出核心企业作为集成体主导网链形成、运行和创新优化中的作用，其中包括网链结构如何接纳、融合境外资源。

（2）网链结构与集成创新机制相联系。在境内网链形成、境外环境差异下，如何将网链集成体、基核、联接键等差异通过环境等联系起来，是实现产能合作名正言顺地推进且事业成功的基础。

（3）网链创新与网链绿色延伸相联系。支持网链绿色延伸的基础，突出基核集成创新能力，加强基核场源建设，是绿色延伸可持续发展的前提保障。

（4）网链延伸与网链利益共享相联系。网链绿色延伸是产能合作的前提，产能合作是利益分享的前提，从而使得产能合作能够持续做下去。

（5）境内价值链与国家价值链相联系。网链建设应首先做好境内网链建设、品牌建设，这是做好国家价值链建设的基础和"走出去"的重要保证。

（6）产业价值链与全球价值链相联系。强有力的实务网链与国家价值链、全球价值链相联系，便于进行境外产能合作，产业价值链与全球价值链差异下的联系为提升产业全球价值链打好了基础。

二 研究的技术路线

（一）研究过程

通过调查研究形成若干研究论文发表，集中进行论文研究观点讨论，在讨论的基础上形成研究报告初稿，树立整个研究报告，进行补充研究，形成最终研究报告，最后，将研究报告进行理论棰炼，形成专著正式出版。

（二）技术路线图

研究报告分析研究的技术路线图，从理论构建、问题提出、案例研究、验证分析，撰写论文到撰写研究报告，到最后出版著作，其过程参见图1-5。

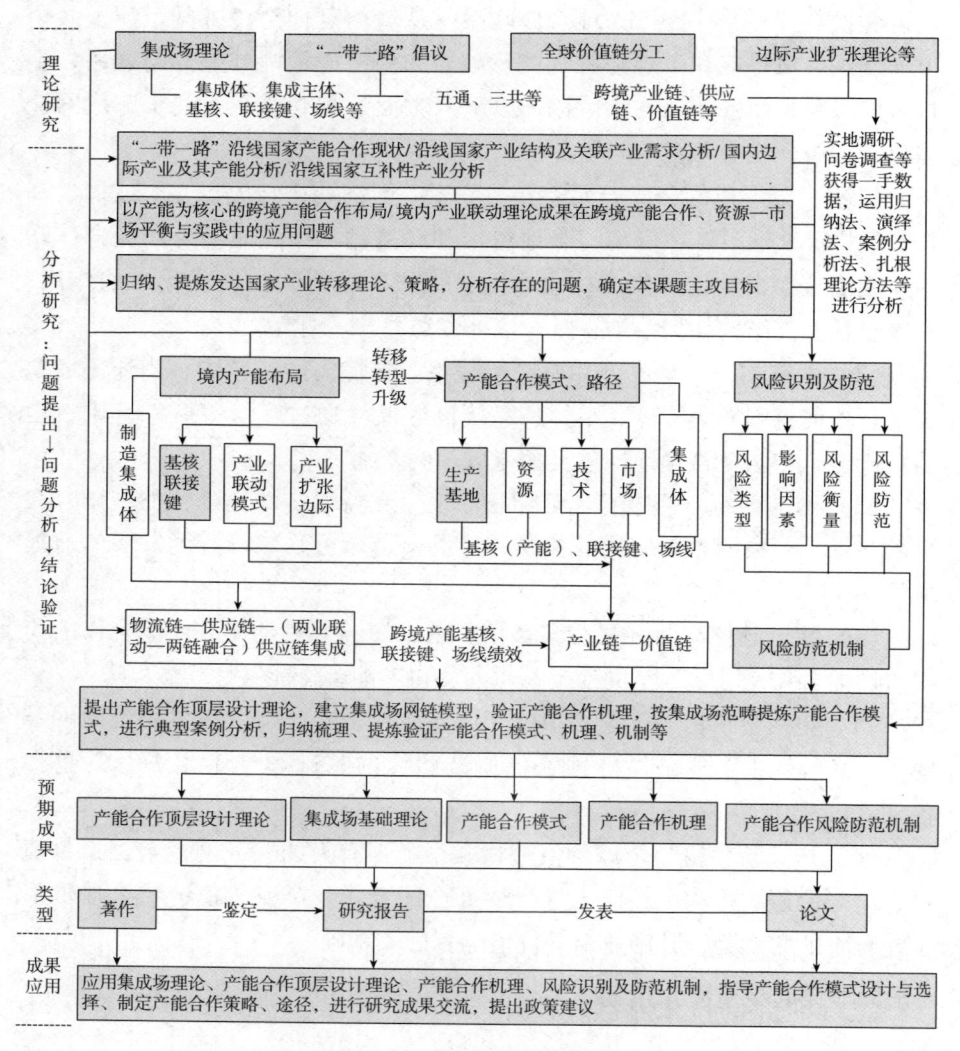

图1-5 研究的技术路线

文献梳理结合国家社科基金项目（编号：17BJL063）课题组进行的152个案例进行集成场视角、产业链全球价值链视角的分析，可得到集成场视角梳理152个案例的分析结果汇总，既体现出研究案例的"解剖麻雀"特征，也体现出研究案例的统计特征，便于总结相关规律。

第二章 分析视角：全球价值链

基于集成场便于我们抓住关键的合成场元；从全球价值链视角，便于看到我们自己的地位和发展短板，明确国内产业网链走向"一带一路"的发展方向。其一，要关注网链结构的合成场元及其系统构成相互之间的影响；其二，要在全球产业链过程中考察其价值贡献。这些关键因素，在产业竞争中具有重要地位。

第一节 全球价值链的认识

一 全球价值链概况

（一）全球价值链的形成

20世纪80年代由国际商业研究者提出并发展起来的价值链理论是全球价值链理论的根源，其中最流行的是Porter的价值链。但是对全球价值链理论的形成起更重要作用的是Kogut的价值链理论。前者主要强调的是单个公司或企业的价值链，而后者强调的分工合作乃至国际商业战略的理念，全球价值链不谋而合。另外，全球价值链理论的形成也受到"生产网络"学说的影响，后者强调企业间的关系网络以及由此形成的经济群落，这与价值链学说强调的生产序列和垂直分离、整合相对应（张辉，2004）。

（二）全球价值链的认识

联合国工业发展组织（2002）在2002—2003年度工业发展报告《通过

创新和学习来参与竞争》中对全球价值链给出了定义："全球价值链是指在全球范围内为实现商品或服务价值而连接生产、销售、回收处理等过程的全球性跨企业网络组织，涉及从原料采集和运输、半成品和成品的生产和分销直至最终消费和回收处理的过程。"[①] 从这一定义考察，全球价值链显然是用产品和服务价值考察产业链过程，将全球产业链作为全球价值链考察的基础。从价值的角度看待产业链，从全球的价值角度考察产业链就形成了全球价值链，实质上产业链在全球分工的过程中也体现了其价值分担。据外媒报道，特朗普正在起草一个提案，这次是为了直接要求全球的移动网络运营商不要与华为建立商用网络，因为华为将在世界移动通信大会（MWC[②]）上发布新的5G产品。华为选择了强大的反击，从美国撤离了57家工厂，并与台积电成功谈判，台积电将在南京开设新的生产线。有核心竞争力的结构是体现在网链结构中的基核，是核心技术"看家"的本领。

二　面对全球价值链的网链治理

（一）产业链角色分工及价值承担

全球价值链（Global Value Chain，GVC）理论的核心是治理，主要涉及价值链的组织结构、权力分配、价值链中各经济主体之间的关系和生产活动的协调（徐毅鸣，2012），本书称之为网链的治理。

研究全球价值链治理模式的学者主要有 Humphrey、Gereffi 等。Gereffi（2003）按照价值链中主体的协调和力量的不对称程度，将全球价值链的治理模式划分为5种类型：市场型、模块型、关系型、俘获型和等级型，这种分类方法在研究中被广泛使用。GVC 理论还关注参与者的升级问题。Gereffi 认为，发展中国家的本土企业或产业在嵌入全球价值链之后就会遵循"工艺升级→产品升级→功能升级→产业链升级"的序贯升级路径。更多研究发现，这种升级并不是自动完成的。俘获型价值链治理模式较好地描述了发展中国家本土产业嵌入 GVC 的常见情况，由于价值链中供应商技

---

① United Nations Industrial Development Organization, Competing through Innovation and Learning - the Focus of UNIDO's Industrial Development 2002/2003, https://wenku.baidu.com/view/0b5ea611866fb84ae45c8d34.html, Vienna, 2002.

② MWC 的前身是 3GSM 展，于每年年初（通常为2月）举行，它是全球通信领域最具规模和影响力的展会，众多从事通信产业的全球知名企业都将出席这一展会。2008年，3GSM 大会正式更名为 MWC 大会。

术水平较低，生产的产品资产专用性较强，从而导致对领导厂商的依赖（徐毅鸣，2012）。在现有全球价值链中，后进国家可通过技术模仿实现一定的技术进步与经济增长，但该模式并不可持续，因为后进国难以在前向联系上脱离国际市场尤其是发达国家市场，在后向联系上也难以摆脱对发达国家先进技术资金的依赖，导致后发国家始终与发达国家保持一定技术距离而难以实现赶超。领导厂商通过对供应商的高度控制，使之难以摆脱当前的价值链地位，且出现升级障碍。Humphrey 等的研究发现，本土产业嵌入全球价值链之后实现"工艺升级→产品升级"这一过程很顺利，但在"功能升级→产业链升级"过程中就会遭遇"天花板效应"，诸如网链链接关系的协调和重新建立。而且，本土产业的功能升级和产业链升级会改变全球价值链的利益分配格局，作为领导企业的跨国公司因为担心利益损失，不会向供应商提供自己的核心技术。针对如何突破这种困境，也即突破俘获型价值链，学者们做了诸多研究，其中最值得关注并具有较强可行性的是国家价值链理论。Schmitz 注意到，国内市场发育而成的国家价值链（National Value Chain，NVC）中的本土企业表现出很强的功能升级与链升级能力（徐毅鸣，2012）。

（二）主导价值链要从境内开始

在以开放为主题的国际经济格局下，一国政府通过直接政策干预防止被全球价值链俘获是不现实的。但发展中国家本土产业难以依靠自身力量突破低端锁定，因此必须采取自建完整的产业链的策略（卢福财等，2008）。所谓完整的产业链，实质上就是指构成从最初材料到最终产品价值增值的完整价值链，体现为用价值视角观察产业链过程。研究表明，中国必须加快构建以本土市场需求为基础的国内产业链，形成国家价值链网络体系和治理结构，并实现国家价值链与全球价值链的协调，才能实现全球化条件下的产业升级（刘志彪等，2009）。

例如，我国独有的离子型（以中重为主）稀土矿富含稀缺的中重稀土元素[①]，真正占据了主导地位，是具有绝对竞争优势的战略性资源。从应用上看，稀土下游消费大多集中分布在新能源、新材料等战略性新兴领域，其潜在需求被长期看好，特别是稀土永磁材料在新能源汽车领域的消费具

[①] 中重稀土包括钐、铕、钆、铽、镝、钬、铒、铥、镱、镥、钪、钇。——根据观察者网，著者注

备较大增长潜力。但是，当前稀土产业链缺乏下游消费能力和完整的价值链，拥有战略资源却缺乏战略思维过程，即便有战略资源优势，也无法给国家带来更多的利润及利益。可见，只有从全球价值链视角来研究产业价值链，才能在产业链中找到问题的根本症结（徐毅鸣，2012）。

另外，物流业高级化发展的市场需求对于产业升级具有引导优势，也就是服务业高级化对产业高端市场有巨大潜在需求，对服务业升级有重要支持作用（董千里，2015），国内供应链是否存在高端市场的需求对于在国内价值链基础上构建国家价值链至关重要（徐毅鸣，2012）。

三 构建国内价值链的必要条件

（一）从国内产业链到国家价值链

国内价值链（Domestic Value Chain，DVC）体现了产业价值链在境内段的构成及其价值特征，往往体现了国家价值链在境内段所能达到的要求。但境内外政治、经济差异很大，从人工大系统、网链绿色延伸角度而言，国内价值链的形成、健全与提升，对借助政府政策势能将国家价值链推向"一带一路"产能合作途径，具有重要的战略意义。

从国内产业链发展到国家价值链，充分发挥境内产业资源、生产和市场优势。对于发展中国家而言，境内产业链首先体现的是国内价值链，这也是国家价值链（NVC）建立的前提，境内产业链必须有持续稳定的资源保障，特别是资源在全国的整合优化，才能成为国家价值链。特别是，集成创新能力集中于国家价值链上，才能使产业技术创新成为可能，对形成国家价值链乃至延伸全球价值链产生巨大深远的影响。

（二）从国家价值链到全球价值链

如何将国内价值链提升为国家价值链，通过国家价值链走向"一带一路"产能合作，具有重要意义，应关注以下几方面优势的构建。

（1）发挥体制政策势能优势。政府政策势能干预能力较强，在国内价值链构建过程中，通过发挥政府政策势能作用，更容易发挥境内网链结构的协同作用。在国家价值链构建过程中，发展中国家须面对众多阻碍国家价值链绿色延伸的因素，这些来自外来激烈竞争和本土企业弱小等方面的因素，靠产业本身的力量往往难以克服。这就需要来自中央或者地方政府的强大政策势能的调控，而中国在这方面的能力恰恰较强（徐毅鸣，2012）。

（2）发挥市场消费导向优势。制造供应链与物流链对接，国内物流网络与国际物流网络对接，使原料、生产、销售与国际物流的网链结构能够更好地满足高端市场一体化物流服务的需求，使通过国内两业联动能够有力地推动境内产业在产业联动中国内价值链的转型升级，使原料基地、生产基核与物流枢纽、市场基地能够高效率进行对接。这牵扯到产业链是否存在高端市场的需求以及实施网链绿色延伸并支持高端需求，还涉及产业链从国内价值链提升到国家价值链，因此，对国内价值链形成并构建国家价值链十分重要。

（3）逐步发挥制造业潜在的优势。"一带一路"产能合作的产业类别，其产业性质特征，集成体形成的网链结构及其推动力可能是不一致的。需要针对产业类别，选择"一带一路"产能合作路径。课题组对152个案例的梳理表明，中国的稀土新材料产业虽然缺乏核心技术，但制造业基础是其他国家难以比肩的（徐毅鸣，2012）。

四　境内产业链到全球价值链的机制

从我国初步探讨的国际产能合作中我们发现，推进网链延伸的主要困难往往涉及产业链组织、创新、延伸、运行等方面，即网链集成创新建立稳定机制，支持产业链集成创新，进而支撑全球价值链的价值及实现方式。

（一）网链运行稳定机制

产业链不稳定是构建国内产业链、形成国家价值链首要面临的挑战。产业链基核如何组织全国资源、技术、知识产权、环境、资本等构成基核的场源结构。进行场源优化，支持产业链绿色延伸，体现了境内产业链在国家价值链乃至全球价值链的地位。

（二）集中研发创新机制

网链技术研发、产业创新和网链延伸能力等是产业链提升竞争力的重要元素，需要研发、创新主体集中，防止分散，起到集成投入的效果。这也是形成国家产业链支撑的国家价值链及其境外延伸的重要保证。因为研发、创新力量的分散将会导致理论与实践的脱节，也即与产业升级脱节，无法助力国家产业链的构建。实践表明，在不同产业链中，产业链价值扭曲的一个重要原因就是创新价值回报、环境保护和知识产权保护方面制度不够健全（徐毅鸣，2012）。

（三）主导产业升级机制

境外政治经济社会环境是比较复杂的，体现国家产业链的国家价值链境外延伸有时需要国家政治、经济等力量的护航。在国家价值链运转过程中，既要保护资源优势、技术优势和资本优势，还要兼顾产业产品、资源消费能力的培育。

（四）主导网链价值机制

主导产业网链价值机制的维护与升级需要有战略观念，战略观念体现在集成体形成网链价值的可持续提升及发展机制上。通过终端产业推动国内价值链趋向于国家价值链，形成战略技术创新储备，维持产业链稳定发展，例如华为储备了自己的操作系统，当有必要时，就可以采用自己的操作系统，以保持产业链稳定发展。在国内价值链基础上，对产业链结构的集成创新优化依然是构建国家价值链的长期有效措施。而重构国家价值链的本质在于构建具有一定规模的国内终端消费市场并以此带动整条产业链的升级。而资本向上游集中是与国家价值链的构建背道而驰的。

（五）防止价值扭曲机制

政府应采取一切可能的措施，进一步完善中国的知识产权保护法律法规和环境保护制度，对于擅自模仿他人技术并实施低价竞争战略的企业给予严惩，对致力于技术创新的企业予以足够的补贴和支持，并全面实施严格有效的资源开采、分离，将环境治理成本正常计入产业链的生产成本中。网链中的研发单元要能够从价值链上得到其研发投入的补偿并支持其进一步技术创新，资本也将免于为追求短期利润而涌入低附加值环节。使境内产业链、国家产业链发展与国家价值链构建的方向一致，支持境内网链向境外延伸的国家价值链，开创并支撑境外全球价值链增值渠道和能力。

第二节 产能合作案例与问题提出

认识和分析"一带一路"产能合作案例，是集成场认识境内两业联动、产业联动，通过网链绿色延伸，进行"一带一路"产能合作的实践基础。

一 研究对象与内容

为了总结实践中的规律，按照集成场网链的合成场元构成，集成体、基核、联接键，以及网链运行的绩效场线等来认识境内网链通过绿色延伸走向"一带一路",实施产能合作模式的规律。检验、拓展和应用集成场理论的基础是实践。集成场全球价值链正是源自中国改革开放和产业实践的理论提炼。

(1)梳理新的研究对象。集成场识别及进行产能合作案例研究对象,都是基本的网链结构。

(2)拓展新的研究视野。从境内两业联动创建地方价值链、国家价值链,进一步拓展到全球价值链视角。

(3)集成场的研究特色。抓集成场关注的市场竞争的基本单位即集成体主导的网链结构是关键,本书主要研究网链在实现价值链过程中的顶层设计所涉及的内容,以集成场全球价值链视角,形成构建"一带一路"构建人类命运共同体的产能合作理论;并针对产能合作实践,提出集成场应对风险、危机的机制。

(4)综合以上文献梳理,结合课题组整理的152个"一带一路"产能合作案例,按照行业分类及细分、网链结构的价值链治理的类型、集成体的性质等进行分类分析(见表2-1)。同时,整理了208个国际突发事件中网链风险识别、危机转换和应急应对案例,进行政策势能、基础设施、物流效率、合作国家、合作领域、合作方式和风险防范等方面的分析,运用因果分析图梳理"一带一路"产能合作的相关主要因素涉及的国家价值链地位、全球价值链地位,参见图2-1。而且涉及网链集成创新能力、境外园区、产业布局、集成运作、政企关系、企企关系、转型升级、绿色延伸、第三方合作、股权分配、大国博弈关系等方面,在众多因素中,需要选择适当的点或领域切入,进行深入研究。

二 "一带一路"产能合作因果关系

集成场理论分析"一带一路"产能合作,所涉及的主要合成场元有集成体、基核、联接键、场线、场界等构建微观网链的合成场元,还涉及政治、经济、社会和技术等宏观网络、国际环境等因素,在集成场认识"一带一路"产能合作的因果关系分析中,列出网链结构、政策势能、基础设施、物流效率、合作国家、合作领域、合作方式和风险防范八个方面进行分析。涉及网链结构目标的问题是:国家价值链、全球价值链地位;涉及网链结构的集成体是:企企关系、政企关系、国别关系;涉及基核问题是境外园区;涉及合作问题有优势产业、绿色延伸、第三方合作、转型升

表 2-1　　集成场视角梳理 152 个案例的分析结果汇总

序号	行业划分	合计	细分	价值链治理类型					数量	国企	民企	混合	中外合资企业
				市场型	模块型	关系型	俘获型	领导型					
1	电力生产和供应业	15	核力发电	1	1			2	4	4			
			风力发电		1				1	1			
			水力发电	1	2			2	5	5			
			火力发电	1	1		1	1	4	3	1		
			电力生产供应业			1			1	1			
2	建筑业	24	土木工程建筑业（港口工程）	3	4			2	9	9			
			土木工程建筑业（公路铁路建设）	3	5	1	2	1	12	12			
			土木工程建筑业（高铁建设）					1	1	1			
			其他房屋建筑业	1	1				2	1	1		
3	金融业	1	资本投资业		1				1		1		
4	农业	3	农业纺织业		1				1	1			
			农作物种植业		1			1	2	1	1		
5	信息传输服务业	6	电子通信（光缆）	1	3				4	2	2		
			电子通信（手机）		1				1		1		
			卫星传输服务		1				1	1			
6	制造业	61	电器机械和器材制造业（家电制造）	2		1		4	7	3	3		1
			纺织服装制造					1	1		1		
			非金属矿物制品业（玻璃制品）		1	1			2	1			1
			非金属矿物制品业（水泥制造）	1	1			2	4	2		2	
			化学原料和化学制品制造业			2		1	3	3			
			智能消费设备制造业	1				1	2	1	1		

续表

序号	行业划分	合计	细分	价值链治理类型				数量	国企	民企	混合	中外合资企业
				市场型	模块型	关系型	俘获型	领导型				
6	制造业	61	农副食品加工业（植物油加工）					1	1	1		
			农副食品加工业（饲料加工）	1					1	1		
			汽车制造业	4	2		1	3	10	6	3	1	1
			啤酒制造业			1			1	1		
			食品制造业（发酵制品制造）	1		1			2	1	1	1	
			食品制造业（乳制品制造）	1					1	1		
			铁路运输设备制造业（铁路机车车辆制造）					1	1	1		
			通用设备制造业（滚动轴承制造）					1	1	1		
			专用设备制造业	2			1		3	1	2		
			有色金属冶炼和压延加工业	1	2	2	2	3	10	7	3		
			船舶运输设备制造业	1					1	1		
			日用化学产品制造		1				1		1		
			石油、煤炭及其他燃料加工业	2	2	3		2	9	8	1		
7	产业园	34	产业园	5	6	21			32	19	12		1
			两国双园	1		1			2	2		
8	房地产业	3	房地产业		1	1		1	3	3		
9	交通运输、仓储和邮政业	5	水上运输业	2					2	1	1		
			管道运输业			1	2		3	3		
合计		152		36	39	35	10	32	152	103	42	5	4

注：混合指混合股份制企业。

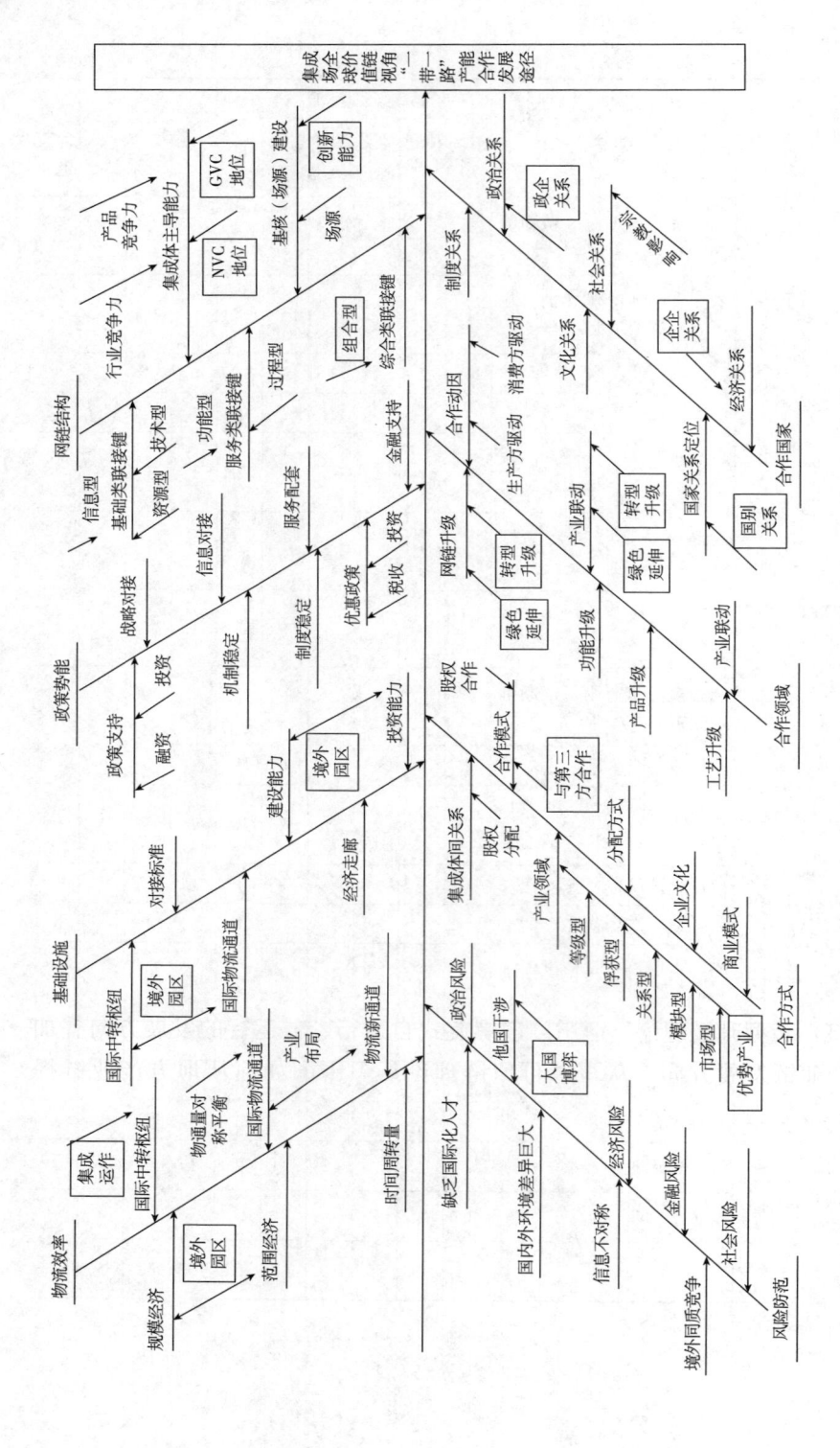

图 2-1 集成场全球价值链视角的"一带一路"产能合作主要因素分析

级;涉及风险防范有国家关系、大国博弈等。参见图2-1。

从图2-1可以看到在网链结构、政策势能、基础设施、物流效率、合作国家、合作领域、合作方式和风险防范,分别所涉及诸多方面,其中:

(1) 集成体所主导的网链结构国家价值链地位到全球价值链地位,是"走出去"、体现竞争力的目标,是实现目标追求重要内在力量。

(2) 基核作为合作承载基地,承载产能与创新,体现基核在境外园区开发建设中的重要性。

(3) 与合作国家间的国家关系、企企关系、优势产业和第三方合作,在防范风险过程中的大国博弈、国家间关系,都会对产能合作产生重大的影响。

(4) 微观网链与宏观基础设施网络支撑着产能合作中国家间通道和全程效率。

三 研究分析的理论特色

综上所述,在集成体主导"一带一路"网链结构形成、运行、延伸和升级过程,应当注意在全球价值链中提升网链和运用源自中国改革开放的经验总结,可概括为如下理论。

(1) 同态网链理论。物流链、供应链等都可以看作由集成体、基核和联接键形成的同态网链,同态网链理论便于进行网链链接、网链嵌入,形成新的同态网链结构。

(2) 网链结构理论。运用集成场理论构建的集成体、基核和联接键是最简单的网链结构。在此基础上,形成的同态网链结构,将改革开放40年实践纳入理论研究和产能合作实践体系。

(3) 转型升级理论。运用网链螺旋式自运行、群运行的发展方向叠加形成产业链发展方向,从全球价值链理论认识中国如何从地方产业链提升为国家价值链,走向"一带一路"全球价值链。

(4) 绿色延伸理论。境内两业联动、产业联动的理论与实践,可以通过转型升级、绿色延伸方式走向"一带一路"产能合作,在"一带一路"产能合作中构建新的网链结构体系。

微观经济动能与宏观政策势能对接,支持我国在改革开放中形成的网链结构,从而体现构建人类命运共同体为共识,根据集成场三维目标体系,体现中国"一带一路"倡议的国际产能合作理论及其主导产能合作实践,走向"一带一路"。

四 主要问题提出

（1）集成场理论在"一带一路"产能合作研究的过程可以形成哪些理论成果，便于提炼、总结、完善和应用。

（2）集成场理论在研究境内网链走向境外网链过程中，关注怎样才可以减少阻力，如何便于与合作国之间达成稳定网链结构，便于长期合作、长期共享。

（3）集成场在研究"一带一路"网链结构可以形成哪些推论，便于推动"一带一路"产能合作实践。

（4）集成场研究"一带一路"产能合作可以获得哪些主要启示，便于进一步展开深入研究。

第三节 本章小结

通过本章基础案例的分析，在全书的产能合作网链结构研究中，提供了"一带一路"产能合作案例，使得理论分析在案例分析的基础上，有着实践活动的支撑。

（1）建立在实践基础上的案例，结合"同态网链"理论支撑集成场对物流链、供应链、供应链集成、产业链等当代国际竞争的基本单元的分析，使得这些同态网链可以用"网链结构"加以概括提炼，对研究对象进行更深刻的认识。

（2）以提炼的集成场理论、范畴进一步接受"一带一路"产能合作实践的验证，网链结构理论化后，进一步引导、指导产能合作实践活动。

（3）同态网链理论使得境内两业联动、产业联动所体现的网链结构，不仅成为当代竞争的基本单元，是由集成体主导的网链结构，而且从境内走向境外。网链绿色延伸是境内网链，通过绿色延伸，在境外"一带一路"产能合作中得以发展。

实践归纳篇

实践归纳篇包括第三章和第四章,通过对"一带一路"沿线产能合作国家国际贸易供求分析,探求集成场场线,即系统集成发展规律(趋势)及绩效的概况;力图通过境内产业网链转型升级机制,以产业升级战略满足沿线国家需求,理解"一带一路"三共(共商、共建、共享)五通(加强政策沟通、加强道路联通、加强贸易畅通、加强货币流通、加强民心相通),实现构建人类利益、命运、责任共同体的宗旨。

第三章　场线趋势：产能合作国家供求分析

产能合作的基础是国家间彼此的需求，做到知己知彼，产能合作才能更加顺利地开展。国际贸易是了解国与国之间彼此需求最简单直接的途径，本章以国家或区域间贸易数据为基础展开研究，从而发掘"一带一路"产能合作的方向与潜力。

第一节　"一带一路"国际贸易背景

一　经济走廊与"一带一路"

2013年9月7日，习近平总书记首次提出共建"丝绸之路经济带"的倡议。陆上丝绸之路依托国际大通道，以沿线中心城市为支撑，以重点经贸产业园区为合作平台，共同打造新亚欧大陆桥、中蒙俄、中国—中亚—西亚、中国—中南半岛等国际经济合作走廊。[①] 同年10月3日，再次提出共建21世纪"海上丝绸之路"的倡议。海上丝绸之路以重点港口为节点，共同建设通畅安全高效的运输大通道。中巴、孟中印缅两个经济走廊与推进"一带一路"建设关系紧密，要进一步推动合作，取得更大进展。[②]

---

① 胡潇：《经济空间的"中心"与"外围"》，《学术研究》2019年第2期。
② 沈铭辉：《"一带一路"、贸易成本与新型国际发展合作——构建区域经济发展条件的视角》，《外交评论》（外交学院学报）2019年第2期。

二 "走廊"与"带路"形成网络

2015年3月28日,国家发展改革委、外交部、商务部联合发布了《推动共建丝绸之路经济带和21世纪海上丝绸之路的愿景与行动》。① 合作的重点主要体现在五个方面:政策沟通、设施联通、贸易畅通、资金融通和民心相通。政策沟通是中国与各国之间实现产能合作的重要保障。设施联通则是中国与各国之间实现产能合作优先考虑的方向,同时也影响着贸易的畅通。贸易畅通需要解决投资贸易便利化问题,消除投资和贸易壁垒,从而为各国之间的产能合作提供良好的营商环境。资金融通则能够为各国产能合作提供资金保障。民心相通能够为深化双边、多边合作奠定坚实的民意基础,使各国之间产能合作的开展更加顺畅。

第二节 中国与"一带一路"沿线国家出口与进口贸易概况

根据中国一带一路网②,截至2019年3月,我国已经与123个国家和29个国际组织签署了171份"一带一路"合作文件,随着越来越多国家的加入,中国与"一带一路"沿线国家之间的产能合作将迎来更大的机遇与挑战。

一 "一带一路"沿线国家

(一)主要沿线国家③

将中国一带一路网公布的69个主要的沿线国家按照地理位置进行划分,结果见表3-1。

(二)六大经济合作走廊

随着"一带一路"建设的不断深入,我国提出了"六廊六路多国多港"

---

① 王禹:《全面管治权理论:粤港澳大湾区法治基石》,《人民论坛·学术前沿》2018年第21期。

② 中国一带一路网(http://www.yidaiyilu.gov.cn)。

③ 第三章涉及"一带一路"沿线国家经贸供求数据的整理与分析,主要是研究生李明垚作为课题组成员参与国家社科基金项目(编号17BJL063)所做的工作。

表 3-1　　"一带一路"沿线 69 个主要国家所属区域与名称

国家	英文名称	地区	国家	英文名称	地区
亚美尼亚	Armenia	独联体七国	乌兹别克斯坦	Uzbekistan	中亚
乌克兰	Ukraine		土库曼斯坦	Turkmenistan	
摩尔多瓦	Rep. of Moldova		塔吉克斯坦	Tajikistan	
格鲁吉亚	Georgia		吉尔吉斯斯坦	Kyrgyzstan	
俄罗斯	Russian Federation		哈萨克斯坦	Kazakhstan	
白俄罗斯	Belarus		匈牙利	Hungary	中东欧
阿塞拜疆	Azerbaijan		斯洛文尼亚	Slovenia	
蒙古国	Mongolia	东亚	斯洛伐克	Slovakia	
韩国	S. Korea		塞尔维亚	Serbia	
朝鲜	N. Korea		北马其顿	N. Macedonia	
东帝汶	Timor-Leste	东南亚	罗马尼亚	Romania	
约旦	Jordan	西亚	立陶宛	Lithuania	
以色列	Israel		拉脱维亚	Latvia	
伊朗	Iran		克罗地亚	Croatia	
伊拉克	Iraq		捷克	Czechia	
也门	Yemen		黑山	Montenegro	
叙利亚	Syria		波兰	Poland	
土耳其	Turkey		波黑	Bosnia and Herzegovina	
沙特阿拉伯	Saudi Arabia		保加利亚	Bulgaria	
黎巴嫩	Lebanon		爱沙尼亚	Estonia	
科威特	Kuwait		阿尔巴尼亚	Albania	
卡塔尔	Qatar		越南	Vietnam	东盟
巴林	Bahrain		印度尼西亚	Indonesia	
巴勒斯坦	State of Palestine		新加坡	Singapore	
阿曼	Oman		文莱	Brunei	
阿联酋	United Arab Emirates		泰国	Thailand	
印度	India	南亚	缅甸	Myanmar	
斯里兰卡	Sri Lanka		马来西亚	Malaysia	
尼泊尔	Nepal		老挝	Laos	
孟加拉国	Bangladesh		柬埔寨	Cambodia	
			菲律宾	Philippines	

续表

国家	英文名称	地区	国家	英文名称	地区
马尔代夫	Maldives	南亚	南非	South Africa	非洲
不丹	Bhutan		埃塞俄比亚	Ethiopia	
巴基斯坦	Pakistan		埃及	Egypt	
阿富汗	Afghanistan	中亚	新西兰	New Zealand	大洋洲

资料来源：中国一带一路网（http://www.yidaiyilu.gov.cn）。

的合作框架。"六廊"是指新亚欧大陆桥、中蒙俄、中国—中亚—西亚、中国—中南半岛、中巴、孟中印缅六大国际经济合作走廊。[①]"六廊"主要涉及陆上丝绸之路沿线国家（见表3-2），21世纪海上丝绸之路则主要覆盖海上贸易国家。

表3-2　　　　　　　　六大经济走廊沿线国家

国家	英文名称	区域	国家	英文名称	区域
哈萨克斯坦	Kazakhstan	新亚欧大陆桥	哈萨克斯坦	Kazakhstan	中国—中亚—西亚经济走廊
俄罗斯	Russia		吉尔吉斯斯坦	Kyrgyzstan	
乌克兰	Ukraine		塔吉克斯坦	Tajikistan	
白俄罗斯	Belarus		土库曼斯坦	Turkmenistan	
格鲁吉亚	Georgia		乌兹别克斯坦	Uzbekistan	
阿塞拜疆	Azerbaijan		伊朗	Iran	
亚美尼亚	Armenia		伊拉克	Iraq	
摩尔多瓦	Moldova		土耳其	Turkey	
波兰	Poland		叙利亚	Syria	
立陶宛	Lithuania		约旦	Jordan	
爱沙尼亚	Estonia		黎巴嫩	Lebanon	
拉脱维亚	Latvia		以色列	Israel	
捷克	Czechia		沙特阿拉伯	Saudi Arabia	
斯洛伐克	Slovakia		也门	Yemen	
匈牙利	Hungary		阿曼	Oman	

[①] 沈铭辉：《"一带一路"、贸易成本与新型国际发展合作——构建区域经济发展条件的视角》，《外交评论》（外交学院学报）2019年第2期。

续表

国家	英文名称	区域	国家	英文名称	区域
斯洛文尼亚	Slovenia	新亚欧大陆桥	阿联酋	United Arab Emirates	中国—中亚—西亚经济走廊
克罗地亚	Croatia		卡塔尔	Qatar	
波黑	Bosnia and Herzegovina		科威特	Kuwait	
塞尔维亚	Serbia		巴林	Bahrain	
阿尔巴尼亚	Albania		希腊	Greece	
罗马尼亚	Romania		塞浦路斯	Cyprus	
保加利亚	Bulgaria		埃及	Egypt	
北马其顿	N. Macedonia		越南	Vietnam	中国—中南半岛
巴基斯坦	Pakistan	中巴经济走廊	老挝	Laos	
蒙古国	Mongolia	中蒙俄经济走廊	柬埔寨	Cambodia	
俄罗斯	Russia		缅甸	Myanmar	
印度	India	孟中印缅	泰国	Thailand	
孟加拉国	Bangladesh		新加坡	Singapore	
缅甸	Myanmar		马来西亚	Malaysia	

资料来源：中国一带一路网（http://www.yidaiyilu.gov.cn）。

21 世纪海上丝绸之路沿线国家名单如表 3-3 所示。

表 3-3　　　　　21 世纪海上丝绸之路沿线国家

国家	英文名称	国家	英文名称
印度尼西亚	Indonesia	印度	India
马来西亚	Malaysia	巴基斯坦	Pakistan
菲律宾	Philippines	孟加拉国	Bangladesh
新加坡	Singapore	阿富汗	Afghanistan
泰国	Thailand	斯里兰卡	Sri Lanka
文莱	Brunei	马尔代夫	Maldives
越南	Vietnam	尼泊尔	Nepal
老挝	Laos	埃及	Egypt
缅甸	Myanmar	希腊	Greece
柬埔寨	Cambodia		

二 中国与"一带一路"沿线国家出口贸易分析

(一) 中国出口贸易分析

根据地域和经济走廊的划分,采用世界贸易组织公布的2010—2016年中国对"一带一路"沿线国家出口贸易额分别汇总分析,具体见图3-1。

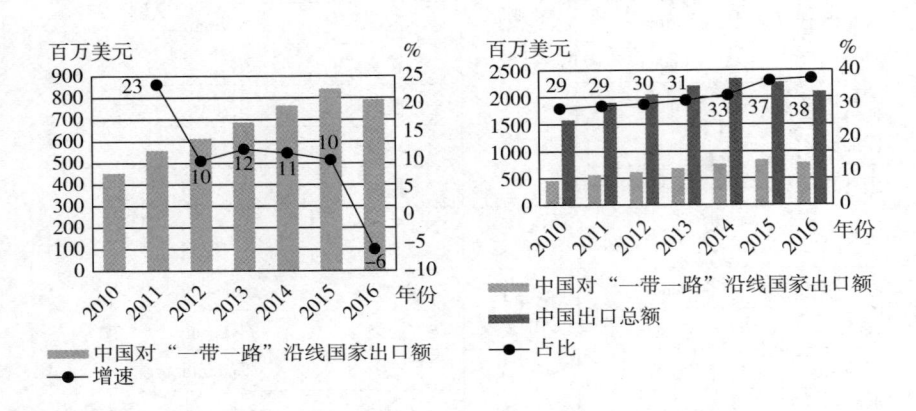

图3-1 中国对"一带一路"沿线国家出口总趋势

通过对69个国家的出口总额进行分析发现,受全球经济衰退的影响,2010—2016年中国对"一带一路"沿线国家出口的增速虽然在下滑,但占中国出口总额的比重在平稳地上升,这说明"一带一路"沿线国家对中国出口贸易的影响力正在逐步提升。"一带一路"倡议的提出在一定程度上加速了对69国出口贸易占中国总出口贸易比重的提升。

(二) 按地域划分各区出口情况

本书按照地理将69个国家划分为东盟、东南亚、东亚、南亚、中亚、西亚、中东欧、独联体七国、非洲和大洋洲。将各个地区的贸易量进行汇总发现,东盟国家在中国"一带一路"出口贸易中占据核心地位,而且有不断增强的趋势,其次是西亚、东亚和南亚,中国对其出口贸易额都接近或超过1000亿美元(见图3-2)。

按照出口贸易量大致可以将这些地区分为四个层次。第一层次以东盟、西亚为主;第二层次以南亚、东亚为主;第三层次以独联体七国和中东欧为主;第四层次以中亚、非洲、大洋洲和东南亚为主。

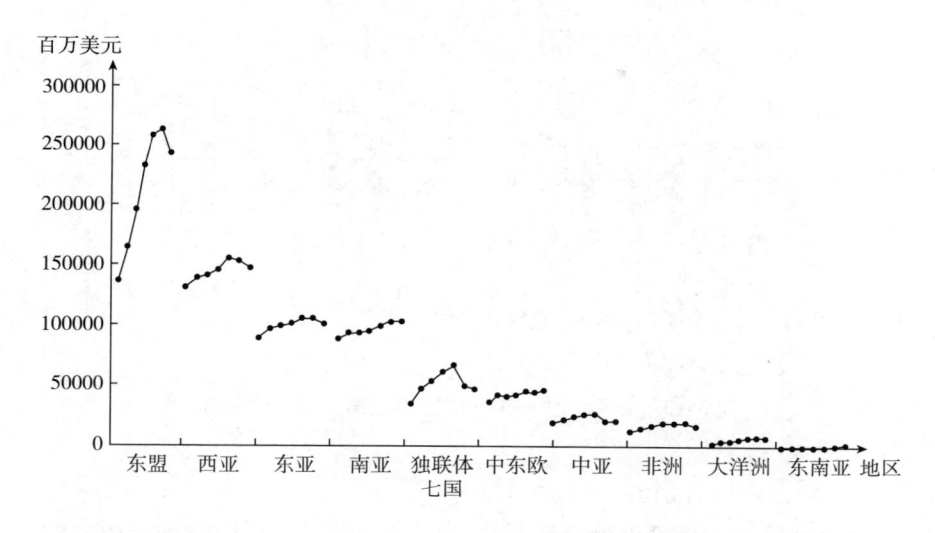

图 3-2　2010—2016 年中国对"一带一路"沿线各区域出口贸易额

（三）按经济走廊划分各线出口情况

经济走廊代表着一个贸易通道的建设，它的意义有时比地理区位更加重要。将中国在六大经济走廊和 21 世纪海上丝绸之路上的出口贸易量进行汇总，获得如下结论：海上丝绸之路的出口贸易量依然在各通道中占据着最重要的地位；出口额超过 1000 亿美元的走廊包括中国—中南半岛、中国—中亚—西亚经济走廊和新亚欧大陆桥。在整体出口贸易额下滑的情况下，孟中印缅和中巴经济走廊的出口贸易额呈逐步上升趋势。

三　中国与"一带一路"沿线国家进口贸易分析

（一）中国进口贸易分析

根据上述地域和经济走廊的划分，采用世界贸易组织公布的 2010—2016 年中国对"一带一路"沿线国家进口贸易额分别进行汇总分析，见图 3-3。

对于进口而言，同样受全球经济衰退的影响，2010—2016 年中国对"一带一路"沿线国家进口的增速虽然在下滑，但占中国总额的比重却呈现出规律性地上升，特别是 2013 年"一带一路"倡议提出以后。这说明"一带一路"沿线国家对中国进口贸易产生的影响力正在逐步提升，"一带一路"倡议的提出在一定程度上促进了 69 国与中国之间的贸易互动。

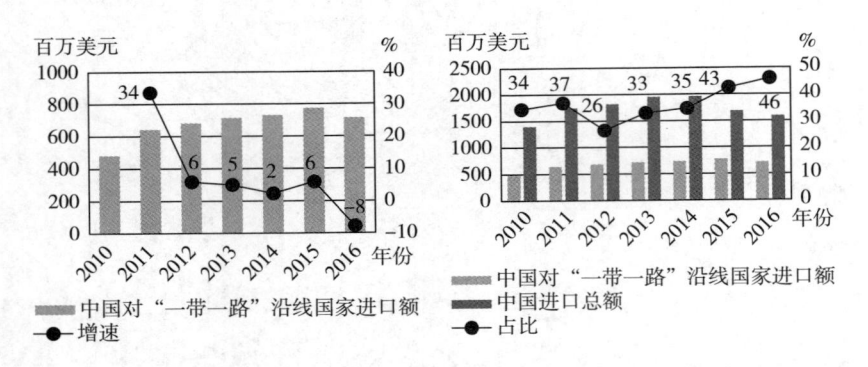

图 3-3　中国对"一带一路"沿线国家进口总趋势

（二）按地域划分各区进口情况

通过地域的划分可以清晰地看出，在"一带一路"沿线国家中，中国进口主要集中在东盟、东亚和西亚，且进口贸易额年平均超过1000亿美元（见图3-4—图3-5）。

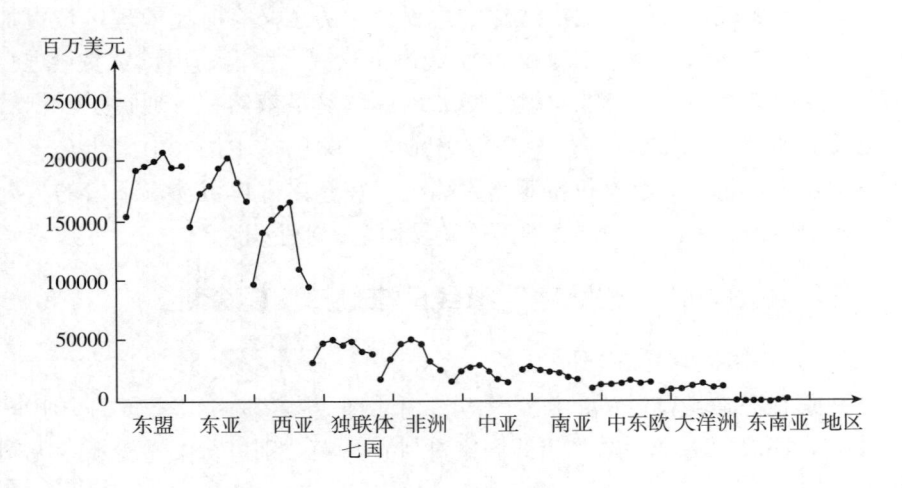

图 3-4　2010—2016 年中国对"一带一路"沿线地区进口贸易额

这些地区按照进口贸易量大致可以分为三个层次，第一层次以东盟、东亚、西亚为主；第二层次以独联体七国、非洲、中亚、南亚为主；第三层次以中东欧、大洋洲和东南亚为主。

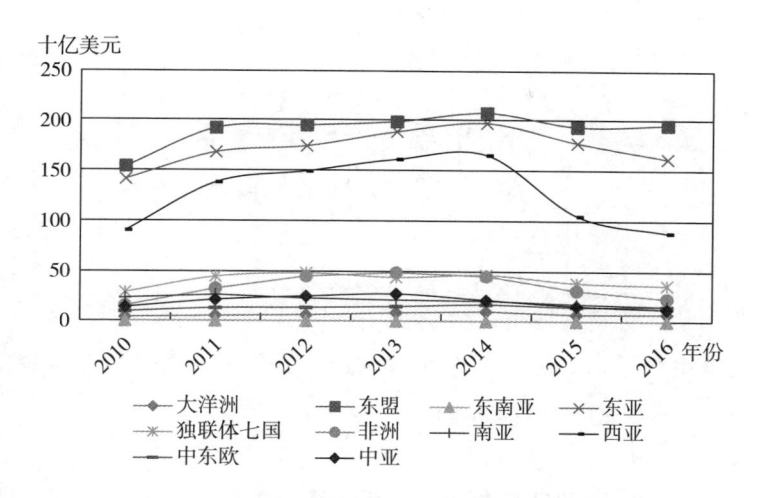

图 3-5 中国对各区域进口总额变化趋势

（三）按经济走廊划分各线进口情况

对于各经济走廊而言，海上丝绸之路通道上的国家依然是中国进口的重点，进口额超过 1000 亿美元的通道包括 21 世纪海上丝绸之路、中国—中亚—西亚经济走廊和中国—中南半岛（见图 3-6）。

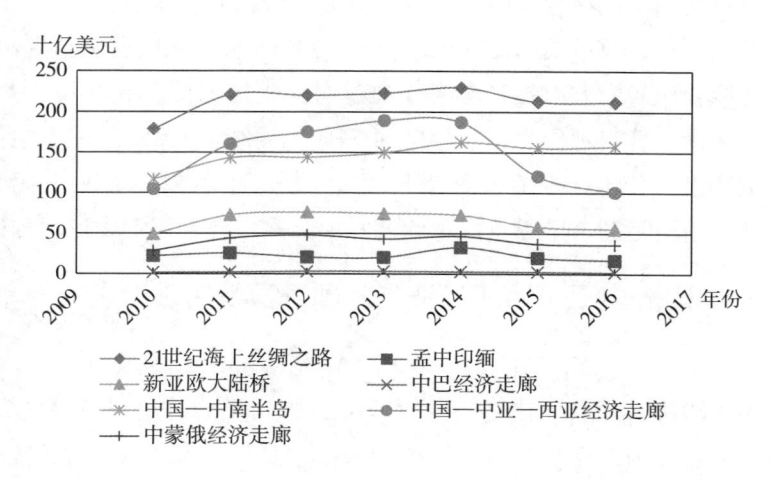

图 3-6 中国对各经济走廊进口总额变化趋势

第三节 中国与"一带一路"沿线国家贸易需求分析

上节从整体贸易额的角度分析了中国同"一带一路"沿线各地区和经济走廊的进出口现状。出口额近年持续增长,进口额稳中略有下降,具体见表3-4。

表3-4　　2013—2017年中国与"一带一路"沿线国家贸易额　单位:亿美元

年份	2013	2014	2015	2016	2017
出口额	6980.0	7737.4	7520.8	7134.2	7742.6
进口额	7123.1	7288.9	6007.2	5561.6	6660.5

资料来源:《"一带一路"贸易合作大数据报告(2018)》,第177页。

本节主要利用世界贸易组织公布的近七年中国对世界各国的96个贸易品类贸易额数据,对中国与"一带一路"沿线国家的贸易需求情况进行分析,为产能合作研究方向提供参考。通过对比地区和经济走廊类别划分的优缺点,选择经济走廊作为本节分析的基础。因21世纪海上丝绸之路与其他经济走廊重合较多,本节仅对新亚欧大陆桥、中蒙俄、中国—中亚—西亚、中国—中南半岛、中巴、孟中印缅六大国际经济合作走廊进行分析。

一　中国—中亚—西亚经济走廊国家贸易需求分析

(一)出口贸易额

2010—2016年我国对中亚—西亚经济走廊国家的进出口贸易中,出口贸易种类分布较为广泛,出口额累计前十位的贸易品类主要集中在表3-5所示的品类。

(二)进口贸易额

进口贸易品类比较单一,主要集中在矿物燃料、矿物油及相关制品、有机化合物、塑料及其制品、矿砂等。进口额累计前十位的贸易品类及累计进口额见表3-6。

表3-5　　　出口额累计前十位的贸易品类及累计出口额　　单位：百万美元

贸易品类名称	累计出口
核反应堆、锅炉、机器、机械器具及其零件	158450
电机、电气设备及其零件；录音机及放声机、电视图像、声音的录制和重放设备及其零件、附件	139953
针织或钩编的服装及衣着附件	72652
钢铁制品	46960
家具；寝具、褥垫、弹簧床垫、软座垫及类似的填充制品；未列名灯具及照明装置；发光标志、发光铭牌及类似品；活动房屋	45374
车辆及其零件、附件，但铁道及电车道车辆除外	42852
非针织或非钩编的服装及衣着附件	37971
塑料及其制品	37007
鞋靴、护腿及类似品及其零件	34483
钢铁	30683

资料来源：中国一带一路网（http://www.yidaiyilu.gov.cn）。

表3-6　　　进口额累计前十位的贸易品类及累计进口额　　单位：百万美元

贸易品类名称	累计进口
矿物燃料、矿物油及其蒸馏产品；沥青物质；矿物蜡	796568
有机化合物	64348
塑料及其制品	52916
矿砂、矿渣及矿灰	32387
盐；硫黄；泥土及石料；石膏料、石灰及水泥	16254
无机化学品；贵金属、稀土金属、放射性元素及其同位素的有机及无机化合物	14966
铜及其制品	13439
电机、电气设备及其零件；录音机及放声机、电视图像、声音的录制和重放设备及其零件、附件	6672
棉花	5644
钢铁	5183

二 中国—中南半岛国家贸易需求分析

(一) 出口贸易额

2010—2016年我国对中南半岛国家的进出口贸易中,出口贸易种类分布较为广泛,出口额累计前十的贸易品类主要集中在表3-7所示的品类。

表3-7　　　　出口额累计前十位的贸易品类及累计出口额　　　单位:百万美元

贸易品类名称	累计出口
电机、电气设备及其零件;录音机及放声机、电视图像、声音的录制和重放设备及其零件、附件	244833
核反应堆、锅炉、机器、机械器具及其零件	177668
钢铁	53081
矿物燃料、矿物油及其蒸馏产品;沥青物质;矿物蜡	42610
船舶及浮动结构体	42088
家具;寝具、褥垫、弹簧床垫、软座垫及类似的填充制品;未列名灯具及照明装置;发光标志、发光铭牌及类似品;活动房屋	41124
光学、照相、电影、计量、检验、医疗或外科用仪器及设备、精密仪器及设备;上述物品的零件、附件	37411
针织或钩编的服装及衣着附件	35770
钢铁制品	35049
塑料及其制品	32692

(二) 进口贸易额

进口贸易品类则比较单一,主要集中在:电机、电气等机械设备,核反应堆,锅炉、机械和机械设备等,矿物燃料、矿物油及相关制品等。进口额累计前十的贸易品类及累计进口额见表3-8。

表3-8　　　　进口额累计前十位的贸易品类及累计进口额　　　单位:百万美元

贸易品类名称	累计进口
电机、电气设备及其零件;录音机及放声机、电视图像、声音的录制和重放设备及其零件、附件	393610
核反应堆、锅炉、机器、机械器具及其零件	122083

续表

贸易品类名称	累计进口
矿物燃料、矿物油及其蒸馏产品；沥青物质；矿物蜡	94829
橡胶及其制品	60172
塑料及其制品	57439
有机化合物	39941
天然或养殖珍珠、宝石或半宝石、贵金属、包贵金属及其制品；仿首饰；硬币	26864
光学、照相、电影、计量、检验、医疗或外科用仪器及设备、精密仪器及设备；上述物品的零件、附件	25389
木及木制品；木炭	21437
动、植物油、脂及其分解产品；精制的食用油脂；动、植物蜡	20959

三　新亚欧大陆桥国家贸易需求分析

（一）出口贸易额

2010—2016 年我国对新亚欧大陆桥国家的进出口贸易中，出口贸易种类分布较为广泛，出口额累计前十的贸易品类主要集中在表 3 - 9 所示的品类。

表 3 - 9　　　出口额累计前十位的贸易品类及累计出口额　　单位：百万美元

贸易品类名称	累计出口
电机、电气设备及其零件；录音机及放声机、电视图像、声音的录制和重放设备及其零件、附件	140955
核反应堆、锅炉、机器、机械器具及其零件	132392
针织或钩编的服装及衣着附件	39386
鞋靴、护腿和类似品及其零件	36987
光学、照相、电影、计量、检验、医疗或外科用仪器及设备、精密仪器及设备；上述物品的零件、附件	34232
非针织或非钩编的服装及衣着附件	31225
车辆及其零件、附件，但铁道及电车道车辆除外	27698

续表

贸易品类名称	累计出口
家具；寝具、褥垫、弹簧床垫、软座垫及类似的填充制品；未列名灯具及照明装置；发光标志、发光铭牌及类似品；活动房屋	22013
塑料及其制品	20819
钢铁制品	19977

（二）进口贸易额

进口贸易品类则比较单一，主要集中在矿物燃料、矿物油及其相应制品，矿砂等，木及木制品等，车辆及其附件等，铜及其制品等。进口额累计前十的贸易品类及累计进口额如表3-10所示。

表3-10　　进口额累计前十位的贸易品类及累计进口额　　单位：百万美元

贸易品类名称	累计进口
矿物燃料、矿物油及其蒸馏产品；沥青物质；矿物蜡	205537
矿砂、矿渣及矿灰	39032
木及木制品；木炭	24911
车辆及其零件、附件，但铁道及电车道车辆除外	24253
铜及其制品	21508
核反应堆、锅炉、机器、机械器具及其零件	19046
电机、电气设备及其零件；录音机及放声机、电视图像、声音的录制和重放设备及其零件、附件	16908
无机化学品；贵金属、稀土金属、放射性元素及其同位素的有机及无机化合物	12480
镍及其制品	12240
肥料	10798

四　中蒙俄贸易需求分析

（一）出口贸易额

2010—2016年我国对蒙俄两国的进出口贸易中，出口贸易种类分布较为广泛，出口额累计前十的贸易品类主要集中在表3-11所示的品类。

表3-11　　　出口额累计前十位的贸易品类及累计出口额　　单位：百万美元

贸易品类名称	累计出口
核反应堆、锅炉、机器、机械器具及其零件	51536
电机、电气设备及其零件；录音机及放声机、电视图像、声音的录制和重放设备及其零件、附件	42081
针织或钩编的服装及衣着附件	18375
非针织或非钩编的服装及衣着附件	18156
鞋靴、护腿和类似品及其零件	17431
车辆及其零件、附件，但铁道及电车道车辆除外	14641
毛皮、人造毛皮及其制品	12548
钢铁制品	10217
塑料及其制品	9950
家具；寝具、褥垫、弹簧床垫、软座垫及类似的填充制品；未列名灯具及照明装置；发光标志、发光铭牌及类似品；活动房屋	8186

（二）进口贸易额

进口贸易品类则比较单一，主要集中在矿物燃料、矿物油及其相应制品，矿石等，毛皮等，铜及其制品等。进口额累计前十的贸易品类及累计进口额见表3-12。

表3-12　　　进口额累计前十位的贸易品类及累计进口额　　单位：百万美元

贸易品类名称	累计进口
矿物燃料，矿物油及其蒸馏产物；沥青物质；矿物蜡	171776
矿石，矿渣和灰	26312
毛皮和人造毛皮；制造	21953
铜及其制品	12233
鱼类和甲壳类动物，软体动物和其他水生无脊椎动物	9350
肥料	7582
秸秆、草本或其他编织材料的制造；篮子和柳条制品	5293
有机化学品	3882
玻璃和玻璃器皿	3032
塑料及其制品	2705

五 孟中印缅贸易需求分析

（一）出口贸易额

2010—2016年我国对孟印缅三国的进出口贸易中，出口贸易种类分布较为广泛，出口额累计前十的贸易品类主要集中在表3-13所示的品类。

表3-13　　　　出口额累计前十位的贸易品类及累计出口额　　　单位：百万美元

贸易品类名称	累计出口
电机、电气设备及其零件；录音机及放声机、电视图像、声音的录制和重放设备及其零件、附件	96929
核反应堆、锅炉、机器、机械器具及其零件	89507
有机化合物	38180
肥料	19953
钢铁	18548
棉花	16332
钢铁制品	15691
车辆及其零件、附件，但铁道及电车道车辆除外	15168
塑料及其制品	14673
家具；寝具、褥垫、弹簧床垫、软座垫及类似的填充制品；未列名灯具及照明装置；发光标志、发光铭牌及类似品；活动房屋	10178

（二）进口贸易额

进口贸易品类相对于其他经济走廊而言，分布较为平均。进口额累计前十位的贸易品类及累计进口额见表3-14。

表3-14　　　　进口额累计前十位的贸易品类及累计进口额　　　单位：百万美元

贸易品类名称	累计进口
矿砂、矿渣及矿灰	34958
天然或养殖珍珠、宝石或半宝石、贵金属、包贵金属及其制品；仿首饰；硬币	28819
棉花	20605
铜及其制品	12309
有机化合物	7037

续表

贸易品类名称	累计进口
矿物燃料、矿物油及其蒸馏产品；沥青物质；矿物蜡	6551
盐；硫黄；泥土及石料；石膏料、石灰及水泥	4818
塑料及其制品	3731
核反应堆、锅炉、机器、机械器具及其零件	3574
电机、电气设备及其零件；录音机及放声机、电视图像、声音的录制和重放设备及其零件、附件	3039

六 中巴经济走廊贸易需求分析

（一）出口贸易额

2010—2016 年我国对巴基斯坦的进出口贸易中，出口贸易种类分布较为广泛，出口额累计前十位的贸易品类主要集中在表 3-15 所示的品类。

表 3-15　　出口额累计前十位的贸易品类及累计出口额　　单位：百万美元

贸易品类名称	累计出口
电机、电气设备及其零件；录音机及放声机、电视图像、声音的录制和重放设备及其零件、附件	15063
核反应堆、锅炉、机器、机械器具及其零件	11746
化学纤维长丝	6072
钢铁	4361
化学纤维短纤	3518
有机化合物	3442
塑料及其制品	2894
钢铁制品	2830
肥料	2174
橡胶及其制品	1899

（二）进口贸易额

进口贸易品类则比较单一，主要集中在棉类。进口额累计前十的贸易品类及累计进口额见表 3-16。

表 3-16　　　进口额累计前十位的贸易品类及累计进口额　　　单位：百万美元

贸易品类名称	累计进口
棉花	10868
铜及其制品	1095
矿砂、矿渣及矿灰	1033
谷物	1018
生皮（毛皮除外）及皮革	822
盐；硫黄；泥土及石料；石膏料、石灰及水泥	432
鱼、甲壳动物，软体动物及其他水生无脊椎动物	297
食品工业的残渣及废料；配制的动物饲料	279
塑料及其制品	221
食用水果及坚果；柑橘属水果或甜瓜的果皮	172

通过分析发现，除了中巴经济走廊和孟中印缅经济走廊，在其他经济走廊中，中国对其矿物燃料、矿物油及其蒸馏产物；沥青物质；矿物蜡、电气机械设备及其零部件；录音机和复制器、电视图像、录音机和复制器，以及这些物品的零件和附件；核反应堆、锅炉、机械和机械设备等产品的进口尤为突出。相反，中国对这些国家的出口种类分布则种类繁多且差异明显。中巴经济走廊中，中国主要进口的是棉花；孟中印缅经济走廊中，中国主要进口产品为矿石，矿渣和灰、天然或养殖珍珠，珍贵或半宝石，贵重金属，贵金属包覆的金属及其制品，仿制首饰，硬币，棉和铜及其制品等货物。

表 3-17 中中国与经济走廊区域国家的贸易差额及趋势可以用图 3-7、表 3-18、表 3-19 以及图 3-8 表示。

表 3-17　　　　中国与经济走廊区域国家的贸易差额　　　　单位：十亿美元

年份	2010	2011	2012	2013	2014	2015	2016
21 世纪海上丝绸之路	26.82	31.59	66.29	108.00	142.58	174.51	154.48
孟中印缅	29.10	37.67	40.75	45.05	42.65	62.14	64.15
新亚欧大陆桥	31.99	25.69	27.96	38.74	45.39	32.69	40.19
中巴经济走廊	5.21	6.32	6.14	7.82	10.49	13.97	15.32

续表

年份	2010	2011	2012	2013	2014	2015	2016
中国—中南半岛	-12.70	-17.27	8.09	35.67	45.18	59.35	36.26
中国—中亚—西亚经济走廊	-2.28	-33.90	-39.76	-38.82	-10.85	41.85	44.81
中蒙俄经济走廊	2.60	-2.43	-1.37	8.86	9.20	-0.73	2.45
总计	80.73	47.66	108.10	205.34	284.64	383.78	357.67

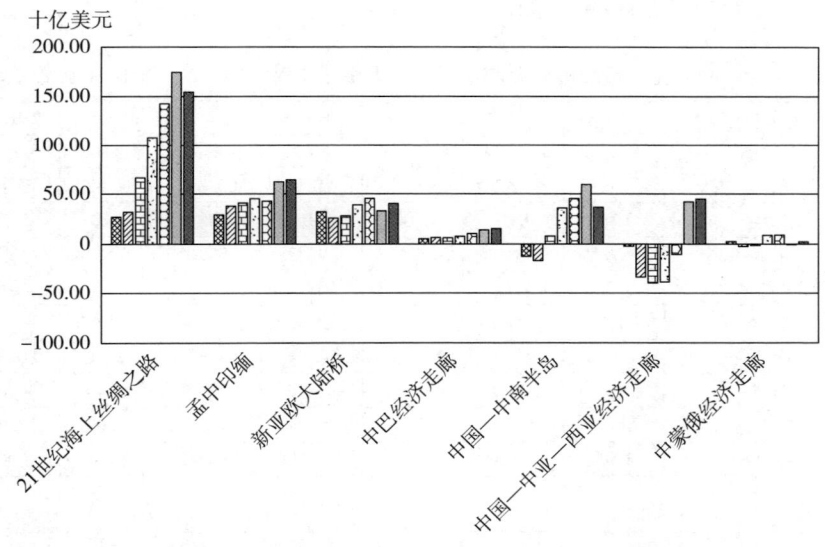

图 3-7 中国与各经济走廊之间的贸易差额

表 3-18　　中国与各经济区域国家（合计）的进出口额情况

单位：十亿美元

中国进出口额		大洋洲	东盟	东南亚	东亚	独联体七国	非洲	南亚	西亚	中东欧	中亚	总计
2010年	出口	2.76	138.16	0.04	72.49	37.29	12.01	57.61	80.65	34.59	16.53	452.14
	进口	3.76	154.68	0.00	142.08	28.74	15.17	22.96	90.75	9.30	13.58	481.03
2011年	出口	3.74	170.08	0.07	88.82	48.64	14.25	71.30	102.64	40.16	18.59	558.27
	进口	4.98	193.02	0.00	168.89	44.51	32.39	26.11	138.75	12.75	21.02	642.42
2012年	出口	3.86	204.27	0.06	93.86	54.35	16.85	70.45	109.47	38.80	21.31	613.30
	进口	5.81	195.87	0.00	175.18	48.13	44.96	22.61	149.99	13.26	24.64	680.46
2013年	出口	4.13	244.04	0.05	97.24	60.28	18.70	75.25	123.21	40.52	23.24	686.65
	进口	8.25	199.56	0.00	189.51	43.90	48.70	21.01	161.85	14.57	27.03	714.39

续表

中国进出口额		大洋洲	东盟	东南亚	东亚	独联体七国	非洲	南亚	西亚	中东欧	中亚	总计
2014年	出口	4.74	272.05	0.06	106.07	61.69	18.62	85.83	147.41	43.70	24.05	764.22
	进口	9.51	208.24	0.00	198.08	46.36	45.06	20.19	166.09	16.51	20.96	730.98
2015年	出口	4.92	277.29	0.10	102.86	40.44	19.30	94.24	140.90	42.16	17.56	739.78
	进口	6.58	194.47	0.00	178.30	38.32	30.53	16.96	105.41	14.07	15.05	599.71
2016年	出口	4.76	256.00	0.16	94.70	43.93	16.06	95.84	123.16	43.74	17.97	696.32
	进口	7.14	196.31	0.00	162.60	35.96	22.65	14.85	88.51	14.93	12.08	555.01

注：灰色条状表示进出口额的数值大小。

表3-19　　　　　各经济区域国家（合计）贸易差额趋势　　　　　单位：十亿美元

中国贸易差额	2010年	2011年	2012年	2013年	2014年	2015年	2016年
大洋洲	-1.00	-1.24	-1.95	-4.12	-4.77	-1.66	-2.38
东盟	-16.52	-22.94	8.41	44.48	63.81	82.82	59.69
东南亚	0.04	0.07	0.06	0.05	0.06	0.10	0.16
东亚	-69.59	-80.08	-81.32	-92.27	-92.01	-75.44	-67.90
独联体七国	8.55	4.14	6.21	16.37	15.33	2.12	7.97
非洲	-3.16	-18.14	-28.11	-30.00	-26.44	-11.23	-6.58
南亚	34.64	45.19	47.84	54.24	65.64	77.28	80.99
西亚	-10.10	-36.11	-40.52	-38.64	-18.68	35.49	34.65
中东欧	25.29	27.41	25.55	25.94	27.20	28.09	28.81
中亚	2.95	-2.44	-3.33	-3.79	3.09	2.51	5.89

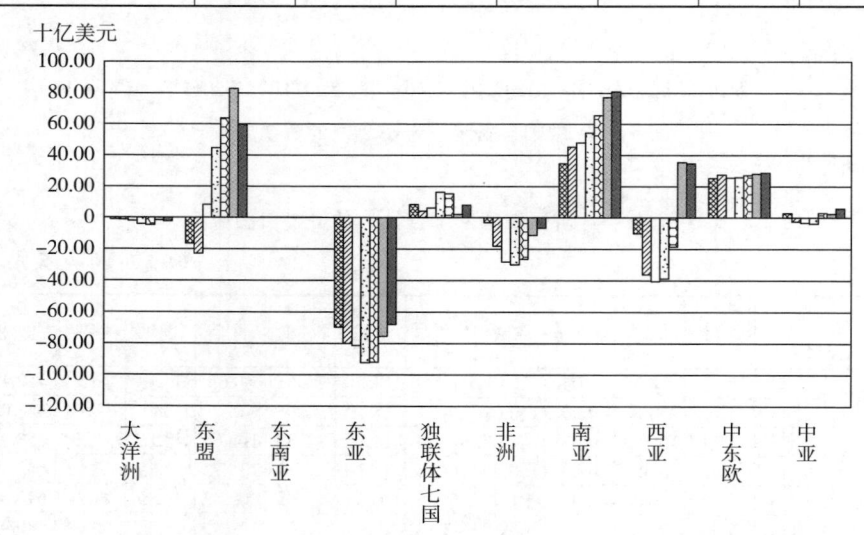

图3-8　中国与"一带一路"沿线各地区/国家（合计）贸易差趋势

第四节　本章小结

一　主要观点

（1）中国与"一带一路"沿线国家进出口贸易形成基本对称局面，参见表3–20。依据集成场运行机理，具备长期合作的基本条件。

表3–20　中国与"一带一路"沿线国家场线基本对称

中国进出口额		21世纪海上丝绸之路	孟中印缅	新亚欧大陆桥	中巴经济走廊	中国—中南半岛	中国—中亚—西亚经济走廊	中蒙俄经济走廊	总计
2010年	出口	205.77	51.18	81.13	6.94	104.30	102.46	31.06	582.84
	进口	178.95	22.08	49.14	1.73	117.00	104.74	28.46	502.10
2011年	出口	252.59	63.17	98.28	8.44	125.85	126.25	41.63	716.22
	进口	221.00	25.50	72.59	2.12	143.12	160.15	44.06	668.55
2012年	出口	286.53	61.32	104.01	9.28	152.00	135.43	46.71	795.27
	进口	220.23	20.58	76.04	3.14	143.92	175.18	48.08	687.17
2013年	出口	330.85	65.48	113.25	11.02	185.54	150.55	52.04	908.73
	进口	222.85	20.43	74.51	3.20	149.86	189.36	43.18	703.39
2014年	出口	372.51	75.37	117.94	13.24	207.77	176.61	55.89	1019.33
	进口	229.93	32.72	72.55	2.75	162.58	187.45	46.70	734.69
2015年	出口	387.15	81.77	90.91	16.44	214.87	162.65	36.33	990.12
	进口	212.64	19.63	58.22	2.47	155.52	120.80	37.05	606.34
2016年	出口	366.47	80.89	95.85	17.23	193.54	145.73	38.33	938.04
	进口	211.99	16.73	55.66	1.91	157.28	100.92	35.88	580.37

注：灰色条状表示进出口额的数值大小。

（2）国际贸易量大致对称表明国际物流场线呈现对称趋势（见表3–20），有利于国际物流通道基础类联接键建设，形成国际物流主要通道网络体系。

二　主要启示

（1）点轴系统形成的经济走廊，在经济发展极（基核及场源）具有一定产业集聚、产业集群引力，具有更大的产能合作潜力。

（2）国际物流枢纽选择、国际物流通道建设要与经济走廊紧密衔接，跟上专业化、网络化、信息化和集成化发展步伐。

第四章 转型升级：境内产业网链升级机制

境内产业链要能够沿"一带一路""走出去"，仍需有网链自身特色，产业在境外的合作成功与否，与境内作为集成体能否主导产业集聚，基核场源的集成引力起到至关重要的作用。物流业作为众多行业间顺畅衔接、协同发展的"润滑剂"，对于境内产业网链的构建、发展与升级都具有至关重要的作用。本章通过梳理物流业与相关产业的协同发展关系，提出多层集成系统协同发展模式，完善境内产业网链结构，从而增强产业链境外延伸发展的实力。

第一节 物流业与相关产业协同模型构建

研究产业联动的模型方法众多，各类方法的优缺点、适应范围及其局限性不一而足，本节通过对目前应用范围最为广泛的几类产业联动定量研究方法进行对比，分析它们在使用过程中的利弊，并综合选取一种合理的组合类方法作为本研究的理论模型。

一 产业联动测量模型对比分析

（一）集成场视角转型升级的标志

集成场视角网链转型升级的标志是，集成体引导物流企业向集成体发展，形成一种主导的思路、途径；基核形成协同运作关系或者多层集成网络，例如，同址运营基核或近址运营基核关系，公共型基核通常以物流园区为样板，其标志应当是引导基核场源建设的理念、方向和途径；联接键体现技术创新，通过"+互联网""物联网+大数据+云计算"等引导原料地、生产地和市场地衔接，形成稳定的网链联系。以新技术实力基核为基础且稳定的网链结构有利于抵御外来的竞争。在政府政策势能作用下，可以通过政府规划、政策、资金的引导，加快政府产业规划政策势能实现，企业运营经济动能是微观网链适应当前改革开放经济环境的动力，集成场合成场元的转变和改变效率是动能的体现。以下就是体现合成场元转型升级的一些标志。

（1）企业实体：改革被动体为集成体（主动优化的实体，不靠别人，靠自己主导），企业由（生产单位）被动体转变为真正意义上的企业。

（2）企业资源：将土地资源理解为基核场源，从占有、消耗资源转变为规划、支配、利用场源。从土地有占用资源转变为基核（复合场源的载体），地块资源转变为基核场源，即生产用的土地资源（消耗资源得到增值）转变为基核场源（产生集成引力—吸引集聚资源，而不是单纯的消耗资源）。

（3）企业成长：将等靠要机制转变为联接键机制（通过资源、功能、过程和市场机制与原料地、市场地、生产地及供应商和客户形成稳定的联系）。

（4）企业行为：绩效从粗放型增长（粗放的大进大出）转变为可持续发展（科学、集约、绿色发展），例如，集成创新、网链绿色延伸。

（二）常用产业联动分析模型

通过在中国知网文献库搜索"两业联动""产业联动""制造业&物流业"等关键词进行查阅分析发现，目前对产业联动定量分析中应用最为广泛的方法为灰色关联模型、数据包络分析法（DEA）、复合系统模型、投入产出法、VAR 模型等，其中灰色关联模型应用最为普遍。为了更加清楚地了解各类方法之间的差异，通过梳理产业联动研究中采用的研究方法，并对这些方法的优缺点、适用范围及局限性进行了详细的对比分析，选择采用产品空间理论与投入产出表相结合的方法，可以弥补目前文献研究中存在的一些不足。

（三）产品空间理论和投入产出表的融合应用

董千里在《高级物流学》（第三版）指出"两业联动"中物流业主导的物流链切入制造业主导的供应链，根据制造企业生产过程分为三种类型：

离散型流程制造业、连续型流程制造业和混合型流程制造业①。两业联动体现为两链对接、适应、共享和融合四个阶段，但并不是每一个两业联动都经历这四个阶段。有的在经历了两个或三个阶段后又开始新的循环。在一般制造流程中的两链切入点分别为原材料库、生产工位、半成品库、产成品库、市场和售后服务点。上述模型中，一类是以最终消费数据（存量数据）为依据测算产业联动效率和协调性，包括灰色关联模型、数据包络分析法（DEA）、复合系统模型、VAR 模型和产品空间模型，模型的测算结果关注的是末端消费结果的协调，但不能很好地解释物流业与相关产业生产过程中的协调，即不能关注生产工位、半成品库等切入点的协调。另一类是以中间投入数据（流量数据）为依据测算产业之间联动程度，这类模型主要是投入产出法，这类模型的测算能够关注物流业与相关产业生产过程中的协调。随着我国越来越多的第三方物流企业由单纯地提供运输仓储业务向提供一体化的智能供应链解决方案发展，关注重点已不再是单一的市场和售后物流的切入，因此，产业联动的定量分析也不应只是关注最终消费的协调，更应关注过程的协调，投入产出表则为此提供了良好的研究材料。

为了兼顾省域的比较优势和物流业与相关产业生产过程的协调性，研究中需要将产品空间理论和投入产出表的优势融合起来使用，从而克服既有研究中方法与数据的不足，以下分别阐述两种方法的特点以及如何将其进行融合使用。②

二 投入产出表的使用说明

（一）投入产出表的相关概念

投入产出表又称部门联系平衡表，是反映一定时期各部门间相互联系和平衡比例关系的一种平衡表。它由美国经济学家、哈佛大学教授瓦西里·列昂惕夫（W. Leontief）在前人关于经济活动相互依存性的研究基础上首先提出并研究和编制的。在投入产出表中，横向表示产出，反映各部门的产品分配和使用去向；纵向代表投入，主要指各产业部门在生产中的

---

① 不同类型流程第三方物流服务提供商所组织的物流链切入点、切入方式和管理要求都不同。参见董千里《高级物流学》（第三版），人民交通出版社 2015 年版。

② 第四章涉及国内产业网链升级机制的数据分析整理，主要是研究生李明垚作为课题组成员参与国家社科基金项目（编号：17BJL063）所做的工作。

投入和来源，反映生产过程的价值形成。

投入产出表也是 GDP 收入法和支出法的来源。从横向看：GDP = 总产出 − 中间使用 = 最终使用 − 进口 = 投资 + 消费 + 净出口；纵向看：GDP = 总投入 − 中间投入 = 固定资产折旧 + 劳动者报酬 + 生产税净额 + 营业盈余。投入产出表的基本平衡关系为：横向，中间使用 + 最终使用 + 其他（误差项）− 进口 = 总产出；纵向，中间投入 + 增加值（最初投入）= 总投入。每个部门的总投入 = 每个部门的总产出。投入产出表基本格式如图 4−1 所示。

投入↓ \ 产出→		中间使用				最终使用						出口	进口	其他	总产出
		第一产业	第二产业	第三产业	中间投入合计	最终消费				资本形成总额					
						居民消费			政府消费	固定资产形成	存货增加	最终使用合计			
						农村居民	城镇居民	小计				合计			
中间投入	第一产业	第Ⅰ象限 X_{ij}				第Ⅱ象限 M_i							Y_i		
	第二产业														
	第三产业														
	中间投入合计														
增加值	固定资产折旧	第Ⅲ象限 N_j													
	劳动者报酬														
	生产税净额														
	营业盈余														
	增加值合计														
	总收入	X_j													

图 4−1 投入产出表基本样板

从纵向看，将中间投入与总投入之比称为中间投入率，反映了该产业的总产值中外购的实物产品和服务产品（即中间产品之和）所占的比重。也就是该产业对其上游产业总体的、直接的带动能力的反映。由于总投入 = 中间投入 + 最初投入（增加值），在总投入一定的条件下，某一产业的中间投入和增加值成此消彼长的关系：中间投入率越高，增加值率就越低，但对上游产业的带动能力越强;中间投入率越低,增加值率就越高,但对其上游产业的带动能力越低。从另一个角度来看,增加值也就是该产业的附加值。因此,中间投入率高的产业为"低附加值、高带动能力"的产业,反之为"高附加值、低带动能力"的产业。根据相关学者的研究结论,可以将物流业归为低附加值、高带动能力的中间投入型产业。

(二) 数据的选取说明

在研究两业联动、产业联动的过程中,目前学者进行量化分析主要采用两种类型的数据。第一类是各地区各个产业的产值数据,这类数据属于存量数据。这类数据的优点是更新及时、易获得,但在进行协同性分析时对两业、产业关系的说明性相对较差,主要是物流业货运量、货运周转量、物流业固定资产投资额、物流业从业人员量、制造业总产值、制造业增加值、制造业成本费用、制造业总资产贡献率、流动资产周转率等指标。在进行物流业带动性等分析方面,主要体现物流业与制造业之间的整体研究分析,难以细分到各个子行业的关联关系研究。第二类是采用投入产出表的数据,这类数据属于流量数据。这类数据的优点是反映了产业之间投入产出的动态关系,对两业、产业之间关系的说明性较强,缺点是数据更新慢,特别是国内的投入产出数据更新较慢。

两业联动是产业联动的典型形式。对其实施过程的理论认识可以分为以下两个阶段。(1) 初级阶段是物流业务的外包,引进第三方物流替代自营物流,实现企业物流成本的下降。(2) 高级阶段是物流业作为领先的物流提供商或集成物流管理商、供应链管理商参与制造企业的生产过程,帮助改进制造业生产流程,提升企业运作效率。目前的两业联动主要可以理解为停留在第一阶段的产业联动效率,联动中的企业更多关注企业末端物流的外包所带来的效益。

目前,一般采用物流业增加值等存量指标进行物流业增值研究。投入产出表中的数值体现的是交通运输、仓储和邮政业作为中间产品投入其他部门的生产过程,更多的是关注参与其他部门生产过程的消耗,而这部分消耗是产业联动高级阶段更应关注的内容。

为了更好地研究物流业与各个产业之间的联动性、协同性,研究过程采用了投入产出表中的交通运输、仓储和邮政业对各个部门的投入数据。根据物流业的定义和统计系统能够提供的指标,国内学者在研究过程中统一将交通运输、仓储和邮政业的数据视为物流业数据。该系列数据主要包含 2012 年全国及 31 个省份投入产出表中物流业对 42 个部门的详细投入产出数据。

2012 年投入产出表的数据说明：投入产出调查和编制投入产出表是经国务院批准的一项长期性和周期性工作。在逢 2 和逢 7 的年份，国家统计局牵头布置并组织开展全国投入产出调查，编制投入产出基本表（耿献辉，2009）。中国 2012 年投入产出表（国家统计局国民经济核算司，2014）是继 1987—2007 年共五次编制之后，国家统计局编制的第六张全国投入产出基本表。2012 年中国及地区投入产出表于 2016 年 5 月发布。2017 年的投入产出表编制工作各地区于 2018 年年初展开调研，至今尚未完成。

三　产品空间理论的延伸应用

（一）产品空间理论的指标选取

Hidalgo 和 Hausmann 于 2007 年共同提出了产品空间理论，在其研究过程中运用了产品显性比较优势指数、产品空间邻近性、产品复杂度、经济复杂度等指标。根据对各个指标的理解并结合产业联动的产业关系研究需要，本书主要选取以下指标开展两业联动、产业联动研究。

（1）显性比较优势（RCA）。产品显性比较优势指数是指某一国家某一种产品的出口额占该国出口总额的比重与该产品在全球的出口额占全球出口总额的比重的比值关系数。当比值系数大于 1 时，说明该国家的该类产品在全球出口中具有显性比较优势。在计算该指标时 Hidalgo 和 Hausmann 主要采用世界贸易组织公布的国际贸易进出口数据，前期研究中不包含服务品类贸易数据，在后续的研究中添加了相应的数据。

（2）邻近性。产品邻近性是衡量两个产品之间的关系远近的指标。它是由某一国家同时出口两种产品，而这两种产品同时又具有显性比较优势的条件概率的最小值得到。产品之间的邻近性越强，说明两个产品之间的依赖度就越高，对应的产业之间的相互影响就越大。

（3）密度。密度是某一国家某一产品与其周边产品邻近性的总和，它的大小反映了该产品对其周边产品的集聚能力，也反映了它对周边产品的依赖性。密度越大，该产品在周边产品的支持下衍生出新产品或实现产品升级的可能性就越大。

（二）产品空间理论的指标改进

产品空间理论研究的范围几乎覆盖了进出口贸易的所有产品和服务，

并能运用到一国经济发展和产业升级等方面,而本书主要聚焦在物流业和与之相关的产业。在此基础上,根据本书的对象对产品空间理论中的部分指标数据进行改造,形成以下符合研究需要的指标,替换的数据主要来自各省份 2012 年投入产出表中的中间投入产出数据。

(1) 物流需求比较优势(显性比较优势):

$$RCA_{p,i,t} = \frac{\dfrac{x_{p,i,t}}{\sum_i x_{p,i,t}}}{\dfrac{\sum_p x_{p,i,t}}{\sum_{p,i} x_{p,i,t}}} \tag{4-1}$$

$x_{p,i,t}$ 表示 t 时期 p 省份物流业对 i 产业的投入值,即 i 产业对物流业的消耗值。本章选择 $RAC_{p,i,t}=1$ 作为临界值来界定某省份某一产业对物流业的需求是否具有比较优势,若 $RAC_{p,i,t}>1$ 表示 t 时期 p 省份 i 产业对物流业的需求具有比较优势,并且 $RAC_{p,i,t}$ 越大,说明 t 时期 p 省份 i 产业对物流业的需求对比全国水平来说就越高。若 $RAC_{p,i,t} \leq 1$,表示 t 时期 p 省份 i 产业对物流业的需求对比全国水平来说不具有比较优势。通过对各省份物流需求比较优势的考察,可以在一定程度上衡量各省相关产业对物流业的需求在全国范围内的比较优势。该指标越高,对应地区的各类物流的发展优势就越明显,实施产业联动所取得的降本增效也就越显著。

(2) 物流业带动性(邻近性):

$$\varphi_{(i,j,t)} = P(A_{i,j,t} \mid B_{i,j,t}) = \frac{P(A_{i,j,t} B_{i,j,t})}{P(B_{i,i,t})} \tag{4-2}$$

物流业在两业联动发展中的主动优化性质主要是由集成体的主动性实现的。在进行量化分析时一般对物流业带动性等指标进行分析,它是衡量物流业与相关产业间协同性的指标,在研究工作中通过计算所有省份某产业对物流业的消耗和物流业自身消耗同时具有比较优势的条件概率得到。物流业自身消耗具有比较优势的概率用 $P(A_{i,j,t})$ 表示,某产业对物流业消耗具有比较优势的概率用 $P(B_{i,j,t})$ 表示。

$$P(B_{i,j,t}) = \frac{物流业对某产业投入具有比较优势的省份的数量}{目标省份的数量} \tag{4-3}$$

物流业自身消耗具有比较优势的同时某产业对物流业消耗也具有比较优势的概率用 $P(A_{i,j,t} B_{i,j,t})$ 表示。

$$P(A_{i,j,t}B_{i,j,t}) = \frac{物流业自身投入产出具有比较优势的同时物流}{业对该产业投入也具有比较优势的省份的数量} \qquad (4-4)$$

该条件概率表示某产业在对物流业的消耗具有比较优势的条件下对物流业带动作用的大小，概率越大说明具有比较优势的产业越容易带动物流业的发展，形成比较优势。

(3) 物流业密度（密度）：

$$density_{(p,i,t)} = \frac{\sum_j x_{p,j,t} \times \varphi_{i,j,t}}{\sum_j \varphi_{i,j,t}} \qquad (4-5)$$

物流业密度（密度）用于衡量某省份物流业能力禀赋的大小。该值的取值范围为 [0, 1]。其中，$x_{p,i,t}$ 表示 t 时期 p 省份 i 产业对物流业的消耗是否具有显性比较优势的逻辑值，用 0 和 1 表示。如果 $RAC_{p,i,t} > 1$，则 $x_{p,i,t} = 1$，否则等于 0。$\sum_j \varphi_{i,j,t}$ 表示所有产业物流业带动性的总和。以 P1、P2、P3、P4 四个省份的 I1、I2、I3、I4 的四个产业为例对物流业密度做进一步阐述，如图 4-2 所示。

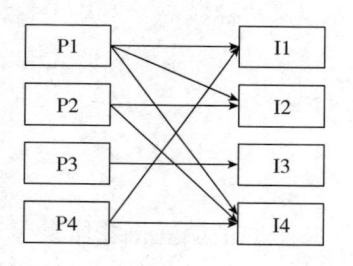

```
P1 ──→ I1
P2 ──→ I2
P3 ──→ I3
P4 ──→ I4
```

图 4-2 物流业密度分析示例

I1、I2、I3、I4 四个产业都具有固定的物流业带动性 ϕ，分别为 $\phi1$、$\phi2$、$\phi3$、$\phi4$，但并不是每个省份的 I 产业对物流业的需求都具有比较优势。以 P1 箭头连接情况为例，P1 省份 I1、I2、I4 产业对物流业的需求具有比较优势，$\sum_j \varphi_{i,j,t}$ 是指物流业与所有产业物流业带动性 ϕ 的和，则 P1 省份物流业能力禀赋的大小 = $(1 \times \phi1 + 1 \times \phi2 + 1 \times \phi4)/(\phi1 + \phi2 + \phi3 + \phi4)$。该指标越低，说明物流细分行业比较优势越单一，物流业未来的发展潜力就越小。

第二节 物流业与相关产业协同测度分析

在构建投入产出模型的基础之上，从物流需求比较优势、物流业带动性和物流业密度三个方向分别进行测算，并根据测算结果在结合产业联动发展及协同要求等条件下，对各省份物流业与相关产业协同现状进行具体量化分析。

一 物流需求比较优势与物流业带动性测算

（一）国内42部门数据

根据建立投入产出模型的要求，选取全国及31个省份2012年投入产出表中物流业对42个部门的投入产出数据，构建了一个32×42的运算矩阵。按照上述三个指标进行处理，得到各个地区物流业对各个行业投入的比较优势和物流发展带动性。其中，各个行业对物流业消耗的比较优势在文中统称为物流需求比较优势，简写为"RCA"，某产业对物流业的消耗和物流业自身消耗同时具有比较优势的情况记作"双RCA"，而物流发展带动性记作"ϕ"。对上述31个目标省份42个产业的计算结果进行整理汇总，如表4-1所示。

表4-1　　　　各省份RCA描述性统计

产业名称	RCA	双RCA	ϕ	产业名称	RCA	双RCA	ϕ
农林牧渔产品和服务	12	5	0.42	其他制造产品	11	7	0.64
煤炭采选产品	18	6	0.33	废品废料	11	8	0.73
石油等开采产品	11	3	0.27	金属制品等修理服务	11	6	0.55
金属矿采选产品	16	6	0.38	电力、热力的生产和供应	16	7	0.44
非金属矿采选产品等	20	8	0.40	燃气的生产和供应	12	8	0.67
食品和烟草	9	4	0.44	水的生产和供应	12	6	0.50
纺织品	6	1	0.67	建筑	17	5	0.24
纺织服装鞋帽等	4	3	0.75	批发和零售	17	7	0.41

续表

产业名称	RCA	双RCA	φ	产业名称	RCA	双RCA	φ
木材加工品和家具	9	5	0.56	交通运输、仓储和邮政	14	14	1.00
造纸印刷和文教等用品	3	2	0.67	住宿和餐饮	7	1	0.14
石油、炼焦产品等	15	5	0.33	信息传输、软件等	13	4	0.31
化学产品	9	4	0.44	金融	12	5	0.42
非金属矿物制品	12	4	0.33	房地产	14	5	0.36
金属冶炼和压延加工品	16	5	0.31	租赁和商务服务	9	5	0.56
金属制品	3	1	0.33	科学研究和技术服务	7	5	0.71
通用设备	4	2	0.50	水利、环境等管理	2	1	0.50
专用设备	4	2	0.50	居民服务等其他服务	14	3	0.21
交通运输设备	5	1	0.20	教育	6	3	0.50
电气机械和器材	3	3	1.00	卫生和社会工作	6	2	0.33
通信设备、计算机等	4	3	0.75	文化、体育和娱乐	4	1	0.25
仪器仪表	4	2	0.50	公共管理、社会保障等	7	2	0.29

注：为便于显示，将部分产业名称进行了合理缩减。

（二）物流需求比较优势可视化

通过 Tableau10.5 软件对 31 个省份 42 个部门的物流需求比较优势进行可视化处理，直观分析发现，煤炭采选产品，石油等开采产品，石油炼焦产品等，其他制造产品，废品废料，金属制品等修理服务，电力、热力的生产和供应以及水的生产和供应对物流的需求更容易具有比较优势。通过纵向直观分析发现，能源产业省份的采矿业对物流的需求比较优势更为突出。

（三）物流业带动性分析

通过物流业带动性在一、二、三产业的分布状态，可以直观地反映各个产业的物流业带动性分布的高低强弱。图4-3将物流业带动性在产业的分布进行了可视化描述。从中可以看到第一、第二、第三产业的物流业带动性大致呈正态分布曲线。其中，第二产业的物流业带动性整体分布偏高，具体体现在通信设备、计算机和其他电子设备，电气机械和器材，仪器仪表等制造业方面。石油、炼焦和核燃料加工品，非金属矿物制品，金属冶炼和压延加工品，金属制品和交通运输设备等产业的物流业带动性相对偏低，有的甚至低于第一产业农业的物流业带动性。

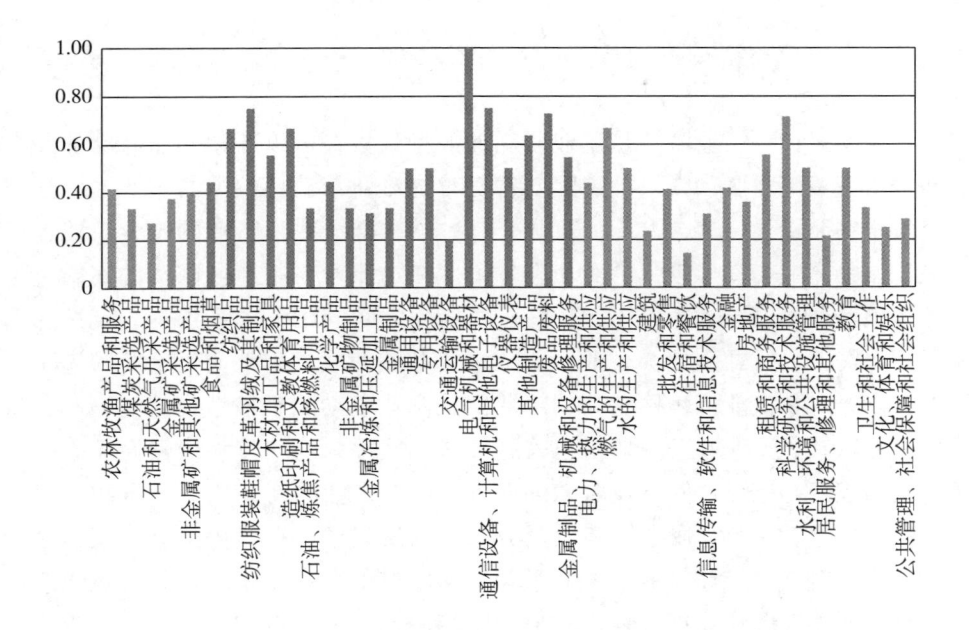

第四章 转型升级：境内产业网链升级机制

图 4-3 各产业物流业带动性分布

交通运输设备产业的物流业带动性与上述产业的物流业带动性的一般认知差异较大，对其解释是交通运输设备产业作为支持物流业发展的装备型产业，更多的是从物流业的运作方面提供支持，即物流业运行支持性。而在需求层面带动物流业发展的能力较弱，同时产业自身也能消化部分物流业需求。物流业带动性指标主要是从需求层面衡量交通运输设备产业的支持，从而体现物流业带动性作用。石油、炼焦和核燃料加工品，非金属矿物制品，金属冶炼和压延加工品，金属制品等产业虽然对物流业需求高，但对物流业带来的附加值相对较低，物流需求相对单一，带动物流业发展的能力相对较弱。

第三产业细分行业的物流业带动性指标数值业呈正态分布。在第三产业的批发和零售，租赁和商业服务，科学研究和技术服务，教育、水利、环境和公共设施管理等产业的物流业带动性较高。科学研究和技术服务对物流业带动性较强，这些可以理解，这些服务业为其所需的物流需求对物流业所带来的附加值较高，物流技术要求较高，更容易带动物流业的发展，形成比较优势。教育对物流发展的带动性更多地体现在支持教育所需的办公设备、科研仪器和图书等的物流需求。水利、环境和公共设施管理更多地体现在应急物流（防洪等活动）、绿色物流（环境保护及治理）等需求的带动。

总体来说，两业联动是产业联动的典型代表，可以通过两业联动的经济分析考察产业联动效果。中国各省份对物流业带动性较强的产业主要还是集中在制造业，这与人们的直觉是一致的，部分第三产业的细分产业也表现出物流业带动性较强的类似特性。但在物流业与制造业联动的实施过程中，涉及两业联动集成体、基核、联接键之间的相关关系选择、设计和应用，需要具体甄别各个行业及集成体、基核和联接键性质、分布和应用等特点，对物流业依赖性越高的产业实施两业联动的积极性也就越高，实施两业联动、产业联动的效果也就越显著。但单一的物流强依赖性还不足以支撑起两个产业之间产业联动的基础，两个产业同时还需要具备相应的集成体实力、基核、联接键建设及分布。物流需求比较优势指标体现的是物流业的量能够支撑起实施两业联动增加的成本。两业联动发展就意味着需要进行相应的产业集成体、基核和联接键构成的网链改造升级，升级成本需要通过两业联动取得的成本节约和效益增加进行弥补。当两业联动成本小于节约带来的效益时或两业联动增加效益超过成本的增加时，两业联动的价值都能够得到体现。因此，需要从强物流业带动性的角度入手，寻找具备物流需求比较优势的产业实施联动政策。

二　物流业密度的测算

（一）测算说明

在对物流需求比较优势和物流业带动性测算之后，根据需要将物流需求比较优势按照要求进行 0—1 处理，然后借助 Excel 函数功能进行加权求和，得到各省份的物流业密度。该指数一定程度上反映了各省份产业对物流业发展的平均贡献水平，并未考虑其他地区产业对本省份物流业的贡献，因此它并不完全代表当前各省份的物流业发展水平。

（二）测算结果

各省份因产业发展重点、领域、水平均存在不同，导致该指标存在较大差异，由东部沿海向内陆地区呈现递减趋势。综合测算结果如表 4-2 所示。

经过分析发现，广东、四川、浙江、辽宁、福建、江苏这些省份的物流业密度较高，主要原因有两个方面：一是当地有物流需求比较优势的产

表 4-2　　　　　　　　各省份物流业密度统计

省份	物流业密度	省份	物流业密度	省份	物流业密度
北京	0.2953	安徽	0.3698	重庆	0.2816
天津	0.2433	福建	0.4184	四川	0.4713
河北	0.2120	江西	0.1396	贵州	0.2648
山西	0.0941	山东	0.2271	云南	0.2640
内蒙古	0.2378	河南	0.3848	西藏	0.1592
辽宁	0.4165	湖北	0.3141	陕西	0.3020
吉林	0.2936	湖南	0.3552	甘肃	0.3463
黑龙江	0.3525	广东	0.4802	青海	0.3036
上海	0.1031	广西	0.3002	宁夏	0.1227
江苏	0.4011	海南	0.0963	新疆	0.2286
浙江	0.4447	—	—	—	—

业较多，二是这些产业对物流具有强带动性，即该产业发展形成优势后在一定程度上更能够促进物流业的发展形成优势。而山西、江西、宁夏和海南四个省份的物流关联优势指数偏低的主要原因是当地产业对物流需求具有比较优势的产业的数量严重不足，从而导致整体结果偏低，详情如表 4-3 所示。西藏物流业密度偏低的主要原因在于西藏具有物流需求比较优势的产业多集中在服务业，而这些产业的物流业带动性相对偏低。

表 4-3　　　　　　各省份产业的物流需求比较优势数量统计

省份	RCA 数量	省份	RCA 数量	省份	RCA 数量
北京	12	安徽	15	重庆	11
天津	9	福建	17	四川	22
河北	10	江西	7	贵州	13
山西	4	山东	10	云南	14
内蒙古	10	河南	16	西藏	10
辽宁	20	湖北	12	陕西	16
吉林	15	湖南	15	甘肃	17
黑龙江	15	广东	17	青海	16
上海	4	广西	15	宁夏	7
江苏	13	海南	5	新疆	13
浙江	15	—	—	—	—

同时，需要注意的是物流业密度反映的是各省份产业对本省份物流业发展的带动性，即在考虑产业因素的条件下物流业未来发展潜力的大小，而非反映了一个省份当前物流业市场的大小。原因在于产业对物流需求具有的比较优势体现于各省份之间比较的相对性，而非绝对性。

三 物流业带动性动态分析

(一) 物流业带动性图示

行业的发展不是一成不变的，具有优势的行业不可能永远都处于优势，各行业对物流的需求亦是如此。有的行业对物流的需求波动随时间的变化差异性较小，有的行业则相反。为了排除基于单一年份测算会带来的偶然性，分别选取已公布的2002年和2007年的投入产出表进行动态分析。由于2002年、2007年和2012年的产业统计口径发生了变化，本次研究剔除了部分变化较大的产业，选取未发生较大变化的产业进行分析，以减少人为数据选取造成的误差。通过对上述数据按照第三章中的方法对物流业带动性进行分析，所得结果如图4-4所示。

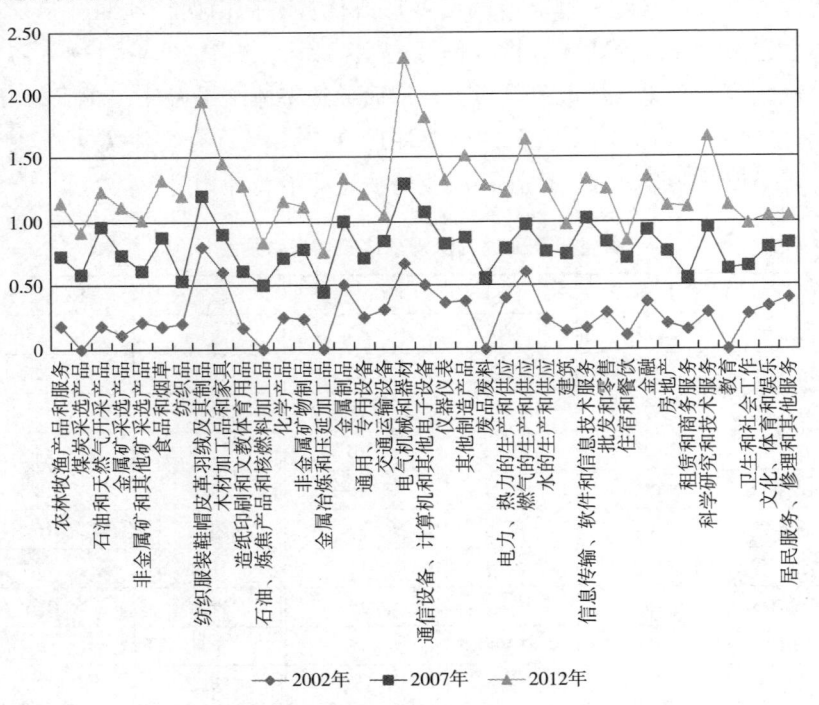

图4-4 近十年物流业带动性变化趋势

（二）物流带动趋势分析

通过观察分析发现，2002年、2007年和2012年各个产业物流业带动性整体趋势保持一致。部分产业波动比较明显，存在异常现象；部分产业发展较为平稳。纺织品，造纸印刷和文教体育用品，电气机械和器材，通信设备、计算机和其他电子设备，仪器仪表，其他制造产品，废品废料，租赁和商务服务，科学研究和技术服务等产业与物流业的关联度呈明显上升趋势，对物流业发展的带动性明显增强，其中大部分产业属于制造业。而一些传统的资源型产业则变化较为平稳，如非金属矿和其他矿采选产品，电力、热力的生产和供应，燃气的生产和供应，水的生产和供应等。在第三产业中，批发和零售、卫生和社会工作文化、体育和娱乐、居民服务、修理和其他服务等产业与物流业的关联度也较为平稳。综合分析发现，服务业整体对物流业的发展拉动能力有限，促进物流业的快速发展仍需要通过制造业的拉动。

第三节 物流业与相关产业协同路径分析

物流业与相关产业联动发展是相辅相成的关系，首先是相关产业形成优势带动物流业发展，物流业的发展反之促进相关产业发展壮大，从而形成良性循环。第二节运用产品空间理论主要对物流业与相关产业协同现状进行了分析，因所得数据较为分散不利于进行观察分析，故本节主要运用聚类分析法以第二节的部分指标为依据，构建二维聚类进行分析，并根据分析结果指导各个地区的物流业与相关产业联动发展的优先级，以及地区之间的物流协同发展路径。

一 物流业与相关产业协同性聚类分析

（一）聚类依据划分

将物流需求比较优势和物流业带动性分别划分为高中低三个度量区间，共得到九个分类结果。分别为高需求比较优势高发展带动性、高需求比较优势中发展带动性、高需求比较优势低发展带动性、中需求比较优势高发展带动性、中需求比较优势中发展带动性、中需求比较优势低发展带动性、低需求比较优势高发展带动性、低需求比较优势中发展带动性、低需求比较优势低发展带动性。其中，物流需求比较优势的高、中、低三个区间分别以 0、1、2.5 为界点，该区间的划分参考国际贸易中比较优势的分类标准。物流业带动性的高、中、低三个区间分别以 0、1/3、2/3 为界点。分类示意图如图 4-5 所示。

物流需求比较优势	低（横轴）	中（横轴）	高（横轴）
高	高需求比较优势低发展带动性	高需求比较优势中发展带动性	高需求比较优势高发展带动性
中	中需求比较优势低发展带动性	中需求比较优势中发展带动性	中需求比较优势高发展带动性
低	低需求比较优势低发展带动性	低需求比较优势中发展带动性	低需求比较优势高发展带动性

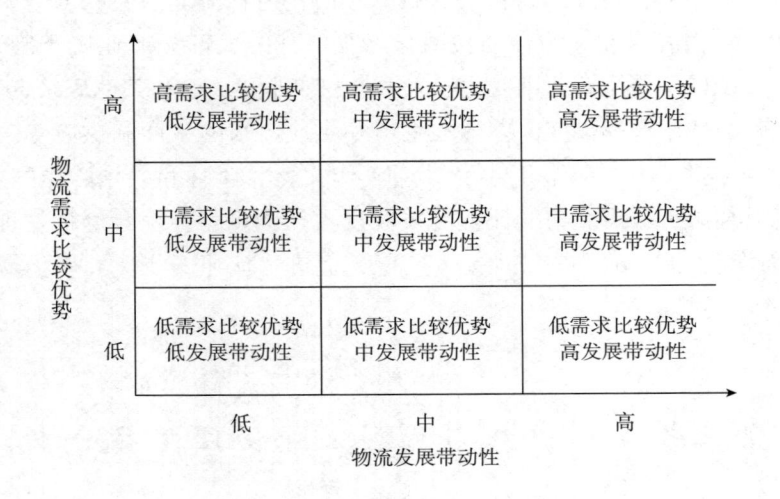

物流发展带动性

图 4-5 二维聚类分析示意

根据计算得出的需求比较优势和带动性对各省产业按照上述类别进行划分，可以对相关省份物流业与相关产业实施联动发展的主次顺序进行指导。

（二）物流业与相关产业关联现状分析

通过二维聚类分析，可以清楚地了解各个地区各个产业在各个区间上的分布，通过数据可视化软件 Tableau 10.5 得到图 4-6 的处理结果。通过分析得出山西的煤炭和甘肃的天然气对物流的需求在全国具有绝对的优势，属于高需求比较优势、中发展带动性和高需求比较优势、低发展带动性。对于山西的煤炭产业，建议采用"园区+平台"的模式实现煤炭产运销的无缝衔接。通过构建区域内的大型煤炭物流园、煤炭交易信息平台与无车承运平台，线上运用大数据技术预测实现交易供需平衡，线下通过在园区内部构建公铁联运的集疏运体系，充分利用社会闲散车实现从煤场到园区的集结，园区内完成交易后通过铁路实现大批量转运。由于煤炭产业属于

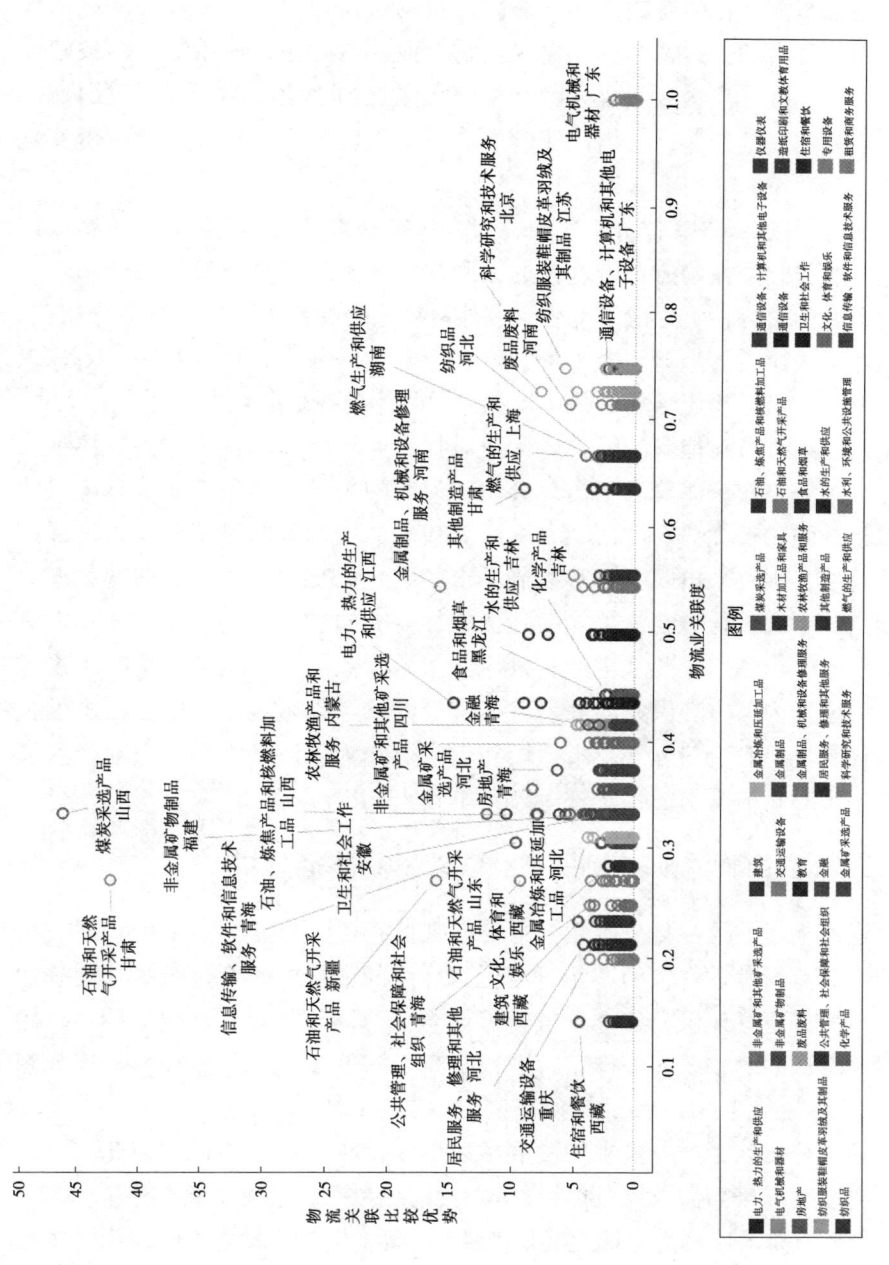

第四章 转型升级：境内产业网链升级机制

图 4-6 物流关联比较优势与物流业关联度聚类分析示意

中等物流业带动性产业，建议实施联动政策，鼓励煤炭物流企业做大做强，采用更加节能环保的运输方式，提高煤炭物流运输效率，降低物流运输成本。对于甘肃的天然气产业，建议与物流业深入合作，采用专业的设施设备形成一次性专项物流解决方案，从而大幅提高物流效率。但同时因该产业属于低关联度产业，对物流业的发展带动性较差，不建议其他省份实施类似联动政策。

通过对图4-6整体分析发现，大多数省份的多数产业都处于中物流需求比较优势和中低物流业带动性的区间内。各省份因自身发展战略和自身地理资源的差异性，形成了部分具有地域特色的高物流需求比较优势产业。以山西、内蒙古、新疆、黑龙江、陕西、甘肃、云南、贵州、四川为代表的资源型省份对物流需求的强比较优势主要体现在采矿业类。北京、上海、广东的一线省市对能源的需求较大，对物流需求的强比较优势主要体现在服务业类等。在京津冀区域内，天津和河北的采矿业和重工业表现出对物流需求的强比较优势。以西藏和青海为代表的资源稀缺型省份，以发展旅游业为主，则表现出服务业对物流需求的强比较优势。山东、河南、湖北和湖南等中部省份对物流需求的强比较优势分布较为平均，主要体现在制造业和电力、热燃气及水生产和供应业，采矿业与部分服务业均有少量涉及。海南、内蒙古和黑龙江等欠发达省份的农业也表现出对物流需求的强比较优势。电力、热燃气及水生产和供应业作为生活必需型产业在各区域都表现出对物流需求的强比较优势，并不呈现出地域特性。

二 省内物流业与相关产业联动发展路径分析

通过上述的可视化分析能够比较直观地了解产业在各区间的分布情况，并找出具有特殊性省份的产业，但更为详细的分析就需要进行更加准确的统计。为了更好地研究各个省份物流业与强协同度产业联动发展路径，需要对9个区间的重要程度排序后进行研究，1—9个区间的重要性排序如图4-7所示。

通过分析认为产业未来的发展重要性要高于当前的发展，因此高带动性重要度要高于高需求比较优势，故按照上述1—6的顺序进行分析。因顺序位8（中需求比较优势低发展带动性）、顺序位7（低需求比较优势中发展带动性）和顺序位9（低需求比较优势低发展带动性）研究的意义相对较小，暂且忽略这三类的研究。通过对前6类以产业为单位进行汇总得到

第四章 转型升级：境内产业网链升级机制

```
物          高  ┌─────────────┬─────────────┬─────────────┐
流              │ 6 高需求比较优势│ 3 高需求比较优势│ 1 高需求比较优势│
需              │   低发展带动性 │   中发展带动性 │   高发展带动性 │
求          中  ├─────────────┼─────────────┼─────────────┤
比              │ 8 中需求比较优势│ 4 中需求比较优势│ 2 中需求比较优势│
较              │   低发展带动性 │   中发展带动性 │   高发展带动性 │
优          低  ├─────────────┼─────────────┼─────────────┤
势              │ 9 低需求比较优势│ 7 低需求比较优势│ 5 低需求比较优势│
                │   低发展带动性 │   中发展带动性 │   高发展带动性 │
                └─────────────┴─────────────┴─────────────┘
                     低           中           高
                           物流发展带动性
```

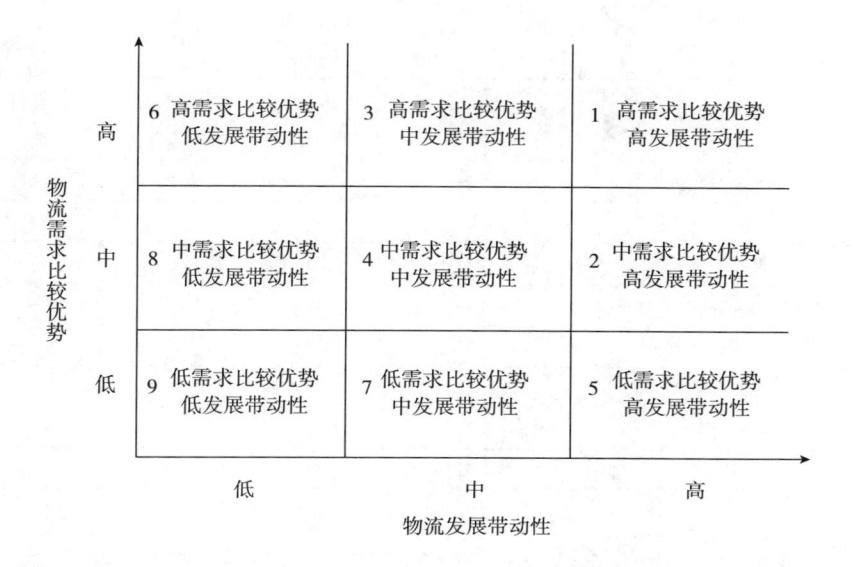

图 4-7 物流业与强关联度产业联动次序

如下规律：纺织品，纺织服装鞋帽皮革羽绒及其制品，造纸印刷和文教体育用品，电气机械和器材，通信设备、计算机和其他电子设备，废品废料，燃气生产和供应，科学研究和技术服务业的发展容易形成低物流需求比较优势、高物流业带动性。金属矿采选产品，非金属矿和其他矿采选产品，非金属矿物制品，批发和零售，金融，房地产业容易形成中等物流需求比较优势中物流业带动性，其他产业未突出相应的规律性。相应的统计结果如表 4-4 所示。

表 4-4　　　各产业与物流业的协同性（按省份统计）

产业名称	中需求比较优势中带动度	省份占比（%）	低需求比较优势高带动度	省份占比（%）
纺织品	—	—	25	81
纺织服装鞋帽皮革羽绒及其制品	—	—	27	87
造纸印刷和文教体育用品	—	—	28	90
电气机械和器材	—	—	28	90
通信设备、计算机和其他电子设备	—	—	27	87
废品废料	—	—	20	65

续表

产业名称	中需求比较优势中带动度	省份占比（%）	低需求比较优势高带动度	省份占比（%）
燃气生产和供应	—	—	19	61
科学研究和技术服务	—	—	22	71
金属矿采选产品	12	39	—	—
非金属矿和其他矿采选产品	15	48	—	—
非金属矿物制品	10	32	—	—
批发和零售	12	39	—	—
金融	10	32	—	—
房地产	12	39	—	—

通过对前6类以各个省份为单位进行汇总，可以得到各个省份实施两业联动的发展路径。将该路径严格按照各省份产业的物流需求比较优势和物流业带动性进行排序。按照此顺序实施联动能够取得联动效率与效益的最优化。当然此顺序各个省份可以同时分主次实施，也可以按时期分批次实施。最终结果整理如表4-5所示。

表4-5　　各省份物流业与相关产业联动发展优先级

地区	类别编号（产业编号）
北京	1(36)→2(26)→4(2, 24, 29, 33, 34, 35, 37, 39)→5(7, 8, 10, 19, 20, 23)→6(41)
天津	1(23)→2(20, 36)→3(11)→4(2, 22, 39)→5(7, 8, 10, 19, 26)
河北	1(7)→3(4)→4(11, 24, 25, 27)→5(8, 10, 19, 20, 23, 26, 36)→6(14, 38)
山西	2(26)→3(2, 11)→4(25)→5(7, 8, 10, 19, 20, 23, 36)
内蒙古	2(23, 26)→3(4)→4(5, 13, 27, 29)→5(7, 8, 10, 19, 20, 36)
辽宁	3(11)→4(4, 5, 9, 13, 15, 16, 17, 21, 24, 25, 27, 29, 33, 34)→5(7, 8, 10, 19, 20, 23, 26, 36)→6(32)
吉林	3(9)→4(2, 6, 11, 12, 13, 15, 25, 35, 40)→5(7, 8, 10, 19, 20, 23, 26, 36)
黑龙江	2(26, 36)→3(1)→4(5, 6, 9, 11, 22, 25, 27, 34, 40)→5(7, 8, 10, 19, 20, 23)
上海	1(26)→3(35)→4(29)→5(7, 8, 10, 19, 20, 23, 36)

续表

地区	类别编号(产业编号)
江苏	1(8)→2(7, 19, 20, 23)→3(21, 25)→4(9, 12, 16, 34, 35)→5(10, 26, 36)
浙江	2(7, 8, 10, 23, 36)→3(22)→4(5, 9, 12, 16, 21, 24, 25, 29, 33)→5(19, 20, 26)
安徽	2(19, 23, 26)→4(1, 4, 5, 12, 13, 22, 34, 40)→5(7, 8, 10, 20, 36)
福建	1(10, 26)→2(7, 8, 23)→3(11, 13, 24)→4(5, 22, 27)→5(19, 20, 36)→6(38)
江西	3(4, 25)→4(2, 5, 34)→5(7, 8, 10, 19, 20, 23, 26, 36)
山东	2(7)→3(13, 29)→4(6, 9, 11, 12, 16)→5(8, 10, 19, 20, 23, 26, 36)→6(3)
河南	1(23)→2(26)→3(24, 25)→4(2, 4, 5, 6, 9, 11, 13, 17, 22, 27)→5(7, 8, 10, 19, 20, 36)
湖北	1(36)→2(7, 23)→4(4, 5, 6, 12, 13, 22, 33, 35)→5(8, 10, 19, 20, 26)
湖南	1(26)→3(22, 27)→4(1, 4, 6, 17, 24, 35, 39)→5(7, 8, 10, 19, 20, 23, 36)→6(38)
广东	2(8, 10, 19, 20, 26)→3(27)→4(5, 9, 15, 24, 25, 29, 33, 34)→5(7, 36)
广西	2(23)→3(5)→4(1, 4, 6, 9, 13, 17, 33, 34, 40)→5(7, 8, 10, 19, 20, 26, 36)
海南	3(1, 11, 29)→4(33)→5(7, 8, 10, 19, 20, 23, 26, 36)
重庆	2(23, 26, 36)→4(5, 13, 21, 22, 35)→5(7, 8, 10, 19, 20)→6(18)
四川	2(20, 26, 36)→3(24)→4(1, 2, 4, 12, 13, 29, 33, 34, 39)→5(7, 8, 10, 19, 23)→6(3, 32)
贵州	3(2, 25)→4(1, 5, 12, 27, 29, 33, 35)→5(7, 8, 10, 19, 20, 23, 26, 36)
云南	3(2, 5)→4(1, 4, 6, 11, 29, 33, 35)→5(7, 8, 10, 19, 20, 23, 26, 37)→6(28)
西藏	3(34)→4(4, 29)→5(7, 8, 10, 19, 20, 23, 26, 36)→6(28, 31, 41)
陕西	3(2, 11)→4(1, 4, 5, 6, 24, 25,, 34, 39)→5(7, 8, 10, 19, 20, 23, 26, 36)
甘肃	3(4, 22, 25)→4(1, 2, 5, 11, 13, 24, 29, 34, 39, 40)→5(7, 8, 10, 19, 20, 23, 26, 36)→6(14)
青海	3(2, 27, 29, 33, 34, 37)→4(4, 5, 22)→5(7, 8, 10, 19, 20, 23, 26, 36)→6(38)
宁夏	3(2, 25)→4(11, 12)→5(7, 8, 10, 19, 20, 23, 26, 36)→6(28)
新疆	3(1, 2, 5, 11)→4(4, 29, 34, 40)→5(7, 8, 10, 19, 20, 23, 26, 37)→6(3, 38)

注：类别编号为图4-7中的次序编号，括号中的产业编号为《投入产出表42部门名称》中的产业名称前的编号。

表4-5中整体展示出了各个省份实施物流业与强关联度产业联动发展的优先顺序,从1—6编号,越小实施联动取得的效果相对越显著。其中,部分省份缺失的编号如最常见的1、2、6等,说明该省份的产业并未有相应的产业处于划分的九类区间中相应的区间。例如,陕西省的联动路径为优先实施产业是煤炭采选产品与石油、炼焦产品和核燃料加工品业(高需求比较优势中发展带动性),其次是农林牧渔产品和服务,金属矿采选产品,非金属矿和其他矿采选产品,食品和烟草,金属制品,机械和设备修理服务,电力、热力的生产和供应,房地产和教育行业(中需求比较优势中发展带动性),最后是纺织品,纺织服装鞋帽皮革羽绒及其制品,造纸印刷和文教体育用品,电气机械和器材,通信设备、计算机和其他电子设备,废品废料,燃气生产和供应,科学研究和技术服务业(低需求比较优势高发展带动性)。在按照上述的九类区间进行划分后,发现优先实施联动的第1类别分别是北京与湖北的科学研究和技术服务,福建、湖南与上海的燃气生产和供应,河南与天津的废品废料,河北的纺织品,福建的造纸印刷和文体用品,江苏的纺织服装鞋帽及其制品。这说明经济发达的部分省市(如北京市),服务业已经超越制造业成为物流业优先实施联动的对象,大多数的沿海发达省份依然以制造业与物流业的联动为主,西北、西南、东北地区的部分省份以采矿业、农业与物流业的联动为主。

三 省际物流业协同发展路径分析

(一)省际物流业协同网络构建

为了更好地观测各个省份之间物流业与各个产业关联的相似度,对相应的指标进行简化分析。将高中低三个区间的数据分别使用对应的英文字母H、M、L进行替换,分别得到HH、HM、HL、MH、MM、ML、LH、LM、LL九种结果,并采用二维聚类分析的结果进行处理。定义这九种结果为λ,当i省份与j省份同一产业的λ相同时,即两个省份同一产业对应的字母相同时记为1,不同时记为0。这样我们将字母矩阵转换为0—1矩阵。通过所有产业的加总得到各个省份之间产业关联的相似度。由于推动区域间的协同需要重点考虑地理要素问题,同时引入全国各省份地理权重矩阵作为加权权重进行分析,得到地理物流优势相似度。

地理权重矩阵,主要表示各个省份在地理空间上的邻近性。如果两个省份在地理上接壤,则在矩阵中用1表示,如果两个省份在地理上不相邻,则在矩阵中用 0 表示，即地理权重矩阵为一个 0—1 矩阵。

地理权重矩阵 $Y_{ij} = \begin{bmatrix} y_{11} & \cdots & y_{1n} \\ \vdots & \ddots & \vdots \\ y_{n1} & \cdots & y_{nn} \end{bmatrix}$, $n = 1, 2, \cdots, 31$, $y_{ij} = \begin{cases} 1, & 地理接壤 \\ 0, & 地理不接壤 \end{cases}$。

物流优势相似度 $X_{ij} = \sum_{i=1}^{n} x_{ij}/41$, $i = 1,2,3,\cdots,31$, $x_{ij} = \begin{cases} 0, & i\lambda \neq j\lambda \\ 1, & i\lambda = j\lambda \end{cases}$。

物流优势相似度矩阵 $= \begin{bmatrix} X_{11} & \cdots & X_{1n} \\ \vdots & \ddots & \vdots \\ X_{n1} & \cdots & X_{nn} \end{bmatrix}$, $n = 1, 2, \cdots, 31$。

地理物流优势相似度 $W_{ij} = X_{ij} Y_{ij}$。

地理物流优势相似度矩阵 $= \begin{bmatrix} W_{11} & \cdots & W_{1n} \\ \vdots & \ddots & \vdots \\ W_{n1} & \cdots & W_{nn} \end{bmatrix}$, $n = 1, 2, \cdots, 31$。

(二) 省际物流业协同路径分析

通过进一步计算我们得到各省份之间地理物流优势相似度矩阵，由于数据量较大，没有在文中展示。将计算结果展示到地理空间上得到图 4-8，其中只筛选了地理物流优势相似度大于 0.6 的省份进行分析。

通过对图 4-8 分析可以发现，在连通点上超过并包含 3 条线的省份分别是内蒙古、新疆、甘肃、陕西、山西、河北、安徽、江苏、湖北。说明在这些省份选取适当的区位城市作为区域物流集疏运的节点具有一定的优势。以陕西省为例，陕西省具有承接来自新疆、甘肃、青海、宁夏、内蒙古、山西等多个省份物流运输中转的区域优势与产业相似优势。从地理上观察，以南北分界线进行划分，北方地区各省份之间的协同性要明显高于南方地区，一定程度上说明北方地区的物流业发展趋同性较高，南方地区的物流业发展差异性较大，地域特色明显。

广东、福建、湖南、四川、海南和辽宁等省份并未存在连线，说明这些省份与周边省份的物流优势相似度较低，产业发展差异性较大。将图 4-8 区域物流协同路径与表 4-2 物流业密度进行对比发现，广东、福建、四川和辽宁四个省份的物流业密度较高且并未与其他省份之间存在联系，

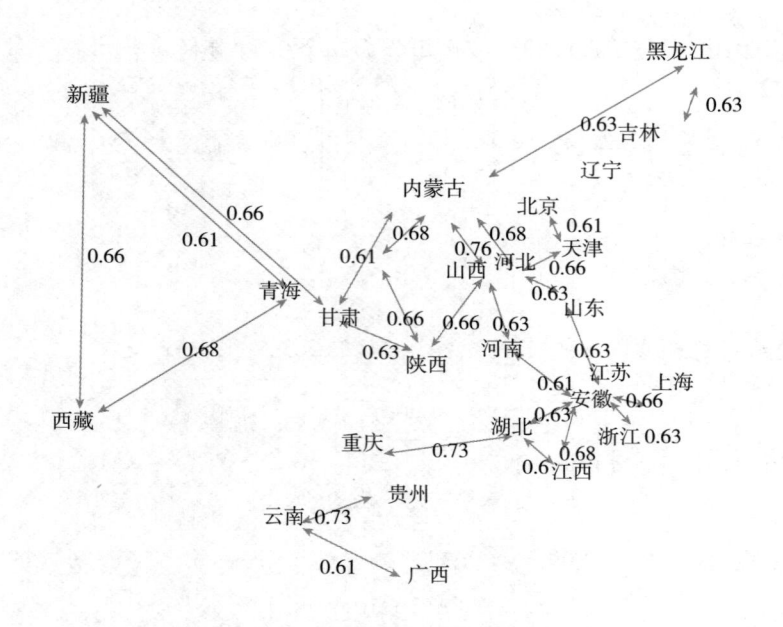

图 4-8　各省份物流协同路径分析

说明这些省份当地产业对物流业发展的整体带动性较高,从而拉开了与邻近省份之间的差距,形成具有省份自身的特色。从资源的流动性角度分析,跨省物流需求活动在图4-8的路径网络上进行流通,整体上更容易实现物流资源利用率的提升。

四　省域物流业协同升级路径分析

(一) 产业价值链与物流业高级化

对于上述省内与省际的产业联动路径研究,初衷是为物流业与相关产业更加高效地实现联动发展从而达到降本增效,但在产业联动发展的同时考虑产业未来实现升级也至关重要。吴晓研(2017)指出我国物流业正处于产业转型升级的关键时期,从市场需求导向、资源配置等方面分析了产业联动推动我国物流产业升级的机理,并提出通过构建以价值链为导向的产业联动机制、发挥物流园区整合作用等五种我国物流产业升级的路径。同时,实现产业升级是我国摆脱"中等收入陷阱"的必然趋势,全球价值链的相关研究也证实了产业升级的必要性。图4-9反映了全球价值链从19世纪70年代到20世纪初期的增值变化趋势,生产类活动的利润在不断被压缩，而价值链两端活动的利润空间在增加。

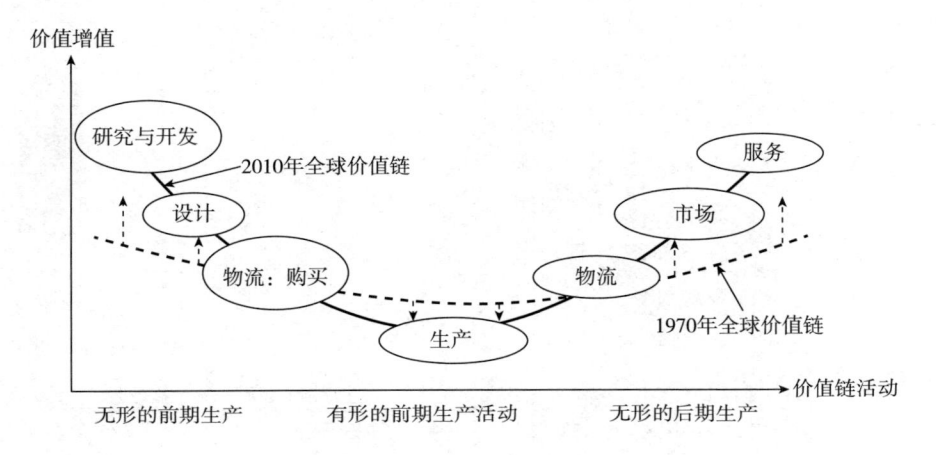

图 4-9　产业价值链增值

资料来源：[美] 杜大伟、[巴西] 若泽·吉勒尔梅·莱斯、王直：《全球价值链发展报告（2017）：全球价值链对经济发展的影响：测度与分析》，社会科学文献出版社 2018 年版。

（二）物流业的产业带动

传统的货运代理类物流企业类似于从事生产活动的企业，提供供应链一体化服务的物流企业延伸至产业两端获取更大的利润空间（张彤，2016）。具体到国内各个省份，省域物流业的升级发展需要兼顾省内和省际两个方面。从产业需求导向出发，省内通过在产业联动路径中选择最具比较优势的产业形成地域特色从而促进物流业升级。例如，山东寿光农产品批发基地和义乌小商品批发基地等形成国内具有比较优势的地位，同时深耕价值链两端，完善产业链条，以"互联网+"为依托，形成了实时联系，推动物流业与其他行业的产业联动升级，从而实现物流业高级化发展与价值增值（张立国，2018）（见图 4-10）。省际则首先考虑地理临近省份对不具有物流需求比较优势但物流带动性高的产业，按照图 4-8 的区域物流协同网络实施协同路径，构建区域物流集疏运的节点，形成集聚效应，充分利用规模优势带动产业发展。因为在地理物流优势相似度测算过程中，既包含了具有物流需求比较优势的产业，同时也包含了不具有物流需求比较优势的产业。按照上述思路将各省份物流业与相关产业的联动路径和省际协同路径进行融合分析得出如下结论。

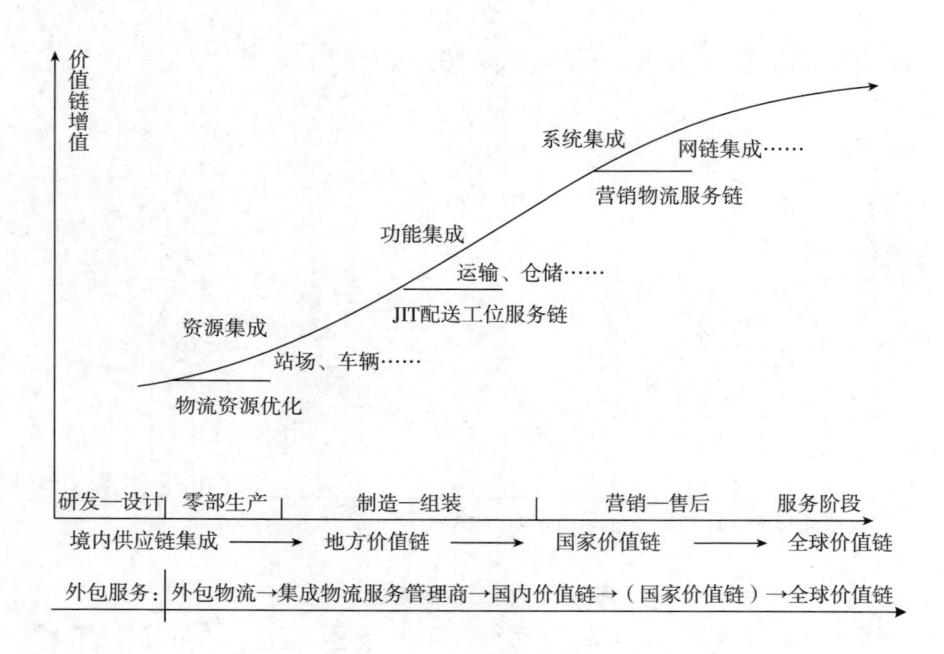

图 4-10　价值链增值与物流高级化发展

在高物流需求比较优势、中（高）物流业带动性的产业中，根据产业所处的价值链增值领域可以分为三个类别。（1）以北京、湖北为代表的科学研究和技术服务业、上海的租赁和商务服务业与物流业的联动大多处于价值链增值的高端领域，这类产业产生的高端物流需求将对推动物流业发展升级产生更为重要的影响。（2）以江苏、浙江、福建为代表的东部沿海地区的纺织服装鞋帽皮革羽绒及其制品、仪器仪表、其他制造产品、造纸印刷和文教体育用品等制造产业价值链增值的区域分布较为广泛，这类产业产生的物流需求对推动物流业发展升级的影响力大小取决于制造业本身在价值链中所处的地位。（3）以黑龙江、辽宁、内蒙古、山西、陕西、宁夏、新疆、云南、贵州、广西等经济欠发达省份为代表的煤炭采选产品、金属矿采选产品，石油、炼焦产品和核燃料加工品等能源产业大多处于价值链增值的低端区域，这类产业产生的低端物流需求对物流业发展升级的推动作用能力较弱（见表 4-6 和图 4-11）。

结合价值增值理论分析两业联动、产业联动来促进产业升级发展，探索"双层次"物流业网链升级模式。对于处于价值链增值低层次的两业联动、产业联动，优先考虑进行物流业网链资源整合、技术升级，通过物流

表 4-6　　各省份物流业与相关产业联动发展优先级

省份	产业名称	聚类分析	省份	产业名称	聚类分析
北京	科学研究和技术服务	HH	湖南	其他制造产品	HM
天津	石油、炼焦产品和核燃料加工品	HM	湖南	燃气生产和供应	HH
天津	废品废料	HH	湖南	水的生产和供应	HM
河北	金属矿采选产品	HM	广东	水的生产和供应	HM
河北	纺织品	HH	广西	非金属矿和其他矿采选产品	HM
山西	煤炭采选产品	HM	海南	农林牧渔产品和服务	HM
山西	石油、炼焦产品和核燃料加工品	HM	海南	石油、炼焦产品和核燃料加工品	HM
内蒙古	金属矿采选产品	HM	海南	批发和零售	HM
辽宁	石油、炼焦产品和核燃料加工品	HM	四川	金属制品、机械和设备修理服务	HM
吉林	木材加工品和家具	HM	贵州	煤炭采选产品	HM
黑龙江	农林牧渔产品和服务	HM	贵州	电力、热力的生产和供应	HM
黑龙江	煤炭采选产品	HM	云南	煤炭采选产品	HM
上海	燃气生产和供应	HH	云南	非金属矿和其他矿采选产品	HM
上海	租赁和商务服务	HM	西藏	房地产	HM
江苏	纺织服装鞋帽皮革羽绒及其制品	HH	陕西	煤炭采选产品	HM
江苏	仪器仪表	HM	陕西	石油、炼焦产品和核燃料加工品	HM
江苏	电力、热力的生产和供应	HM	甘肃	金属矿采选产品	HM
浙江	其他制造产品	HM	甘肃	其他制造产品	HM
福建	造纸印刷和文教体育用品	HH	甘肃	电力、热力的生产和供应	HM
福建	石油、炼焦产品和核燃料加工品	HM	青海	煤炭采选产品	HM
福建	非金属矿物制品	HM	青海	水的生产和供应	HM

续表

省份	产业名称	聚类分析	省份	产业名称	聚类分析
福建	金属制品、机械和设备修理服务	HM	青海	批发和零售	HM
福建	燃气生产和供应	HH	青海	金融	HM
江西	金属矿采选产品	HM	青海	房地产	HM
江西	电力、热力的生产和供应	HM	青海	水利、环境和公共设施管理	HM
山东	非金属矿物制品	HM	宁夏	煤炭采选产品	HM
山东	批发和零售	HM	宁夏	电力、热力的生产和供应	HM
河南	废品废料	HH	新疆	农林牧渔产品和服务	HM
河南	金属制品、机械和设备修理服务	HM	新疆	煤炭采选产品	HM
河南	电力、热力的生产和供应	HM	新疆	非金属矿和其他矿采选产品	HM
湖北	科学研究和技术服务	HH	新疆	石油、炼焦产品和核燃料加工品	HM

业网链资源整合、技术升级带动物流业满足产业需求能力的升级，从而通过两业联动、产业联动带动物流业及关联产业升级发展。处于价值链增值中高层次的两业联动、产业联动，则优先考虑服务升级，通过升级服务能力，加强与物流业联动，将业务向价值链两端延伸，带动物流业向提供一体化供应链服务能力的方向发展升级。从中国各省份物流业与相关产业联动发展优先级来看，部分地区比较优势产业处于价值链增值低端并不利于物流业长远的升级发展，而当前这些产业的主要任务是通过实现两业联动、产业联动以降本增效，但未来如何支持各省份供应链集成、产业链形成与发展，如何在通过遵循物流需求比较优势和物流业服务业性质的前导性、带动性的前提下，优化布局地方产业升级，支持地方产业链向国家产业链升级，通过网链绿色延伸进入"一带一路"，这就需要设计实现带动物流业向价值增值高层次合理方向的升级发展。通过两业联动、产业联动来带动产业升级、绿色延伸，仍是"一带一路"产能合作需要关注的重点问题。

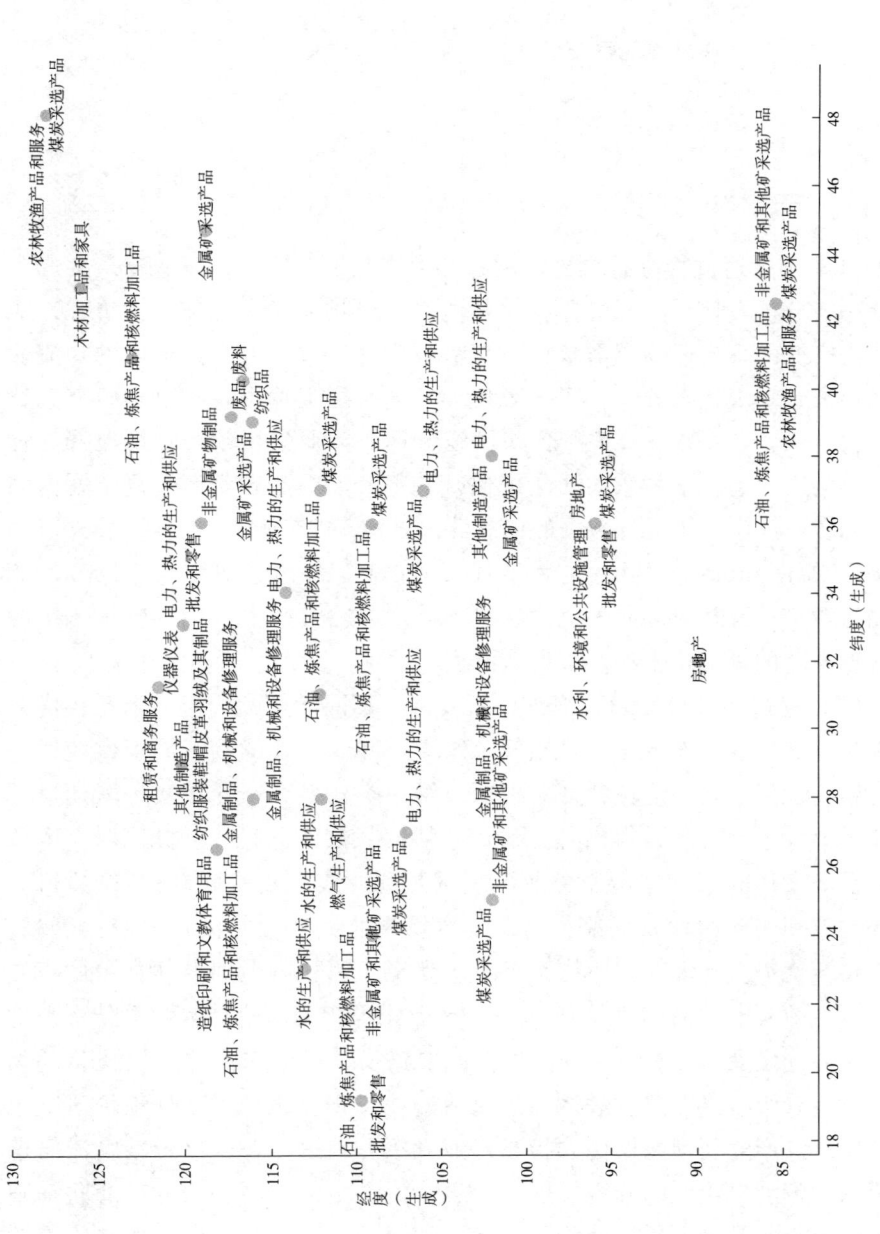

图4-11 高物流需求比较优势、中（高）物流发展带动性产业分布

第四节 本章小结

一 主要观点

（1）本章通过物流需求比较优势、物流业带动性、物流业复杂度三个指标进行分析发现，能源产业相比其他产业对物流需求的依赖性更强，能源省份产业的采矿业物流需求比较优势更为突出。三大产业整体的物流业带动性大致呈现正态分布，还对表现异常的交通运输设备、科学研究和技术服务、教育、水利、环境和公共设施管理等产业进行了合理的解释。物流业复杂度在地理上由东向西呈现递减趋势，但内陆省份产生复杂度低的原因却各不相同。为保证数据的可靠性，对物流业带动性进行了动态分析，结果发现部分制造业对物流业带动性普遍偏高且呈现上升趋势，第三产业的物流业带动性相对偏弱，电力、热力、水、燃气的生产和供应等传统的资源型产业的物流业带动性最为平稳。

（2）通过二维聚类和可视化分析发现，不同产业的物流需求比较优势呈现出地域特征，而电力、热燃气及水生产和供应业的物流需求比较优势具有普遍性但不具备地域特征。根据二维聚类对各个产业在实施联动过程中的重要性进行排序，得出各省份产业协同发展的路径。与此同时，本章发现经济发达的部分省份服务业已超越制造业成为实施联动的首要目标。在构建省际物流协作发展路径时，本章发现北方地区物流优势趋同度高，南方物流优势差异性较大，物流园的集聚效应在北方地区有更明显的体现。

（3）在结合产业价值增值和物流高级化等相关理论，本章重新审视省内产业协同发展路径和省际物流协作发展路径，指出实施"双层式"的物流业发展升级模式能更有效地促进物流产业实现升级，对于处于价值链增值低层次的产业联动建议优先指导产业升级，通过产业升级带动物流需求升级从而带动物流业的升级发展。处于价值链增值中高层次的产业联动则优先指导服务升级，通过升级服务能力加强与物流业联动使业务向价值链两端延伸，带动物流业向一体化供应链服务能力的方向发展升级。

二 主要启示

（1）本章研究表明境内省域物流业与相关产业的协同发展是一个良性循环过程，产业在协同发展中促进物流业转型升级，物流业则反过来推动相关产业形成更加稳定、更具竞争力的供应链集成，并促进多条供应链支持的国家产业链发展，从而增加相关产业"走出去"的抗风险能力与盈利能力。

（2）物流业的参与对于网链绿色延伸、"一带一路"产能合作起到不可或缺的作用，通过培植发展壮大地方优势物流，对于相关优势产业形成联动发展机制，能成为国家价值链"走出去"，这对能够开展"一带一路"产业联动、产能合作大有裨益。

理论提炼篇

理论提炼篇包括第五章和第六章，本章重点探讨经济体制改革导致集成场理论形成，满足市场需求，使集成体、基核和联接键构成测量物流链、供应链、供应链集成、产业链的三维集成创新的坐标系，将中国改革开放网链转型升级经验，通过集成体主导网链螺旋式自运行、群运行推向"一带一路"产能合作，直面全球价值链分工，促进产业联动、创新升级、产能合作的网链治理理论及其在实践中的完善；物流绩效、政府治理与国际贸易的宏观治理理论，以及政府规划政策势能，为进一步引导"一带一路"产能合作经济体经济动能实践奠定了基础理论和指导方针。

第五章　网链治理：产业联动与创新升级

在中国改革开放 40 多年中，交通运输业、仓储配送业、邮政业等按照市场要求进行体制改革，先后经历了高速路网建设、车型更新升级、车路网一体化和物流体系等变革过程，体现的正是物流服务创新、物流模式创新、产业联动创新以及产业链创新等创新与升级活动，是典型的行业价值链形成及其增值过程。改革开放使境外产业链从东部进入我国进而拓展为国内价值链（DVC），此时，也是全球价值链（GVC）的组成部分。当国内价值链受国家政策影响时，可通过政策势能升级为国家价值链（National Value Chain，NVC），这样不仅可以带动区域经济协调发展，而且有利于体现网链绿色延伸，进行跨境国际产能合作，适应新的环境，完善新的结构内涵。

在新时代推进西部大开发形成新格局中如何通过国内价值链形成国家价值链，沿着"丝绸之路经济带"向西进行国际产能合作，就是一个值得研究的重大命题。

第一节　"三维"网链统一机制促进产业转型升级

中国改革开放 40 年物流在产业范畴从无到有、从有到优，发展很快。国内物流业转型升级基本上可以归纳为集成场"三维"网链统一[①]机制的

---

① 指由集成场的集成体、基核和联接键三类合成场元构建的三维发展空间，也是构建网链的基本维度。

互动发展过程，即物流业从业内转型升级到业间转型升级，无不遵循着集成体、基核和联接键三条升级途径统一的集成创新、转型升级发展，集中体现了三维网链一体化过程。

一 经济体制改革构建了集成体机制

（一）市场经济体制与集成体

（1）集成体在市场经济体制下的机制。企业作为集成体的机制形成重点体现在企业的决策机制、运行机制和利益机制。产业龙头企业在战略管理中起到了规划、执行的引导作用。集成场视角及其理论应用有利于引导企业识别物流业高级化发展中创新升级规律。物流业是一个具有战略性、基础性的新兴服务业，在衔接物流业与制造业等服务对象时，起到了服务转型升级特征。

（2）集成体主导的网链价值内容构成。物流链需要与其所服务产业及对象供应链衔接才能体现其供应链集成或产业链价值。国内市场企业的价值链，是指企业为了生产产品或提供服务或增加其价值及其实用性，而进行对应的一系列生产作业活动，主要涉及企业内部价值链、竞争对手价值链和行业价值链三部分。[①]

（3）集成体主导的国内价值链（Domestic Value Chain）。国内价值链是国内产业沿价值增值途径形成的链条，包括国内的地方价值链、行业价值链等形式。其中，行业价值链分析是指企业应从行业角度，从战略的高度看待自己与供应商和经销商的关系，寻求利用行业价值链来集成优化进而降低成本、提高效率的方法。[②] 国内价值链视角的观察还有区域价值链等范畴，都可以将物流链、供应链、供应链集成等形成的境内产业内集成、产业间集成、产业集聚、产业集群等的网链结构，一起纳入产业链的国内价值链（DVC）范畴。

---

① 应剑华、王培欣、王晓波：《行业价值链管理战略的应用》，《会计之友》（下旬刊）2007年第7期。

② 王建府：《我国零售业寡头市场结构雏型的博弈分析与实证研究》，博士学位论文，西南财经大学，2012年。

（二）鲇鱼效应与网络化经营

引入发达国家领先的第三方企业①参与境内物流市场竞争，像向鱼池里丢进了鲇鱼一样，整个物流市场被搅动起来了，国内物流市场打破了以往的平静，国有物流企业为生存与发展一下子也活跃起来了。

（1）引入境外第三方物流为境内物流企业做示范经营。树立集成体战略规划与市场经营意识，打破了往日画地为牢的行政区经营的场线边界，构建了全国性跨区物流网络化经营模式，通过市场机制再次梳理了竞争协作实现式。

（2）在竞争中物流业形成专业化、信息化、网络化和集成化发展趋势。物流业服务质量、运营成本管理达到了新水平。通过路网、载运工具、物流业组织创新、产业联动升级发展机制，体现了市场经济中产业发展规律。

（3）关注物流业服务集成创新，与客户企业结成相对稳定的业务关系。考察物流业与制造业等协调运作、资源整合、系统管理以及治理制度整合优化，提炼其产业联动发展中的集成创新、产业升级规律，可挖掘信息技术集成和集成管理的本质特征，可实现供应商管理库存（VMI）等产业联动模式。

（三）政策势能影响产业发展趋势

在国家政府的政策势能作用下，分割的计划体制走向市场体制，特别是"三个一起上"②政策使交通运输服务业市场得到了彻底放开，2004年后逐步形成了部级联席会议制度（丁俊发，2018），宏观上，政府政策势能在发挥作用；微观上，物流集成体和物流业务模式发生了革命性变化。

（1）集成体经历了分解、整合的否定之否定过程。在物流业创新及升级中发挥重要作用下，物流业内实现了技术创新、资源整合，物流模式及机制扩展到物流业与关联产业间的整合，部际联席会议制度发展到交通运输部大部制管理体制并形成稳定的治理关系。

（2）物流业参与的产业链创新及升级有两个主要发展方向：一是与制

---

① 经交通部、省政府特批引进的第一家外资控股物流企业"新科安达物流"在境内展开业务经营。这家公司网络化经营模式为后来许多国内物流企业做了示范，也培训了不少国内物流行业专家。

② 指改革开放初期实行的国有、集体和私人企业三个一起进入道路运输市场，展开平等的市场竞争。

造业、农业、商业等实现产业联动、产业融合发展机制；二是物流业端点碎片化、去中心化，在综合信息平台集成的基础上与人们消费的末端需求更紧密地结合在一起。识别产业链创新及产业升级机制关系、对预期产业创新动能及其在政府政策势能作用的发展方向，以及制定"一带一路"产业创新发展政策等方面具有重要的作用。

（3）国内价值链需走向国家价值链，方能在"一带一路"产能合作中大显身手。在改革开放引进境外资本时，形成了全球价值链境内分工的国内价值链，具体体现为"世界工厂"。构建国家价值链可以帮助东部地区利用中国广阔的腹地，通过供应链间竞争即网链之间的竞争与合作，摆脱国内价值链在全球价值链中的低端地位，实现产业升级；国家价值链在国内的延伸可以为区域经济的协调发展提供直接和间接的经济技术联系。

对境内而言，网链结构质量关系着国内价值链能否在全国资源、功能和系统优化中对接，能否在区域协调发展中完成国家价值链地位和功能的升级；对境外而言，国家价值链关系着产业升级水平，能否名正言顺地开发境外市场，发展新的任务。所以，国内价值链由集成体主导，要力争在国家政策势能作用下，将全国资源作为国家价值链来整合、优化和提升，在全球价值链分工中取得相应的地位。

二 基础设施改变了产业发展竞合关系

高速公路、交通枢纽等物流通道、物流枢纽等基础设施改变了物流产业发展的物质基础，由点、线基础设施形成了网络基础设施体系，以交通运输基础设施网络、物流信息网络支撑了大范围物流网络化发展。

（一）交通运输设施一体化、网络化

交通运输基础设施投资是一项战略投资，影响深远。道路交通建设向交通运输设施一体化角度发展，逐步形成了交通运输网络体系，特别是高速公路、高速铁路网体系，多式联运网体系。

（二）国家交通运输网络基础设施形成

国内物流业集成体主导物流链与产业链逐步形成两链对接、互动和融合。基于国家政策势能支持，支持国内产业链、国内价值链向国家价值链演变发展，国家价值链更容易进行网链绿色延伸，推动"一带一路"产能合作。

（三）经济区与物流通道联网运作

经济区进出必然有物流通道支持，形成区域产业经济发展特色。但是经济区与物流通道有一个相互作用影响和协同发展机制，物流通道如果不与经济发展很好地结合起来，物流主通道物通量对称平衡机制就很难发生作用。因此，要使交通运输网络与区域产业布局形成相互促进关系。

三　新技术革命带来产业生产能力巨大变化

从集成场理论可以将新技术革命概括为电子信息技术、综合信息平台等联接键发生革命性变化。大数据、云计算融入信息技术，使得物流高级化的重要技术支撑获得前所未有的发展，智能物流、智慧物流将形成产业联动的重大支撑。

（一）载运工具重型化、高速化、专用化

交通运输基础设施网络的发展促进了载运工具、多式联运组织方式、综合信息平台等的发展。重型载运工具在中国境内的发展，改变了境内载运工具缺重少轻、专用车辆缺乏的局面；近年来载运工具开始向低碳、清洁能源发展；载运工具、交通网络基础设施形成了相互促进的发展局面。

（二）监控管理技术电子化、数字化

物流业高级化的发展基础是电子信息技术与集成管理方法。一方面是信息技术本身在发展大数据、云计算等持续渗透；另一方面是第三方物流也一直在提升其IT能力，将其作为当前和潜在制造业物流服务提供商的关键因素。载运工具、交通基础设施等监控管理实现电子化、数据化发展，对物流业高级化发展提供重要的基础性支持。而物流业转型升级可对制造业形成产业联动支撑。物流业作为生产性服务业重要组成部分，在产业联动的网链构成中处于关键地位，是国内价值链走向国家价值链的基础，进而可以在全球价值链的系统整合中处于关键性地位。显然，拥有强大的研发能力并掌控整个物流链的价值链构成是生产性服务业促进产业转型升级的核心功能。

（三）基础设施网、运输网、信息网促进了交通运输业整体升级

物流网是建立在"三网一体"基础上的，交通基础设施网、运输网、信息网支持物流系统。其中，交通运输基础设施网络是物流网络升级的通

道基础。涉及的物流网络应与上述三网紧密协调一体。

四 国内价值链走向国家价值链的网链结构

国内价值链往往是企业主导的供应链或供应链集成，在政策势能的影响下，有可能形成国家价值链，这样参与全球价值链的有利地位更为突出。"三合一"就体现了这样的过程。

（一）集成场的产业网链集成创新体系

企业主导的供应链向产业链方向发展，以国内产业链的形式向国家产业链、国家价值链提升，进而以新的网链体系在"一带一路"沿线国家展开产能合作。本节结合区域的产业、资源特点，加入时间维度考虑价值链构建及产业的升级，将行业价值链、区域价值链（RVC）等纳入国内价值链（DVC）范畴，将国内价值链、国家价值链和全球价值链依次作为产业升级不同阶段的载体形态进行阐述和研究。[1] 2018年全球大型家用电器调查数据显示，海尔大型家用电器连续十年超过其他品牌[2]。日日顺是海尔集团旗下综合服务品牌，其中日日顺物流，大件物流领导品牌，是物联网场景物流生态平台，为品牌商和用户提供"仓、干、配、装、揽、鉴、修、访"全链路、全流程最佳服务体验[3]。海尔物流具有"1+3"[4]物流特征，日日顺在全国拥有90个物流配送中心，仓储面积在200万平方米以上，同时已建立7600多家县级专卖店，约26000个乡镇专卖店，19万个村级联络站，并在全国2800多个县建立了物流配送站和17000多家服务商网点[5]，形成了基核网络体系。通过物流链切入家电供应链，可以构建两业联动的国内价值链，并进一步通过品牌提升为国家价值链，进而走向全球价值链高端地位。此外，还能使欠发达地区在顺应当前全球合作分工的趋势下，在全球价值链中寻求合适的产业升级路

---

[1] 王海杰、宋姗姗：《基于马克思价值链理论的欠发达地区产业发展研究》，《当代经济研究》2014年第4期。

[2] 世界权威市场调查机构欧睿国际发布的2018年全球大型家用电器调查数据（见海尔集团网站，http://www.haier.net/cn/about_haier/ceo/introduction/）。

[3] 日日顺物流入选国家发展改革委和商务部联合组织的"国家智能化仓储物流示范基地"（2017年12月）。

[4] "1+3"是指"自营物流+第三方物流"服务模式。

[5] 参见《阿里巴巴集团投入港币28.22亿，入股海尔集团旗下海尔电器公司》，https://club.1688.com/threadview/36921404.html，2013年12月10日。

径（王海杰、吴颖，2014）。

（二）政策势能下集成体主导经济动能转换

我国物流业高级化发展一方面是物流业所依托的运输通道的提升和进步，例如，物流业高级化发展是以高速公路、高速铁路运输通道环境所支持的高速化，所带来的载运工具高速化、重型化，装卸作业机械化、自动化，调度监控电子化、全程化等方式逐步发展起来的；另一方面是以物流业所涉及的专业环境改变物流管理的进步所表现出来。由于物流业表现出来的服务业的特征，需要推动两业联动、产业联动，进而通过技术创新始终支持产业转型、产业升级。

（三）网链绩效得到境内外广泛认可

（1）品牌效应。对大多数消费者来说，对品牌的信任是影响他们决定在哪里购物的首要因素。就像海港、陆港、空港和高速路网带动物流业发展一样，高速铁路价值不仅得到全社会认可，而且得到国际认可，是"走出去"进行产能合作的一张名片。

（2）市场营销范围。市场决定产品销售范围和营销手段。

第二节 物流业创新及产业升级机理识别

物流高级化是物流产业升级的渐进过程，产业升级是物流高级化发展的一个阶段性标志。物流产业升级需要一系列产业创新的积淀，是一定阶段产业创新在服务、技术、组织、管理等方面综合发展的水平评价。

一 改革带来合成场元的变革升级

结合政治经济体制改革进程，一般可以将其划分为三个阶段进行认识。

（一）体制改革探索首先是集成体的变革

改革开放初期首先激发了企业乃至每一个经营者的活力。企业承包、车辆承包走向了集团化、网络化经营。这是物流业激活动力，能动发展产业的最重要动力源。从20世纪90年代开始，我国主要是在全球价值链中担负着加工组装等劳动密集型环节的生产任务，很快因为基础设施、市场空间和规模制造能力等方面的优势，成为"世界工厂"。但是，主要生产地区集中在东部沿海，这虽然促进了东部沿海地区经济迅速增长，但也造成了东西部经济的梯度差异。①

（二）模式融合创新体现了产业基础的发展

改革开放初期不仅激发了企业经营活力，也在交通运输环境改造方面进行了以竞合为基础的基础设施建设，并促进了关联产业创新升级。1984年开始的高速路网建设，使汽车以普通公路40—50千米/小时的时速，提升到了高速公路车辆运行时效120千米/小时的技术速度，为制造产业的产品（载运工具）创新开拓了发展空间；1997—2007年铁路6次大提速和后续的高速铁路产业创新，使铁路运输从1978年的40—80千米/小时的时速提升到当前的200—300千米/小时的技术速度，特别是跨境公路、铁路的连通和通关政策的变革，支持了境内与境外物流的对接。公路、铁路、航空和内河远洋运输在空港、陆港、海港和物流园区等物流基核的发展支持下，形成了联合运输、多式联运、集货、配送等一体化物流服务方式。

（三）网链绿色升级使国内产业链形成国家产业链

在电子信息技术与集成管理支持下的物流业高级化发展，把运输、仓储、配送等行业有机整合起来，所形成的物流业主动参与两业联动、产业联动、产业集群等活动对产业创新升级发展过程起到重要的产业联接键作用。总结物流业40年来的创新升级发展对沿"一带一路"支持网链绿色延伸研究具有重要的理论和实践意义。

与改革开放初期引进的境外第三方物流经营模式相比，我国物流企业已经历了物流服务模式创新、物流技术创新和同态网链理论创新的实践探索过程，将有能力为物流业参与产业链沿"一带一路"绿色延伸进行探路与指导。物流业高级化发展的微观企业动力关键是物流链主导企业，即物流集成体战略决策、实施能力和经济利益的机制结构，利益机制的需求是产生创新变革的需要；产业创新升级发展的物质资源基础在于基地及基础设施，即基核及场源结构设计和作用于社会物流资源、功能和过程产生的集成引力和集成优化过程；开发市场的源泉和渠道，在于信息技术和标准

---

① 张少军：《全球价值链与国内价值链——基于投入产出表的新方法》，《国际贸易问题》2009年第4期。

化物流设备的衔接，即联接键能够衔接多种性质及类型的产业创新和实现方式的连接需要，提升物流链一体化运行的整体效能和全程场线绩效。可见，物流链、供应链、供应链集成都充分体现了集成场的基本范畴，它们贯穿于改革开放以来的物流业升级全过程。基础设施建设、运输装备制造、电子通信产品等建设、制造和 IT 技术行业创新升级，都与物流业直接关联的物流基核、物流通道、载运工具、信息技术、集成服务、全程监控与管理密切相关，包括技术集成创新、资源整合创新、网链组织创新和集成管理创新，分别形成了以多类产业联动、产业创新活动为基础的产业升级轨迹。

二 物流业境内创新升级系统

（一）企业到产业的变化

物流业创新是物流业生产要素的重组而使其生产函数的产出发生变化。物流业创新的核心是技术创新，包括物流业一体化服务的观念创新，资源整合的运作创新和网链结构的实效创新。但改革开放给物流业创新提供了物流与供应链关系的更广阔的天地，供给创新、组织创新、管理创新、制度创新等都可纳入技术创新范畴。技术创新不仅研究技术革新所代表的渐进型和质变型创新，还研究由此必须进行的组织与管理及制度上的深刻变革。[①] 因此，物流业创新还应将技术创新内容拓展到观念创新、供给创新、组织创新、管理创新、制度创新和服务创新等内容。或者说将供给创新、组织创新、管理创新渗透到物流运作创新之中，将物流服务创新渗透到实效创新之中，形成综合活动和可持续发展。

（二）产业创新升级

用集成场视角考察物流业创新内容，其组织化的形式是物流链，服务的对象是供应链。可以构建物流业创新升级系统，其中物流链是集成体、基核、联接键等合成场元构成的网链结构，并通过场线综合反映物流链、供应链集成或产业链产出绩效。集成体与基核和联接键构成网链创新结构部分，创新升级结构反过来影响集成体及其网链结构发展。集成场视角的物流业创新升级系统参见图 5-1。

产业创新的投入产出环境涉及面很广。政府作为政策制定者，是政策

---

① 董千里：《道路运输产业与企业创新的思考》，《综合运输》1996 年第 12 期。

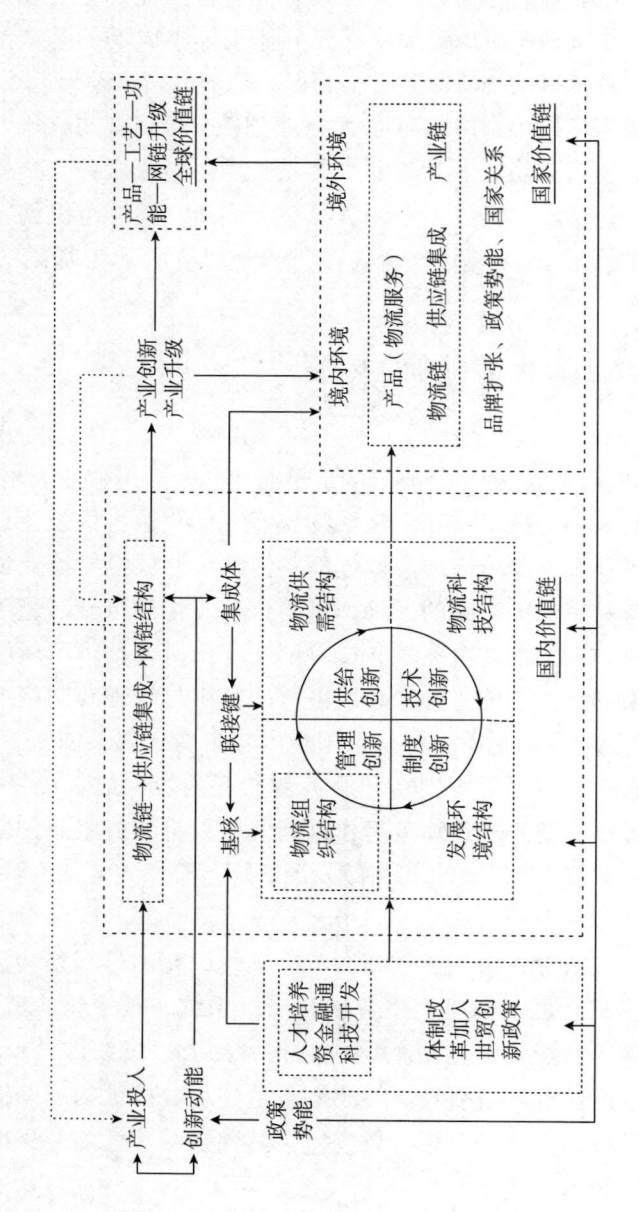

图 5-1 物流业创新升级的国内价值链、国家价值链与全球价值链关系

势能的营造者，对产业创新具有引导作用。重点是在国家政府的政策势能关注下引起的变化，物流业内整合机制扩展到物流业与关联产业间整合；集成体是同态网链结构的主导者，是创新规划的制定者和执行者，也是网链创新的内在动力源。

（三）在产业联动中追求高级化

跨国企业通过从事非实体性的现代服务业，如研发、设计、金融、物流和营销等活动，控制了发展中国家的具体生产、制造、加工过程。[①] 这些都被认为是高级生产要素，是多类行业企业参与的活动，所以产业联动是推动产业高级化的重要途径之一。

三　集成场视角的物流业升级轨迹

（一）物流业网链三维结构

改革开放 40 多年的物流创新融于转型升级的物流业高级化发展过程，产业升级要素，即集成场视角的合成场元及理论模式，在集成场的空间轨迹分布如图 5-2 所示。集成场的合成场元是一个相对性的概念，可用于表示产业集成创新升级系统构成，是值得专门拿出来分析讨论的一个概念范畴。

（二）升级路径绩效的网链特征

物流业创新升级的关键步骤可以用集成场基本范畴进行梳理，如图 5-2 所示。在集成体、基核和联接键三维坐标中，处在不同象限的产业创新、产业升级的合成场元，均可以用联接键进行衔接，在关键的合成场元之间，可以清晰地看到物流集成、产业联动、产业集群、产业创新、产业升级发展的空间逻辑过程，从集成场视角展示了物流产业创新升级轨迹的全景图，参见图 5-3。

在图 5-3 中可以看到三条创新轨迹合成的产业升级路线：

（1）集成体主导物流模式创新与发展：物流外包→物流链→（服务对象）供应链→（两业联动）供应链集成→（产业集群）产业链→全球价值链。

（2）基核及其场源提供资源、功能、过程的集成引力。高速公路网与

---

① 刘志彪、张杰：《从融入全球价值链到构建国家价值链：中国产业升级的战略思考》，《学术月刊》2009 年第 9 期。

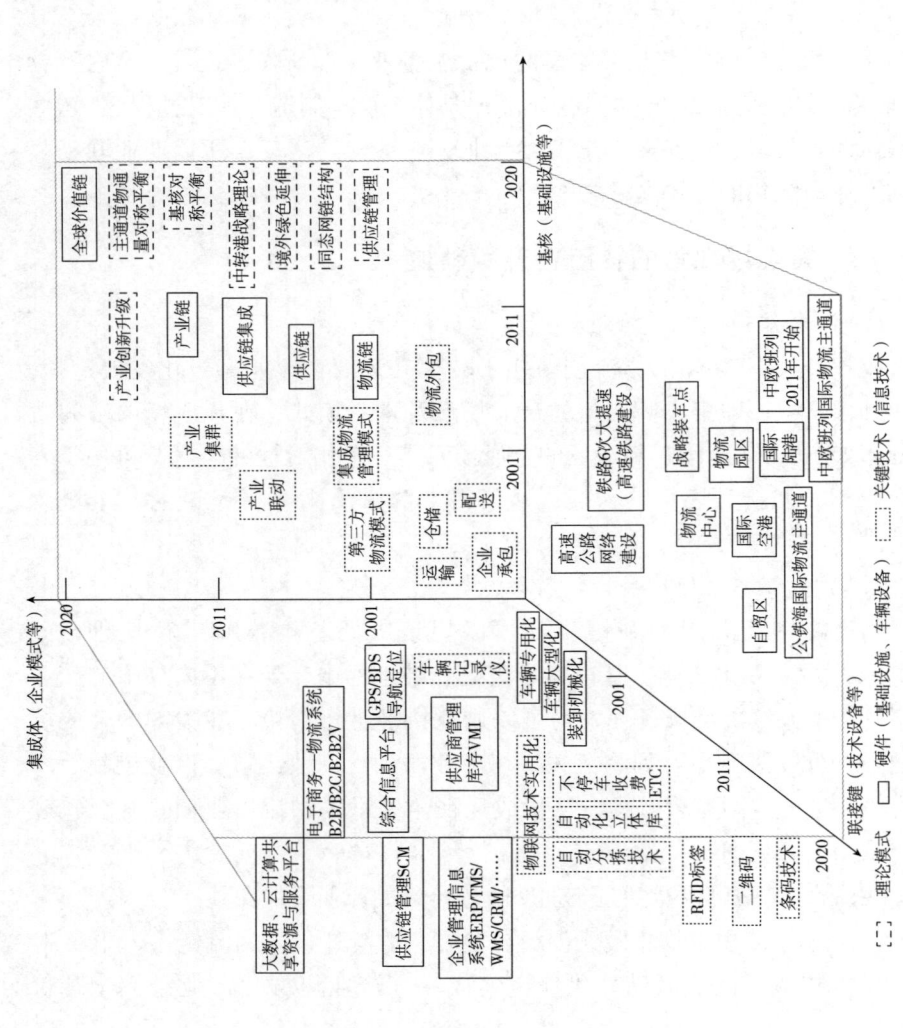

图 5-2　物流业创新升级关键步骤轨迹在集成场的分布

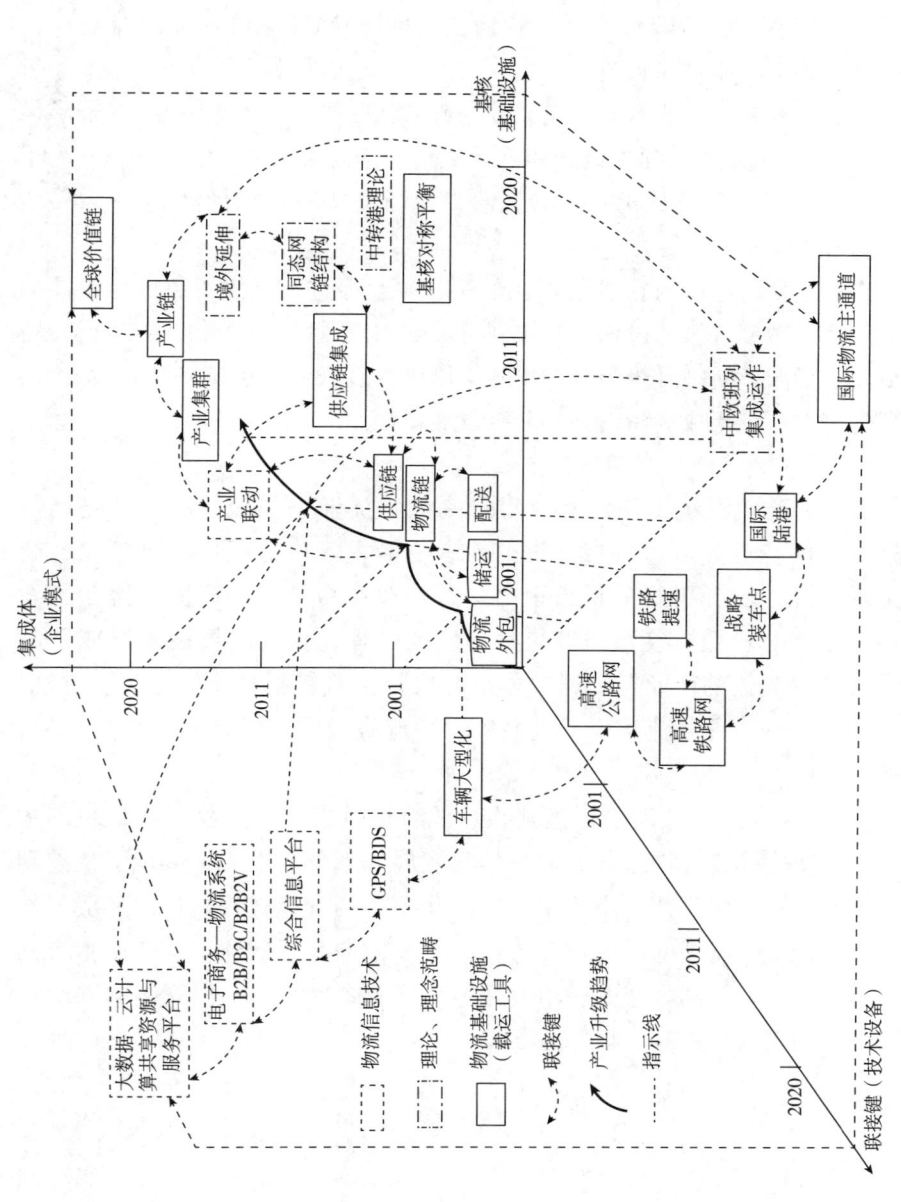

第五章 网链治理：产业联动与创新升级

图 5-3 物流业创新升级的关键步骤在集成场的轨迹分布

高速铁路网竞合创新发展，基础设施网络支持物流业内部系统及外部环境创新机制的实现作用：高速路网→高速铁路网→战略装车点→物流基核（国际陆港、空港、海港）→国际物流主通道→网链绿色延伸境外→"一带一路"倡议→全球价值链。

（3）联接键分类型设计支持产业基础设施创新、技术创新和市场需求供给侧创新：基础类联接键→高效能载运工具→车辆信息化（GPS/BDS）→车货信息平台（FRID/EPC）→综合信息平台→大数据、云计算综合平台→全球价值链。[①]

三条创新轨迹的内在机制相互作用、相互促进，形成了集成体主导的物流业网链转型升级的过程。其协同发展的物流业网链结构的主要特征是：集成体主导服务转型升级，基础设施支撑服务升级，联接键协同载运工具、运营过程和系统集成创新的网链升级发展途径。

（三）国内产业链到国家价值链

运输是物流系统占用成本比重最高的物流业务领域。高速公路网与高速铁路网竞合发展，各有侧重，前者更侧重于中短距离、高价值、高可达性过程；后者更侧重于长距离、大宗货物的跨区、跨境物流业务发展，成本相对较低。参照两者的竞合发展过程，从集成场视角形成了一个完整的物流业的产业升级逻辑体系。从分立的产业、分割的功能建设，到逐步实现一体化物流运作，进而支持物流集成发展的产业升级的过程，见图5-4。

图5-4表示了从运输通道建设、综合运输发展，到物流基核规划建设、物流功能和集成物流服务的一体化发展体系形成过程，体现了从港到港、站到站，到门到门、桌到桌、准时化服务的升级过程。目前形成了物流业参与产业链发展的两个演变方向：一个方向是集成化，从资源整合到业内整合、两业联动、产业联动；另一个方向是碎片化，向网络的末端需求发展，与规模化成一个相反的方向。

[①] 董千里：《深化"一带一路"产能合作的集成场认识》，《国家治理》2018年第40期。

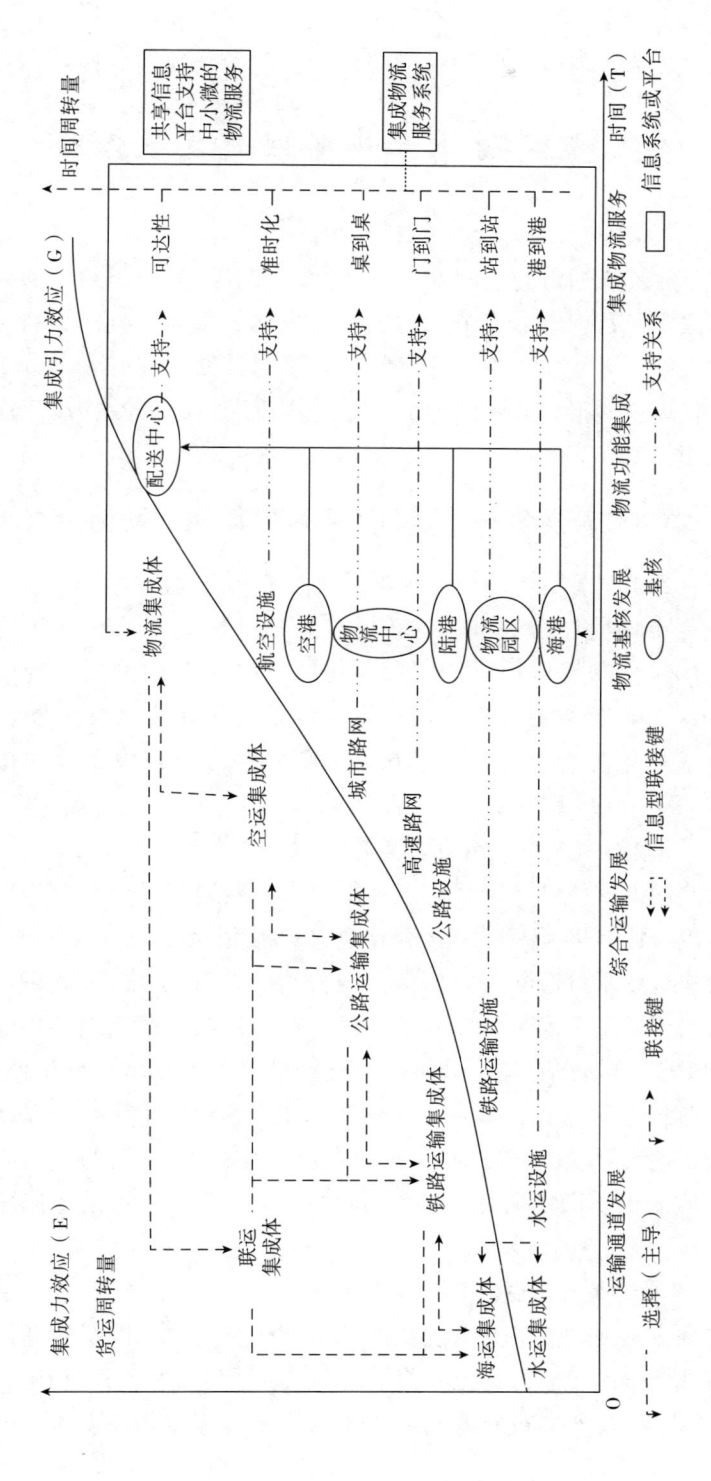

图 5-4 从分立、分割建设的运输体系到集成物流服务的产业升级过程

第三节 改革开放的网链发展体验

改革开放带来的市场机制变革,从计划经济完成任务到市场经济满足需求,形成了经营理念的变革,高速公路带来了载运工具的更新,从公路站场到物流中心等基核,高速铁路带来铁路与公路之间的合理分工,以及物流高级化理念使得物流网络形成,促进物流网链形成及物流产业转型升级(董千里,2018)。

一 体制改革探索:路网、车辆和物流业联动创新发展

1978—2001年,企业体制改革,增强企业活力,经历了经营资产、经营组织因市场生存压力进行的重大变革后,国企开始在开放的市场中寻找自己的定位和发展模式,国家利用特批方式引进少数外资第三方物流模式。这一时期主要是制度创新带来的活力和机制变化,管理创新带来的物流信息化发展要求,要求在资源型联接键的建设下,强化信息型联接键的开发和应用。

(一)高速路网支撑了载运工具升级

高速路网发展提升了对载运工具的要求,载运工具"缺重少轻"的局面得到改观。1984年第一条高速公路建成,之后形成了高速路网建设高潮,政府政策势能要求打通断头路衔接全国公路网,省域高速公路网实行联网收费监管,促进了不停车收费系统(ETC)的发展,使沉寂了多年的无线射频(RFID)技术在仓储、分拣、配送等诸多物流领域得到广泛的关注,使被动的信息管理变为主动的信息管理;社会物流需求和公路基础设施状态的改变,迫切要求改变自1949年以来货运车辆40多年的"一贯制"和缺重少轻的局面。旧的货运车辆结构被打破,新的一体化物流服务方式形成。

(二)"载运工具+信息化"支持领先物流

领先物流需要物流信息系统从静态管理转变为动态网络管理。1995年第一家境外控股的第三方物流经营模式引入,其区域物流配送中心/配送中心(RDC/DC)在全国布局的网络化经营模式,使得物流基地、物流信息

系统联网运作与管理得到有效推广。不同物流企业根据自己的资产分布、信息技术和业务运营能力，形成了相应的物流信息系统。例如，中远物流的5156网站形成了很好的研发、运行、维护和管理体制，能够面向供应链管理建立第三方物流，满足专业化、信息化、网络化和集成化需要，新的创新技术在新的信息化支撑下，能持续地进行日常维护、技术升级、版本升级。引进境外第三方物流，促使很多大中物流企业都开始将建立物流信息网络系统作为企业诸多发展目标中的一项选择，这为与自己客户建立稳定的关系奠定了良好的基础。而很多中小物流企业（含个体户）基本上只是发生了用电子屏幕替代小黑板的简单变化，而且在市场主体上是分散经营的，客户关系是临时的、不稳定的，货源与车源的车货关系没有得到根本性改变。

（三）"产业+市场"支持网链转型升级

产业发展提出物流服务高标准需求，信息技术支持物流全过程监控，集成创新针对物流高级化管理。经济体制改革增强了物流企业活力，高速公路建设、车辆制造形成了物流高速化支持条件，使得物流空间的可达性增强，并可以用时间来表达距离。可达性成为评价物流网络效率的一个重要指标。企业与企业间的竞争已经逐步转化成核心企业作为集成体主导的供应链之间的竞争，在企业层面的竞争已经转向了由集成体主导的供应链层面的竞争。40多年来改革开放所带来物流业创新升级的效果是惊人的。

二　模式融合创新：战略、网络及物流信息化发展

2002—2012年是以中国加入世界贸易组织（WTO）为标志，从业内恐惧"狼来了"到能"与狼共舞"。虽然，有一些民营物流企业将初步形成的业务网络卖给外资控股物流企业，"中"字头物流企业却在谋求全球布局，将客户需求通过业务创新、模式创新和信息技术创新进行支持并得以实现。

（一）政策势能作用

2009年国务院印发《物流业调整和振兴规划》，要求物流企业与制造、商贸企业互动发展，促进供应链各环节的有机结合，将制造业与物流业联动发展作为九项重点工程之一。2010年，全国现代物流工作部际联席会议办公室印发了《关于促进制造业与物流业联动发展的意见》，提出了联动发

展的原则与重点。① 由于总体上制造业在人才技术、信息系统等方面的能力略高于物流企业，在两业联动过程中充分汲取领先物流战略精髓的第三方物流经营模式积极参与市场竞争，当然也使得第三方物流的竞争优势、物流信息化地位和重要性，不仅从理论到实践上得以重视，而且在技术上能够得到相应信息技术支持。产学研合作机制对物流节点的物流业务网络构建、物流信息系统构建，以及物流专业化、信息化、网络化和集成化经营系统设计与实现发挥了重要的作用，国家社会科学基金对两业联动发展形成中国物流与关联产业联动发展模式及特色发挥也给予了重要支持。

（二）信息系统

电子信息技术是支撑物流高级化发展的重要基础技术，开始实施管理信息系统开发，主要面对的是企业、部门用户。综合信息系统从企业到整个市场对物流过程进行全方位、全过程监管。对运行车辆监控使用全球定位系统（GPS），使用的设备形状由大变小、成本由高到低，而精准性、效率性却不断提高，可以提供面向全社会的集成物流服务和一些专项物流服务，如为解决冷链物流跟踪的难题，可以赋予第三方对物流全过程记录监控的职能，从分段监控到全程监控逐步实现。例如，宝供物流信息系统五年迈了五大步，有效地支持了物流信息化、网络化和集成化运作过程。利用物流业务网络节点布局和专业化、信息化、网络化、集成化经营向一体化发展的方向转变，开始以物流链切入制造业供应链等多种途径探索产业发展。例如，陕西通汇物流用物流信息系统切入陕西重型卡车入厂物流和制造物流过程，形成了集成场两业联动模式很好的协同运作示范。显然，综合物流信息系统是大中物流企业进行物流网络化的必要系统，主要支持物流链、供应链、供应链集成管理和协同治理过程。

（三）信息平台

利用区域物流信息平台发挥整合社会物流资源作用。综合信息系统解决了大中企业与客户之间的稳定关系，在整合社会资源方面需要发挥综合物流信息平台作用。综合物流信息平台要着重从区域物流信息平台角度，分析研究工商企业、第三方物流企业和政府主管部门等不同主体，对区域

---

① 覃仁智、张红星：《"两业联动"促进物流业和制造业共同发展》，《宏观经济管理》2011年第8期。

物流信息的需求及社会物流资源的整合要求，探讨第三方物流提供商利用区域物流信息平台的功能及其运行机制进行物流资源整合的方式。[①] 作为面向社会服务的综合物流信息平台，在以后的建设发展中，如何将企业运作的资源与综合信息平台更好地结合起来，引起了学者和政府主管部门的高度重视。

（四）性质与状态发生根本性改变

电子信息技术基础的变革，使我们原来面对企业部门的信息系统转变为面对每一具体司机、用户，从静态到动态新信息系统发展的信息平台。从静态的物流信息系统到动态的物流信息系统，更能够支持物流实时化运作，支持与相关的产业、行业结合起来甚至融合起来，形成新的创新业态。物流机械化更多地从效率来考虑，通过采用先进技术、工具和设备，很多分拣系统效率得到大幅度提高，人力成本已不是考虑的重要指标。

三 网链绿色升级：联动、融合及国际物流延伸

（一）网链升级的必要性

2013年至今，以党的十八大深化改革和落实习主席"一带一路"倡议为标志，在信息技术持续更新升级和"一带一路"国际产能合作引导下，国内两业联动、产业融合形成的物流链、供应链、供应链集成，与关联产业联动、融为一体，形成了一个完整的产业创新升级发展过程。物流业升级是与物流网链升级结合在一起，制造业升级也与供应链集成网链结合在一起的，供应链集成的网链可持续发展方向是节能减排、绿色延伸，两业联动发展中出现过多个产业联动绩效，出现过联动发展效果失效、制造业滑坡的典型案例。例如，"齐洛瓦"迷失、飞鹰坠落（新飞电器被拍卖）等。随着物联网技术实用化，在大数据、云存储、云计算技术支撑下，大数据已应用于支持物流配送中心选址、库存和配送战略，当前一部分物流及电商业务和基本设备还在继续向电子化、大数据化和智能化发展，智慧物流也开始进入物流与电商融合实践方面的探讨。

物流技术创新从省力化、快捷化、自动化到智能化物流发展，在微观领域劳动效率发挥了资源集成的场源和联接键作用。智能机器人成为处理

---

① 董千里：《改革开放40年我国物流业高级化发展理论与实践》，《中国流通经济》2018年第8期。

单调重复、高负载环境的低端技术作业的劳动替代工具，在企业生产中成为功能集成的联接键。业务数据化便于用大数据、云计算技术进行繁重的业务数据处理，成为空间决策的重要因素。2016年9月交通运输部发布的《关于推进改革试点加快无车承运物流创新发展的意见》，充分发挥了集成体资源整合、集成优化的作用。

（二）产业联动的共享升级利益

物流链深入不同行业的供应链系统进行主动对接，形成两业联动的两链对接融合发展。有的形成了新的商贸物流一体化方式，例如，从果品物流到果业供应链管理，形成了种子、肥料、种植、收购、销售一体化的供应链集成服务过程。在这一过程中物流链仓储、配送纳入了供应链采购、销售体系，形成了全面供应链，附加金融功能的物流链与果品供应链融合。同样，电商与物流深度融合形成一体化供应链物流体系。从图5-5可以看出，随着我国电子商务销售额的增长，我国物流业信息化水平（包括期末使用计算机数、每百人使用计算机数、企业拥有网站数等）有一定程度的增长。

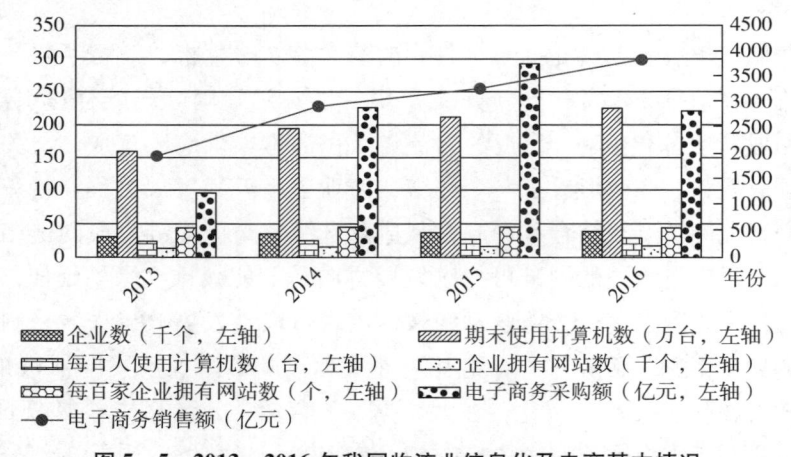

图5-5 2013—2016年我国物流业信息化及电商基本情况

注：图中的企业主要指交通运输、仓储和邮政业。
资料来源：《中国统计年鉴》（2012—2017年）。

四 物流业创新及升级机理

（一）业内创新升级机理

从物流业创新升级轨迹（见图5-3）可以看到体制改革所引起的制度变革、基础设施建设、物流模式创新、两业联动、供应链集成等最终形成的网链结构变革所代表的产业联动、产业升级过程。从改革开放以来的中国物流业从激活动力到产业升级的发展路径，不仅可以看到产业基础设备、信息技术和物流模式的变迁发展过程，还可以提炼出相应理论与实践轨迹过程，有利于我们获得落实"一带一路"倡议的启示，运用和验证集成场机制，挖掘集成体基于基核与联接键的信息技术升级，为物流集成、两业联动、产业联动中的物流集成服务提供网链可绿色延伸持续发展的创新升级动力，从而完善"一带一路"产能合作倡议。

（二）业间创新升级机理

两业联动的两链对接、产业联动的供应链集成，以及多条供应链形成的产业链，都可以看成是国内价值链。剖析国外产业进入国内，也同样如此。提升网链的核心竞争力取决于网链本身合成场元内部关系结构及其运行的价值活动，网链内部关系与场线绩效价值环节联系，网链外部环境对场线绩效价值环节影响。集成体主导网链在关键价值活动的基础上建立和强化这种竞争优势，反映了网链内部关系结构本身具有的竞争力；网链产品或服务的品牌、生产效率与成本因素，反映了内部关系结构体现的核心竞争力；网链的销售渠道，反映了外部环境影响网链体现的核心竞争力。这些分别反映了在境内与境外集成体主导网链内部关系结构所体现的核心竞争能力。在表5-1中可以看到国内价值链、国家价值链到全球价值链的构成与升级路径。在全球价值链角度的时间维度，可以看作是导入期、成长期和成熟期。

（1）体现集成体主导国内价值链到主导国家价值链的竞争力提升。集成体主导的网链要从国内价值链体现国家价值链，在微观经济动能方面，一个重要方面就是要拥有集成力，形成核心竞争力。特别是在基核、联接键建设方面走自主创新之路，这是集成场全球价值链带给中国参与"一带一路"的深刻体会。海尔集团主导"国家价值链"的关键一步就是提出"吃休克鱼"国内兼并创新理论①，海尔集团利用这个理论兼并了国内数十家企业，通过在国内兼并组合国内资源，增强自身实力，不断促进企业进行技术创新，又扩大了在国内的市场份额，通过立足于国内市场，为自身实现国际产能合作打下坚实基础（任相久等，2015）。

---

① 休克鱼是指基础设施良好，但是管理水平跟不上的企业，如果能够将新的管理思想注入这种企业，那么这种企业又能活起来。

表 5-1　国内产业链通过国家产业链实现全球产业分工和价值地位提升

	国内价值链	国家价值链	全球价值链	境内整合到境外分工
地理范围	一国境内地区	一国及关联国家区域	多国	网链境内到境外的延伸
网链类型	境内物流链、供应链、供应链集成	多条供应链集成、产业集群为基础、产业链	境外产业园区、跨国产业链	境内绿色延伸、与境外产业链、产业园区相联系
所需资源供给	当地资源为主	全国资源为主	国际资源为主	把握全过程战略资源与技术
核心竞争力来源	区内要素资源整合	国家资源要素整合	国际资源要素整合	关键环节上获得重要的核心竞争力
集成创新能力来源	区内创新体系	国内创新体系	国际创新体系	与境内外产业技术水平分布相适应
品牌构建范围	区内品牌	国内品牌	全球品牌	品牌、营销、市场、产品开发和企业间关系的协调
销售渠道控制范围	区内控制渠道	国内控制渠道	国际控制渠道	全球销售渠道的控制
市场特征	区内市场为主	国内市场为主	国际市场为主	国际市场了解把握
产业循环发展机制	区内循环发展机制	国内循环发展机制	国际循环发展机制	产业发展规律的把握

资料来源：根据王海杰、吴颖（2014），苏湘云、何伟静（2010）等文献资料整理。

（2）强化基核的集成创新能力建设。在加强科研基核场源规划建设的同时，关注基地和科研设施的联合共建，建设重大科学工程，促进科学研究的手段创新。

（3）强化联接键的集成创新能力建设。在加快现代信息技术建设联接键的支撑作用下，实现产学研科研条件资源共享，营造健康稳定的科研环境，完善和发展以产学研为代表的创新模式，完善知识产权保护。

（4）当前，我国仍处于融入全球化价值链布局的探索阶段，我国制造业依然属于来料加工型的"世界工厂"，集中在全球价值链上游的末端，主要采用 OEM 方式参与全球价值链，所参与的加工组装环节竞争优势较弱，依然处于被支配地位。在宏观政策势能方面，政府应大力突出加强科研条件建设的政策制定,包括大型科研设施及装备、科技文献及科技基础数据、科技规范和标准等各种硬件及软件等方面的政策,提升境内网链竞争实力。

第四节 改革开放的物流业创新及产业升级机制

一 制度创新促进物流业跨界创新机制形成

(一)业内集成创新

业内集成是针对产业内资源优化进行的要素整合或系统升级过程。市场化改革促进了经营模式,特别是经营动力变革。中国自1978年开始的改革开放,先是企业面临深刻的变革,大而全、小而全,企业吃国家"大锅饭"、个人吃企业"大锅饭"的机制打破;具有新生活力的个体户,加入了国有、集体和个人(业户)三个一起上的市场竞争结构。从面对国家计划的企业到面对市场竞争的企业,在寻找发展市场变革中的方向,也在形成其发展的机制;将原来的交通运输业、仓储配送业、邮政业等逐步整合形成了物流业。集成是物流业形成与发展的本质特征。

(二)业间集成创新

业间集成是指两个产业之间资源优化进行相互适应的要素整合或系统升级过程。国务院发布的《中国物流业中长期发展规划(2014—2020年)》把物流业定位为基础性、战略性产业。从部际联席会议制度到建立交通运输部,形成稳定的大部制管理体制。从集成场范畴考察物流业专业化基础上组织起来的网链结构是物流链,其微观合成场元由集成体、基核和联接键构成;参与两业联动、产业链延伸以及全球价值链竞争也都是以网链形式介入的物流业创新升级。

(三)境内走向境外

两业联动是物流业升级基础上的再组织方式,从业内集成走向业间集成、从境内网链走向境外网链,是地方产业链走向国家产业链,进而在全球价值链增值分享价值中发挥作用。诸多的网链运行推动了产业转型升级。

由图5-6可知,中国物流业发展过程可用矢量图的形式来反映。物流业网链及其与相关产业联动运行会形成螺旋式发展过程,其矢量叠加合成所体现的是物流业高级化发展的方向。物流业组织化形成的物流链,所呈

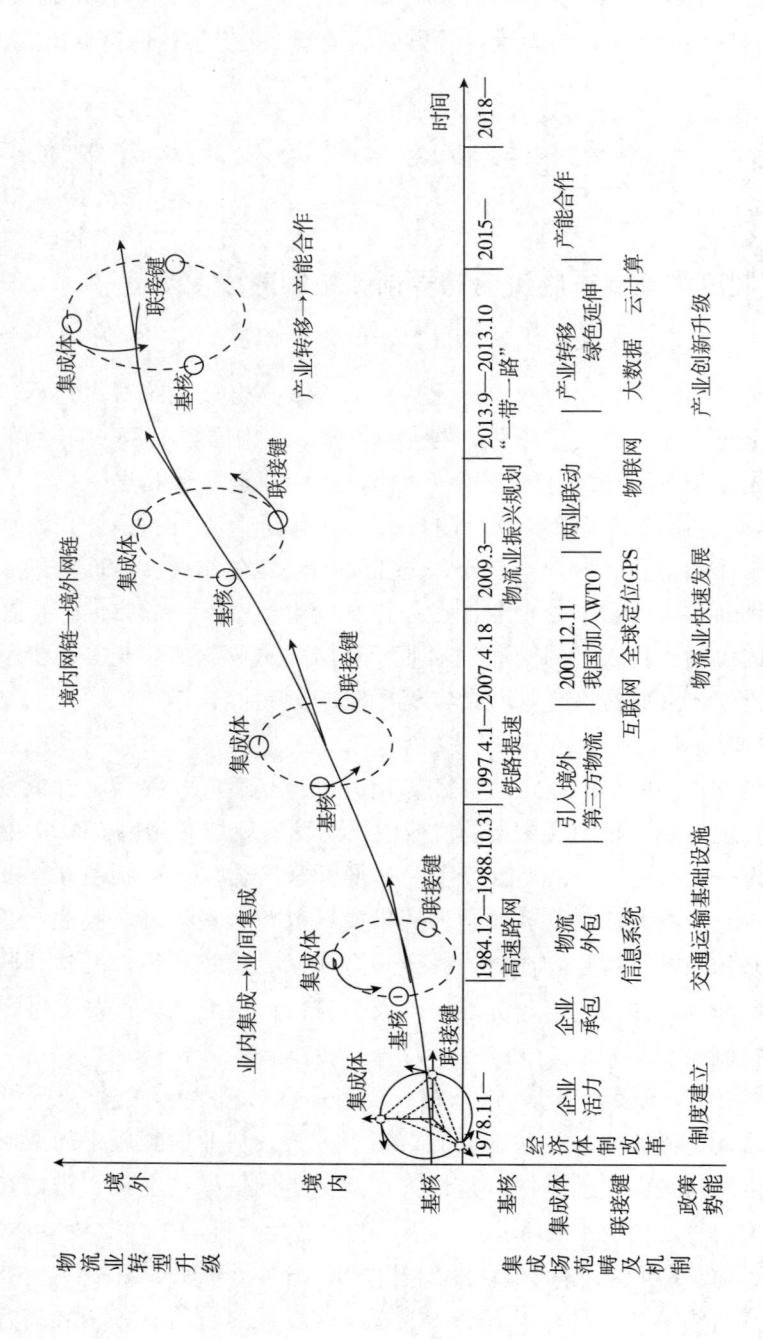

图 5-6 中国物流业集成创新发展趋势

现的是集成体主导物流链自运行螺旋式发展过程，其高级化发展方向可用右手系决定（也可简单地用右手准则表示，即以四指指向确定运行方向，以拇指指向物流业高级化方向）。在物流业与其产业联动所涉及的多种类型的产业链如制造供应链中，其联动运行的螺旋式发展过程呈现为两业发展矢量叠加合成，体现了两业联动、产业联动中集成体协同集成优化，其两种矢量叠加合成体现的是产业转型升级发展方向及其绩效。显然，当网链因某种原因中断，会导致其网链自运行减缓、停滞，甚至呈现完全相反方向的发展循环，这就是用矢量图说明两业联动、产业联动所形成的两链对接、适应、共享及融合等波浪式前进、螺旋式发展的含义。

集成体主导产业网链，具体是指主导物流链、供应链、供应链集成优化乃至产业链及其转型升级。集成体主导网链从业内集成走向业间集成，存在着业内、业间以及国内、国际企业的竞合关系，体现了从地方产业链到国家价值链的转型升级战略、途径选择，进而从国家产业链通过网链绿色延伸走向"一带一路"产能合作，因此集成创新的网链结构能够支撑产业链从境内走向境外产能合作。

二 网链自运行与网链群运行机制

把集成场同态网链理论纳入网链自运行和网链群运行机制，网链间竞争可以纳入全球市场竞争，甚至是网链竞争背后的大国博弈领域。

（1）网链自运行机制：集成体主导网链运行，网链具有集成创新机制，集成体主导网链结构、运行和功能。诸如，对基核设计的认识、联接键设计的认识。不同集成体主导网链运行方向及趋势叠加形成了关联产业发展方向、轨迹和趋势。当然，与产业趋势相同，能够集聚资源的网链可以构成产业链发展方向、轨迹和趋势。

（2）网链群运行机制：多个集成体主导多个网链在集成场自运行，在集成体主导的各自网链群之间存在导入、链接和嵌入等行为，所形成新的网链是两链或多链条的网链群运行机制。以网链群协调运行协同机制为主线，可以以体现集成体主导网链所体现的两业联动、产业联动，以及产业协同转型升级过程。诸如，地方产业链走向全国产业链，国家价值链向全球价值链发展。

（3）网联间竞争机制：在网链自运行、网链群运行机制过程中，也会受其他网链运行主动或非主动、自愿或非自愿的相互碰撞、冲突等竞争影响,这些源于市场的竞争往往是难以避免的。在网链之间竞争之中有时会涉及国家利益,市场竞争中会以国际准则为依据展开经济性竞争,有时可能会出现国家政府法规、政策介入等政治性冲突,甚至是军事碰撞。网链受自然环境影响或网链间恶性冲突,其结果都可能导致网链突发事件或网链间突发事件发生,如地震、火灾等造成供应链原(料)件的中断。特别严重的网链间碰撞构成的网链突发事件,有时还带有政治色彩,如特朗普政府以国家之力量针对中兴、华为等网链导致供应中断行为。

网链突发事件集成应对的研究内容,在《研究报告》[①] 第11章有专门阐述。

三 集成体在物流业创新升级中的主导性

(一)集成体体现了境内或国家品牌力量

集成体的关系导向能力、网络构建能力和关系管理能力,企业管理信息系统能够提供网络管理所需信息系统支持,提高了管理水平。物流业务运作、物流业内整合、物流业管理体制整合都体现了信息技术集成和集成管理的本质特征,创业绩效体现在生存与发展、创新与产业升级发展方面。物流业务模式创新在价值提升上明显,可扩展性强,但一般容易被模仿。微观物流基核之间虽然有不同的场源结构,形成集成引力的差异,体现竞争关系,但还应有标准一致、连接紧密的联接键,体现相互间合作能力。集成体主导物流链创新升级的逻辑过程见图 5-7。

创新投入涉及整个物流链,创新过程由集成体主导基核和联接键创新,创新绩效可通过两业联动的供应链集成或最终客户体现出来。产业创新升级在集成体形成、成长和跃迁发展过程中是一种重要的形式,改革开放初期对物流模式引进学习就是对组织架构、运营模式流程和价值进行创新,集成体在创新创业网络能力中的作用至关重要。产业升级的高级阶段是知识和技术集约化,经济的增长量是由技术进步、资金投入和劳动投入量的增加带来的。经过平减指数处理的第三产业中的交通运输、仓储及邮电业

[①] 《基于集成场全球价值链视角的"一带一路"产能合作研究》研究报告,简称为《研究报告》。——作者注

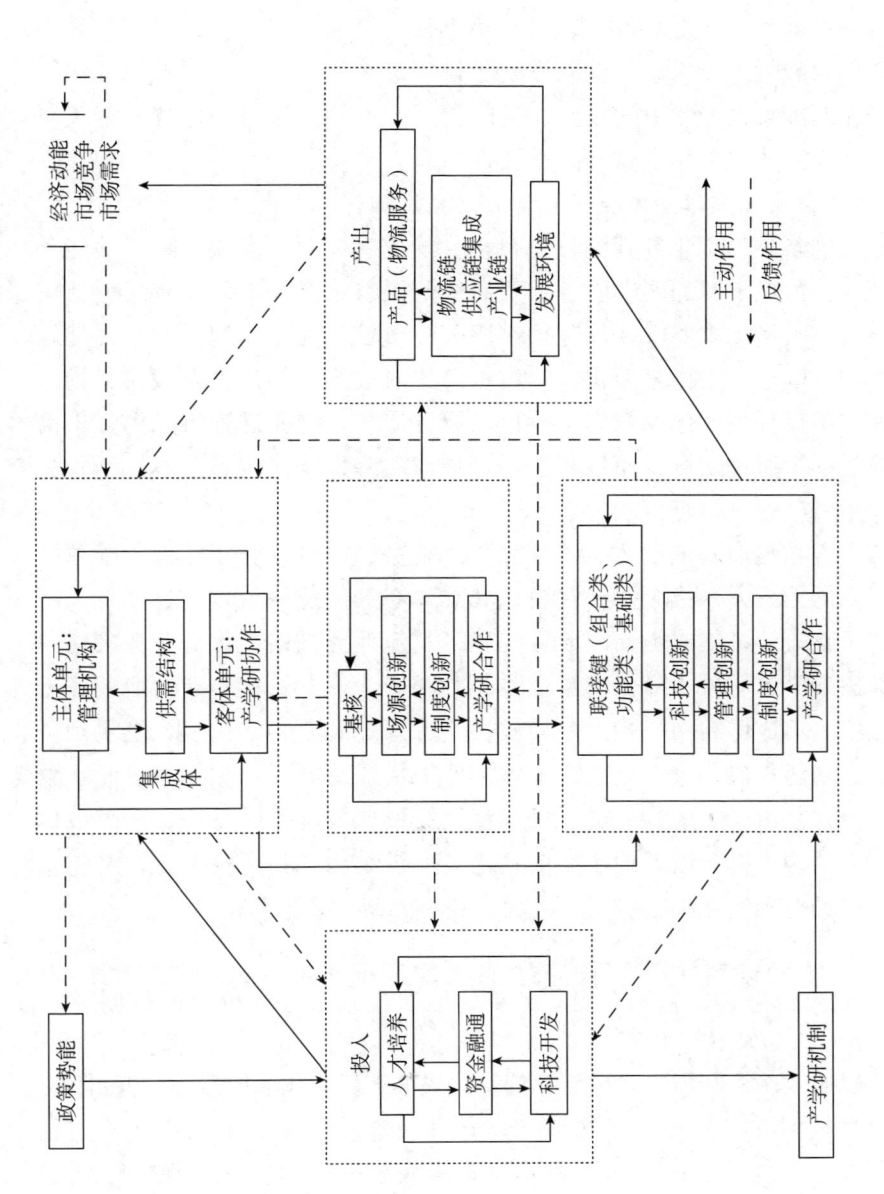

第五章 网链治理：产业联动与创新升级

图 5-7 集成体主导物流链创新升级的逻辑过程

的增加值、固定资产投资、职工人数分别表示物流产业的 Y、K、L。[①] 通过上面的测算方程可得到：2003—2016 年，物流业技术进步、资本投入和劳动投入贡献率分别是 81.91%、17.15% 和 0.95%。可见，技术进步是物流高级化发展的重要因素，基础设施建设的资金投入次之，随着智能化物流创新在继续减少劳动力的投入，我国物流产业将是依靠先进技术集成应用推广为主来实现创新和高级化发展的。

（二）服务创新融于物流链与供应链过程机制

服务创新是物流业创新的最终目标，集成物流服务需要资源、功能和过程集成，组织资源的网链服务于更高级的网链结构，是形成持续创新需求的源泉。市场需求要求一体化物流服务，市场化的物流需求改变了计划经济体制下的单一工作量要求。物流资源集成提高了物流作业效率，物流功能集成不仅提高了作业效率还能提高服务质量，物流过程集成不仅提高了作业效率、服务质量，而且还能通过规模化降低物流服务成本。这种集成的技术基础就是信息技术。

第三方物流模式的引入，不仅创新了业务，而且刷新了绩效。改革开放中引入的第三方物流企业经营模式和总体布局的统一管理信息系统，不仅构成了物流业务集成创新，而且构建了物流业务网络，物流业务网络是物流业提升服务质量、降低物流成本的重要商业模式。在构建物流业务网络过程中，集成体的网络能力是异质性资源开发和获得的关键，是实现资源集成、功能集成、过程集成的基础，可用基核的场源承载能力表示。物流业务模式是市场需求构建的，是物流网链形成的主要驱动力，是集成体主导网链结构、提升绩效的主要驱动力。网链结构包括了集成体，又包括了基核的场源如网络的吸引能力、联接键的市场衔接能力等。

四 技术创新提升了物流效率完善升级基准

（一）技术创新的力量

微观的效率机制需要机械化、信息化提升智能化作业机制。信息技术、物流信息技术支撑并促进了物流分拣作业自动化，提高了物流效率；物流信息技术加强并支撑了对物品信息的采集、跟踪与控制，保障了物流服务质量；物流信息技术支撑了物流网络化经营条件，提高了规模效应

[①] 张诚、廖韵如：《科技进步对我国物流产业发展的影响》，《企业经济》2009 年第 12 期。

和范围效应，有利于物流业服务品质升级。物流业创新往往是创业的促进作用力量，主要表现在以下几个方面：（1）促进了物流分拣作业自动化；（2）加强了对物品信息的采集、跟踪与控制；（3）信息技术所涉及的领域也越来越多，物品的种类、数量增多，从而通过 RFID/EPC 技术实现快速地采集信息，条码、视觉识别、射频识别等技术的推广与应用都能促进快速、准确地读取动态货物或载体的信息并进行多次利用，可以明显地提高物流效率；（4）信息技术也对物品运输过程的跟踪与控制起到了很大的作用，利用信息技术（例如 GPS/BDS 导航跟踪系统等）实行重要质量参数全过程监管控制，使货主与车主都能及时了解物品及车辆的质量、位置与运行状态，从而保证整个物流过程的顺利完成，以第三方监控方式确保提高服务质量；（5）加快了物流增值服务的产生，提高竞争力。[①]

物流业的竞争趋于全球化，越来越多的国外物流企业进入中国，对中国的物流产业的发展造成了不小的压力。要提高我国物流竞争力，就需要利用更加完善的增值服务来吸引顾客。而如今大部分的增值服务如库存管理、物流成本管理、物流方案设计等，都是以信息技术为基础的。因此，物流信息技术的发展加快了高层次的物流增值服务的产生，从而提高我国物流产业的竞争力。

（二）政策势能的作用

改革开放 40 年对物流业创新过程的机制形成是从经济体制改革大环境开始，大致经历了经济体制主导的制度创新、经营组织变革主导的管理创新、物流业务集成主导的供给创新、信息技术革命主导的物流科技创新等交织互动作用过程。物流业作为国民经济战略性、基础性的产业，在产业之间发挥具有连接性、渗透性等特征，基于物流链切入供应链，形成供应链集成及相应的产业链创新机制。在互动发展过程中，双方均从与对方的合作中受益，在合作中得到产业升级。信息技术水平是产业升级的重要指标之一，基于 IT 技术的动态信息系统和综合物流信息平台，在逐步缩小物流业与客户之间的 IT 供需差异程度（见图 5-7）。

从图 5-8 可以看到产业联动是促进产业在合作过程中双方的信息化要求和能力差距在缩小并形成的稳定关系，产业联动是双方或多方走向高级

---

① 张诚、廖韵如：《科技进步对我国物流产业发展的影响》，《企业经济》2009 年第 12 期。

化的一条路径。

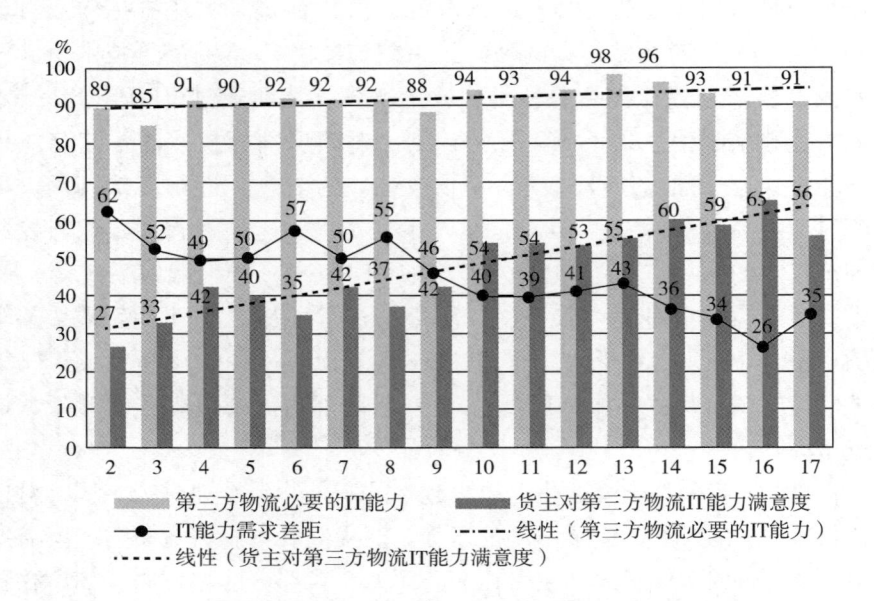

图 5-8　两业联动中的供需双方 IT 满意差异变化趋势

资料来源：2020 Third-Party Logistics Study。

第五节　本章小结

改革开放以来，我国物流业创新及产业升级不仅对物流业本身升级具有促进作用，而且对国民经济相关发展有互动机制作用。将对物流业创新与产业升级关系、机制的认识观点及启示总结如下。

一　主要结论

（1）制度创新拓展了我国物流业创新升级发展的空间。除了一般产业链创新升级表现，还突出表现了集成优化特征：一是在专业化、集成化的基础上再集成机制；二是在物流系统碎片化基础上的集成和再集成机制。前者更多地体现为物流链、供应链升级中对企业及其间关系的服务原理和实现方式，后者更多地体现为对终端市场及用户的末端服务和实现方式。

（2）物流业创新升级动因是需求促动及集成优化实现方式。集成场视角的合成场元是个相对范畴，可表现为产品、流程、功能和链条，分别具有创新升级要求。产品（服务）升级具有物流服务时效、品质质量、过程跟踪等明显的产品升级特点，从以天到以小时为单位时间转变；流程（工艺）升级具有 RFID/EPC、GPS/BDS 全球定位系统、自动分拣系统等技术支撑；工艺升级支持了产品服务链中的功能升级，包括资源集成、功能集成、过程集成，使得物流链、供应链相关环节能力提升。除了对物流集成优化的支持外，还能对供应链末端的碎片化业务提供平台集成优化支持，链条升级包括了电商与物流融合、物流链切入供应链，形成两业联动的物流链与供应链集成运作。

（3）集成体主导物流业创新升级过程，集成创新是物流业创新升级的基础和核心方法。物流创新包括服务创新：质量、效率、成本指标的改善；技术创新及新技术应用；联动创新实现了产业协同创新；融合创新实现产业融合创新。其中，联动、融合创新，都属于集成创新范畴。集成创新是通过联动、融合等集成创新活动影响或提高了产业联动、产业融合集成系统的整体效率。①

（4）物流业创新升级往往具有产业联动、产业融合的系统化和整体优化机制。区域、国家基础设施建设、经济发展、政府政策势能都可能是有作为的领域。可以将政策势能与集成体主导物流链进行物流业创新升级的经济动能结合起来，充分发挥产业集成创新和产业协同发展的作用。

（5）物流业创新升级范围可以将物流链拓展至供应链集成、产业链，并可支撑国家价值链和全球价值链对接及实现机制，可以在联接键支持下，将分布在不同产业、区域、国家、全球的集成体、基核，用场线形式衔接起来，以实现跨区域的国际产业合作、产能合作，提高分布在不同区域产出函数的整体效率。

---

① 董千里：《集成场视角：两业联动集成创新机制及网链绿色延伸》，《中国流通经济》2018年第1期。

二 主要启示

（1）物流业升级的基本形式是物流链，集成体是物流链升级的主导力量，集成体主导基核和联接键构成网链结构。政府政策势能创造了一种环境，有助于物流业创新升级导向，但创新机制要靠集成体主导力量、市场需求来推动。

（2）物流业参与的两业联动是主动的集成优化过程，需要在物流外包的基础上挖掘更深层次的集成创新动力与升级机制，使存在于集成体之间、基核之间、联接键之间的对接、平衡、发展和提升过程机制和作用充分发挥出来。

（3）物流集成创新升级有利于支持产业链集成创新，实现同态网链结构从境内绿色延伸至境外，进而更好地落实"一带一路"倡议。可以推断，产业创新升级对支持国内产业链与全球价值链的对接及实现具有重要的作用。

第六章　宏观治理：物流绩效、政府治理与国际贸易

中国政府于 2015 年发布的"一带一路"倡议旨在改善亚洲、欧洲和非洲发展中经济体的政策协调、物流设施联通和金融一体化。本章在构建理论分析模型的基础上采用 Heckman 两阶段模型分析物流绩效指数和进口国政府治理指标对贸易国双边贸易的影响以及进口国政府治理对"一带一路"沿线国家物流绩效与双边贸易关系的调节作用。研究发现，出口国物流绩效指数及其分项指标显著正向影响"一带一路"沿线国家的双边贸易概率和贸易量。反映进口国政府治理的六个指标对"一带一路"沿线国家的双边贸易概率和贸易量的影响存在异质性；对物流绩效指数（Logistics Performance Index，LPI）与"一带一路"沿线国家的双边贸易概率和贸易量间关系的影响存在异质性。

第一节　基本范畴

一　宏观治理

贸易物流水平是影响国家出口竞争力的重要因素之一。贸易物流水平代表了各国之间畅通无阻的贸易水平（Arvis 等，2010；Puertas 等，2014）。LPI 可以近似地评估贸易物流水平（Marti 等，2014），较高的 LPI 能够促进国际贸易的增长（Soloaga 和 Wilson，2006；Korinek 和 Sourdin，2011；Puertas 等，2014；Marti 等，2014；Bensassi 等，2015；Matthee 和 Santana-Gallego，2017）。

贸易物流绩效和贸易成本受政府治理水平的影响（Berden 等，2014），一般而言，政府治理因素包括构建政治、经济和社会互动框架等（Borrmann 等，2006）。通常，良好的治理框架可以减少信息的不对称性、交易成本（North，1990；Silberberger 和 Koniger，2016）以及创业的成本。大量文献使用不同的治理变量来讨论政府治理与国际贸易之间的关系（Kox 和 Lejour，2005；Kox 和 Nordas，2007；Berden 等，2014），但尚未形成一致的研究结论，主要研究结论包括以下三个方面：一是政府治理对国际贸易的影响是积极的（Milner 和 Mukherjee，2009）。二是更高的政府治理水平会减少国际贸易量（Kox 和 Lejour，2005；Kox 和 Nordas，2006），这意味着治理变量与国际贸易的关系不一致。三是部分文献研究了政府治理对物流绩效的影响，发现影响是负面的（Hollweg 和 Wong，2009；Dube 等，2016），这意味着更高的治理水平将降低物流绩效，产生这种结果的可能原因是限制性的政策在某个时点实施，限制性政策包括更高的关税税率和低效的海关流程等。

通过对国内外文献的梳理发现，之前的研究人员通常分别研究贸易物流绩效，治理和国际贸易流量间的关系，发现这三个变量可能具有互惠关系，但尚未取得一致的研究结论。同时，现有文献主要研究了物流绩效、政府治理水平和国际贸易两两间的关系，而政府治理水平会通过影响物流绩效进而影响贸易国间的贸易额，因此有必要将三者放到同一个研究框架中，研究三者间的相互作用机理。因此，本章采用扩展的引力模型，利用"一带一路"沿线 52 个国家的数据，估算物流绩效水平和政府治理水平（Worldwide Governance Idicators，WGI）对国际贸易的影响，以及政府治理对物流绩效与国际贸易关系的调节作用，以期为"一带一路"建设提供必要的理论和实践经验。

二　文献综述

（一）物流绩效与国际贸易

许多实证研究已经研究了贸易物流对国际贸易的决定性影响。但许多研究仅研究了物流的部分功能对国际贸易的影响，其中大部分集中在运输或基础设施指标上（Limao 和 Venables，2001；Martínez－Zarzoso 等，2003；Sánchez 等，2003；Clark 等，2004；Wilson 等，2005；Márquez－Ramos 等，2011；Núñez－Sánchez 和 Coto－Millán，2012；Bensassi 等，2015）。Limao

第六章　宏观治理：物流绩效、政府治理与国际贸易

和 Venables（2001）研究了物流基础设施和运输成本对贸易的影响，结果表明，基础设施的恶化增加了运输成本并减少了贸易量。Sánchez 等（2003）和克拉克等（2004）讨论了港口效率、运输成本和双边贸易量之间的关系。结果表明，提高港口效率可以降低运输成本，增加双边贸易额。Bensassi 等（2015）研究了西班牙物流基础设施与贸易之间的关系，结果表明，物流基础设施的数量、规模和质量对出口量产生了积极影响。

最近的一些文献研究了 LPI 与国际贸易之间的关系（Behar 和 Manner，2008；Korinek 和 Surdin，2011；Marti 等，2014；Puertas 等，2014；Chakraborty 和 Mukherjee，2016；Uca 等，2016）。Behar 和 Manner（2008）研究了进口国、出口国和双边出口的物流绩效之间的关系。他们发现，出口国的物流对内陆国家的出口绩效产生了显著的积极影响，这取决于其邻国的物流业绩。Korinek 和 Sourdin（2011）研究了贸易物流对国际贸易的重要性，发现贸易物流绩效对商品贸易产生了重大、积极和强大的影响。Marti 等（2014）分析了 LPI 及其分项指标对发展中国家贸易流量的影响，结果显示 LPI 及其所有分项指标对所有地区的贸易流量都有显著的积极影响。Puertas 等（2014）研究了 LPI 及其分项指标对欧盟（EU）出口的影响。他们的研究结果表明，LPI 及其所有分项指标对出口具有显著的积极影响，而物流质量和能力以及跟踪和追踪对于促进欧盟国家的出口比其他分项指标更为重要。Chakraborty 和 Mukherjee（2016）研究了贸易便利化对出口导向的影响。LPI 用于反映贸易便利化水平。Chakraborty 和 Mukherjee（2016）的结果显示，LPI 对贸易导向产生了显著的积极影响。Uca 等（2016）研究了 LPI 对腐败认知指数与对外贸易量之间关系的调节作用，结果表明 LPI 对外贸量有显著的正向影响，调节效应具有统计学意义。

（二）政府治理、物流绩效和国际贸易

近年来，一些研究人员研究了民主、法治等政府治理因素对国际贸易的影响，但实证结果并不一致，研究结论包括以下三个方面：一是部分研究报告了政府治理因素对国际贸易的负面影响（Kox 和 Lejour，2005；Kox 和 Nordas，2006）。Kox 和 Lejour（2005）提出了双边政策异质性指数，并研究了监管异质性对国际服务贸易的影响。结果表明，监管异质性程度对国际服务贸易产生了负面影响。根据经合组织数据库，Kox 和 Nordas（2006）研究了法规对双边服务贸易流动的影响。结果表明，监管异质性对新的市场准入和随后的贸易流动有负面影响，而监管改革和贸易自由化可

以促进双边服务贸易。二是部分文献研究得出国际贸易和政府治理间积极的关系（Milner 和 Mukherjee，2009；Yu，2010）。在回顾最近关于"民主"与"贸易"之间相互作用的文献的基础上，Milner 和 Mukherjee（2009）以及 Yu（2010）发现民主对贸易开放具有显著的积极影响。三是 Berden 等（2014）研究了双边贸易与全球治理指标（WGI）之间的关系，发现进口国的"声音与责任"和"政治稳定"对双边贸易量产生了显著的负面影响，而进口的"监管质量"对双边贸易额产生了显著的积极影响。

物流业的发展与不同的经济部门有关，物流的效率和竞争力直接影响着一个国家的国际贸易和经济。一个国家的监管质量和其他制度限制会影响物流绩效（Hollweg 和 Wong，2009）。Hollweg 和 Wong（2009）构建了一个物流监管限制指数，以研究这些限制对东盟和东盟以外的六个经济体贸易的影响。结果表明，物流限制指数对 LPI 和 LPI 子指标具有显著的负面影响，包括国际货运、物流能力、跟踪和追踪以及及时性。海关方面的限制对 LPI 的通关效率指标具有显著的负面影响。Dube 等（2016）发现，进口国政府的限制对国际人道主义组织（IHO）的物流绩效具有至关重要的影响。

通过对国内外文献的梳理发现，尚未有任何文献系统地研究政府治理指标、LPI 和国际贸易的整体效应。在本章中，我们使用全球治理指标（WGI）探讨政府治理对国际贸易的影响及其在 LPI 与国际贸易关系中的调节作用。WGI 是当前最能够反映政府治理水平的指标，被广泛地应用到政府治理的研究中。

第二节 模型构建及实证分析

一 模型构建

（一）模型构建说明

集成引力模型作为研究空间相互作用的重要工具，广泛应用于经济研究中，特别是在双边贸易决定因素研究领域。任何国家之间的贸易流量受到三个主要因素的影响，即出口国和进口国的国内生产总值（GDP）以及这对国家之间的距离。这些因素与贸易流量之间的关系如下：

（1）一个国家的出口量取决于其经济规模（即其国内生产总值）；

（2）影响贸易量的国家的消费量随国家市场规模的变化（即进口国的国内生产总值）而变化；

（3）贸易量受到与两国地理距离相对应的运输成本的影响。

世界贸易流量研究中使用的简单形式的引力模型是：

$$\ln EXP_{ij} = \beta_0 + \beta_1 \ln GDP_i + \beta_2 \ln GDP_j + \beta_3 \ln D_{ij} + \varepsilon_{ic} \qquad (6-1)$$

其中，i 表示出口国，j 表示进口国，其他变量定义如下：EXP_{ij} 是从 i 到 j 的出口量，GDP_i、GDP_j 分别是 i 和 j 的 GDP 量，D_{ij} 是 i 和 j 的首都之间的直线距离。

Tinbergen 在 1962 年应用简单引力模型研究了国际双边贸易，发现国际双边贸易规模与贸易国家的 GDP 呈正相关关系，与之间的距离呈负相关关系。在此之后，引力模型被广泛用于国际贸易研究。除经济因素外，还有许多其他间接反映经济发展水平的因素和政治因素在决定贸易量方面发挥着重要作用。研究人员将这些因素作为变量或虚拟变量进行了扩充，例如共享同一边界，属于共同的区域贸易协定，具有相同的语言或殖民遗产（Anderson，1979；Helpman 和 Krugman，1985；Anderson 和 Wincoop，2003；Requena 和 Llano，2010；Korinek 和 Sourdin，2011；Marti 等，2014；Puertas 等，2014；Matthee 和 Santana – Gallego，2017）。这些研究，在标准引力模型中增加了直接影响双边贸易的变量。基于此，本章构建的基本模型如下：

$$\ln EXP_{ijt} = \beta_0 + \beta_1 \ln GDP_{it} + \beta_2 \ln GDP_{jt} + \beta_3 \ln LPI_{it} + \beta_4 \ln LPI_{jt} + \beta_5 \ln D_{ij} + \beta_6 ADJ_{ij} + \beta_7 LANG_{ij} + \beta_8 COLONY_{ij} + \beta_9 WTO_{ij} + \varepsilon_{ic} \qquad (6-2)$$

其中，i 是出口国，j 是进口国，t 表示年份（t = 2010，2011，2012，2013，2014，2015），其他变量定义如下：EXP_{ijt} 在时间 t 从 i 到 j 的出口量恒定为 2010 美元；GDP_{it} 和 GDP_{jt} 是按 2010 年美元计算的在时间 t 国家 i 和 j 的 GDP 数量；LPI_{it} 和 LPI_{jt} 是时间 t 国家 i 和 j 的物流绩效指标；D_{ij} 是贸易国 i 和 j 的首都之间的直线距离。ADJ_{ij}、$LANG_{ij}$、$COLONY_{ij}$ 和 WTO_{ij} 是虚拟变量，表示它们是否拥有共同边界、具有相同语言、具有相同的殖民地、属于同一区域贸易协定成员国（本章选择世贸组织）。如果出口国和进口国具有共同边界、相同语言、同是殖民地遗产并属于同一区域贸易协定成员国，则虚拟变量的值为 1；否则为 0。ε_{ij} 是随机误差项。

本章不仅检验了 LPI 对双边贸易的整体影响，还估计了 LPI 分项指标对双边贸易的影响。研究模型如下：

$$\ln EXP_{ijt} = \beta_0 + \beta_1 \ln GDP_{it} + \beta_2 \ln GDP_{jt} + \beta_3 \ln COM_{it} + \beta_4 \ln COM_{jt} + \beta_5 \ln D_{ij} + \beta_6 ADJ_{ij} + \beta_7 LANG_{ij} + \beta_8 COLONY_{ij} + \beta_9 WTO_{ij} + \varepsilon_{ic} \quad (6-3)$$

其中，COM_{it}、COM_{jt} 表示 i 和 j 的 LPI 分项指标，LPI 分项指标包括六个指标，即海关效率、物流基础设施、国际运输、物流能力和竞争力、全程追踪能力和运输及时性。

从文献综述中我们知道，进口国的政府治理指标会影响 LPI 和国际贸易量。在这些文献中，我们希望研究进口国政府治理指标对双边贸易的影响以及政府治理指标对 LPI 与双边关系的调节作用。构建以下研究模型：

$$\ln EXP_{ijt} = \beta_0 + \beta_1 \ln GDP_{it} + \beta_2 \ln GDP_{jt} + \beta_3 \ln LPI_{it} + \beta_4 \ln LPI_{jt} + \beta_5 INS_{jt} + \beta_6 \ln D_{ij} + \beta_7 ADJ_{ij} + \beta_8 LAN_{ij} + \beta_9 COL_{ij} + \beta_{10} WTO_{ij} + \varepsilon_{ic} \quad (6-4)$$

$$\ln EXP_{ijt} = \beta_0 + \beta_1 \ln GDP_{it} + \beta_2 \ln GDP_{jt} + \beta_3 \ln LPI_{it} + \beta_4 \ln LPI_{jt} + \beta_5 \ln LPI_{jt} \times INS_{jt} + \beta_6 \ln D_{ij} + \beta_7 ADJ_{ij} + \beta_8 LAN_{ij} + \beta_9 COL_{ij} + \beta_{10} WTO_{ij} + \varepsilon_{ic} \quad (6-5)$$

其中，INS_{jt} 表示时间 t 国家 j 的政府治理变量。在本章中，政府治理变量数据来自世界银行的全球治理指数（WGI）数据库，其中有六个综合指标可能会影响国家间的双边贸易，调节 LPI 与双边贸易之间的关系（Langbein 和 Knack，2010）。这六个指标是政治稳定性、政府治理效率、政府监管质量、法治、腐败控制、话语权和问责，这些都是积极的指标，这意味着这些指标的值越高，各自国家的治理能力就越好。在本章中，治理变量用作虚拟变量，如果指标值大于进口国 j 的中位数，则该值为 1。

在课题组收集数据时，我们发现许多国家、地区之间的出口量为零，零出口量反映了这些国家之间的实际贸易量，它不属于数据缺失。如何处理这些零是估算引力模型的关键问题。如果将贸易量为零的样本剔除，则用 OLS 估计引力模型时可能导致估计偏差，因为零值的出现不是随机的。为了解决这个问题，Heckman（1979）提出了两阶段程序，它有两个方程。第一阶段（选择方程）是计算两国之间是否通过概率模型确定的开展贸易的概率。第二阶段（结果方程）是用 OLS 模型估算上述国家之间的贸易量。这两个阶段是：

$$Pr(EXP = 1) = \Phi\left[\sum_n a^n Z^n_{j(t-1)}\right] \quad (6-6)$$

$$EXP_{ijt} = \sum_n a^n Z^n_{j(t-1)} + \beta\gamma_{jt} + \varepsilon_{ijt} \quad (6-7)$$

其中，EXP_{ijt} 是实际出口量，如果 $EXP_{ijt} > 0$，EXP_{ijt} 的取值则为 1，否则为 0。式（6-6）为第一阶段，其中 $Pr(EXP=1)$ 为交易量大于零的概率；$\Phi[\sum_n a^n Z_{j(t-1)}^n]$ 是标准正态分布的概率分布函数，Z 是影响国家间贸易关系的因素。

式（6-7）为第二阶段，其中 γ_{ijt} 表示逆米尔斯比率，其函数是处理样本选择偏差。γ_{ijt} 可以从第一阶段的估计结果计算出来：

$$\gamma_{ijt} = \varphi[\sum_n a^n Z_{j(t-1)}^n / \sum_n a^n Z_{j(t-1)}^n] \tag{6-8}$$

其中，$\varphi(\cdot)$ 和 $\Phi(\cdot)$ 分别是标准正态分布的概率密度函数和概率分布函数。如果 γ_{ijt} 不显著，等于零，意味着存在样本选择偏差问题，说明使用 Heckman 两阶段过程是有效的。

此外，当我们使用 Heckman 两阶段程序时，我们需要一个识别变量（作为排除限制），它影响输出概率，但不影响概率模型的输出量。参考以前的研究，本章使用企业进入新国家的成本作为识别变量，该变量包括两个指标，即在进口国新开办企业的成本（cost）以及新开办企业所需时间的总和（time）（Djankov 等，2010；Matthee 和 Santana - Gallego，2017）。如果相对成本或开始业务的天数和过程总和大于进口国家 j 的中位数，则进入成本变量是虚拟变量，其值为 1。

（二）数据来源说明

《"一带一路"贸易合作大数据报告2018》和其他报告显示"一带一路"沿线有 71 个国家。由于 LPI 仅测量了全球约 200 个国家中约 160 个国家的物流绩效指数，无法获得"一带一路"沿线国家的所有数据，因此本章仅考虑 52 个国家：亚美尼亚、巴林、不丹、波斯尼亚和黑塞哥维那、保加利亚、柬埔寨、中国、克罗地亚、捷克共和国、埃及、爱沙尼亚、格鲁吉亚、匈牙利、印度、印度尼西亚、伊拉克、约旦、哈萨克斯坦、科威特、吉尔吉斯斯坦、老挝、拉脱维亚、黎巴嫩、立陶宛、马其顿、马来西亚、马尔代夫、摩尔多瓦、蒙古国、黑山、缅甸、尼泊尔、阿曼苏丹国、巴基斯坦、菲律宾、波兰、卡塔尔、罗马尼亚、俄罗斯、沙特阿拉伯、塞尔维亚、新加坡、斯洛伐克、斯洛文尼亚、叙利亚、塔吉克斯坦、泰国、土耳其、乌克兰、阿拉伯联合酋长国、乌兹别克斯坦和越南。

本章的重点是基于 2010—2017 年"一带一路"沿线 52 个国家的相关数据研究 LPI、政府治理变量和双边贸易之间的关系。这些国家的 LPI 及分项指标、WGI 及分项指标和 GDP 等数据来自世界银行，国内生产总值以 2010 年不变美元计算。世界银行于 2007 年 11 月发布了第一份 LPI 报告，直到 2018 年，世界银行共发布了 6 份 LPI 报告。自 2010 年以来，世界银行每两年发布一次 LPI 报告，因此我们可以获得 2010 年、2012 年、2014 年、2016 年和 2018 年的 LPI 报告，但 2011 年、2013 年、2015 年和 2017 年的数据缺失。在这项研究中，我们以上一年和下一年 LPI 数据的平均值来记录缺失数据。进出口数据来自联合国商品贸易统计数据库，距离数据以各个国家首都间的直线距离来衡量。政府治理和新进入企业成本数据分别来自世界银行发布的 WGI 数据库和营商环境报告。其他变量，例如国家是否邻接、是否属于同一个区域贸易协定、是否共享共同语言或殖民地等均来自 CEPII 数据库。

二 实证分析

（一）变量描述性统计及相关分析

在我们估计 LPI、政府治理因素和贸易流量之间的关系之前，我们通过相关性分析检验各变量间是否存在多重共线性问题。变量描述性统计结果和相关系数如表 6-1 所示。核心变量之间的相关系数均低于 0.5。$\ln GDP_{it}$、$\ln GDP_{jt}$、$\ln LPI_{it}$、$\ln LPI_{jt}$ 和 $\ln EXP_{ijt}$ 之间的相关系数分别为 0.461、0.395、0.306 和 0.23，显著低于 1% 水平。所有变量的方差膨胀因子（VIF）均低于 1.5，这意味着变量间不存在多重共线性问题。为了控制异方差问题，我们通过对相关变量取对数来控制原始数据中的异方差性。

（二）物流绩效指数与双边贸易关系

基于 2010—2017 年"一带一路"沿线 52 个国家的数据，采用 Heckman 两阶段方法估计式（6-2）、式（6-3）、式（6-4）和式（6-5）。结果见表 6-2、表 6-3 和表 6-4。逆米尔斯比率（Mills lambda）显示在表 6-2、表 6-3 和表 6-4 的最后一行中，结果显示，逆米尔斯比率显著不为零，这意味着本章的研究样本存在选择偏差问题，选择 Heckman 模型是有效的。

表 6-2 和表 6-3 分别给出了式（6-2）和式（6-3）的 Heckman 两阶段回归估计结果，其目的是估计出口国和进口国的 LPI 和 LPI 分项指标对贸易概率和贸易量的影响。表 6-2 和表 6-3 中的列 1 和列 2 表示式（6-2）的估计结果。结果表明，关键变量的系数与预期一致。国家 i 和 j 的

表 6-1 变量的相关系数和描述性统计结果

变量名称	$\ln EXP_{ijt}$	$\ln GDP_{it}$	$\ln GDP_{jt}$	$\ln LPI_{it}$	$\ln LPI_{jt}$	$\ln D$	ADJ	LANG	COLONY	WTO
$\ln EXP_{ijt}$	1									
$\ln GDP_{it}$	0.461*** (0.000)	1								
$\ln GDP_{jt}$	0.395*** (0.000)	-0.018** (0.0383)	1							
$\ln LPI_{it}$	0.306*** (0.000)	0.393*** (0.000)	-0.003 (0.732)	1						
$\ln LPI_{jt}$	0.230*** (0.000)	0.031*** (0.000)	0.398*** (0.000)	0.305*** (0.000)	1					
$\ln D$	-0.242*** (0.000)	0.073*** (0.000)	0.059*** (0.000)	-0.004 (0.6487)	-0.030*** (0.0005)	1				
ADJ	0.222*** (0.000)	0.075*** (0.000)	0.075*** (0.000)	0.018** (0.039)	0.030** (0.000)	-0.462*** (0.000)	1			
LANG	0.159*** (0.000)	0.058*** (0.000)	0.068*** (0.000)	0.035*** (0.000)	0.060*** (0.000)	-0.300*** (0.000)	0.232*** (0.000)	1		

续表

变量名称	$\ln EXP_{ijt}$	$\ln GDP_{it}$	$\ln GDP_{jt}$	$\ln LPI_{it}$	$\ln LPI_{jt}$	$\ln D$	ADJ	LANG	COLONY	WTO
COLONY	0.107*** (0.000)	0.068*** (0.000)	0.043*** (0.000)	-0.009 (0.2756)	-0.008 (0.3284)	-0.182*** (0.000)	0.242*** (0.000)	0.010 (0.221)	1	
WTO	0.290*** (0.000)	0.218*** (0.000)	0.199*** (0.000)	0.137*** (0.000)	0.122*** (0.000)	0.117*** (0.000)	0.020** (0.016)	-0.043*** (0.000)	-0.015* (0.069)	1
Mean	13.857	25.093	24.920	1.070	1.054	8.033	0.068	0.054	0.019	0.726
SD (σ)	7.195	1.751	1.804	0.157	0.151	0.872	0.251	0.226	0.135	0.446
Min	0	21.184	21.184	0.178	0.051	4.765	0	0	0	0
Max	24.913	29.751	29.751	1.417	1.417	9.279	1	1	1	1

注：括号中的数字为 p 值。* 表示 $p<0.1$；** 表示 $p<0.05$；*** 表示 $p<0.01$。

表 6-2　　进出口国 LPI 及其分项指标对贸易概率的影响

	LPI	海关效率	物流基础设施	国际运输	物流能力和竞争力	全程追踪能力	运输及时性
出口国 LPI 及分项指标	1.226*** (0.104)	0.926*** (0.089)	0.762*** (0.084)	1.218*** (0.106)	1.034*** (0.095)	1.205*** (0.092)	1.17*** (0.106)
进口国 LPI 及分项指标	-0.159 (0.112)	-0.014 (0.093)	0.140 (0.094)	-0.297*** (0.107)	0.153 (0.103)	-0.212** (0.100)	-0.152 (0.109)
其他变量							
出口国 GDP	0.246*** (0.01)	0.258*** (0.01)	0.255*** (0.01)	0.248*** (0.01)	0.247*** (0.01)	0.246** (0.01)	0.248*** (0.01)
进口国 GDP	0.287*** (0.01)	0.280*** (0.01)	0.271*** (0.01)	0.29*** (0.01)	0.273*** (0.01)	0.292** (0.01)	0.288*** (0.01)
D	-0.394*** (0.022)	-0.400*** (0.022)	-0.393*** (0.022)	-0.398*** (0.022)	-0.395*** (0.022)	-0.397*** (0.022)	-0.39*** (0.022)
ADJ	0.012 (0.093)	0.005 (0.093)	0.016 (0.093)	-0.004 (0.093)	-0.017 (0.093)	-0.007 (0.093)	-0.014 (0.093)
$LANG$	-0.104 (0.087)	-0.117 (0.086)	-0.126* (0.086)	-0.104 (0.086)	-0.111 (0.087)	-0.093 (0.087)	-0.104 (0.087)
$COLONY$	-0.118 (0.152)	-0.107 (0.152)	-0.131 (0.151)	-0.111 (0.152)	-0.125 (0.152)	-0.122 (0.152)	-0.111 (0.153)
WTO	0.518*** (0.031)	0.514*** (0.031)	0.522*** (0.03)	0.529*** (0.031)	0.528*** (0.031)	0.51*** (0.031)	0.515*** (0.031)
$Time$	-0.142*** (0.034)	-0.132*** (0.033)	-0.123*** (0.034)	-0.143*** (0.033)	-0.128*** (0.034)	-0.143*** (0.034)	-0.147*** (0.034)
$Cost$	-10.421*** (0.369)	-10.042*** (0.367)	-10.051*** (0.367)	-10.345*** (0.368)	-10.183*** (0.232)	-10.400*** (0.369)	-10.576*** (0.37)
$Constants$	0.075** (0.033)	0.084** (0.033)	0.094*** (0.033)	0.075** (0.033)	0.088*** (0.033)	0.073** (0.033)	0.066** (0.033)
Mills lambda	-1.338*** (0.231)	-1.418*** (0.234)	-1.365*** (0.236)	-1.396*** (0.233)	-1.170*** (0.232)		

注：括号内为标准差。*、**、*** 分别代表 $p<0.1$、$p<0.05$、$p<0.01$。

表6-3 进出口国家 LPI 及其分项指标对贸易量的影响

	LPI	海关效率	物流基础设施	国际运输	物流能力和竞争力	全程追踪能力	运输及时性
出口国 LPI 及分项指标	1.842*** (0.187)	1.438*** (0.151)	1.337*** (0.145)	1.925*** (0.191)	1.589*** (0.172)	1.594*** (0.174)	1.583*** (0.189)
进口国 LPI 及分项指标	0.111 (0.165)	0.203 (0.137)	0.218 (0.137)	0.164 (0.167)	0.124 (0.154)	0.083 (0.150)	-0.092 (0.167)
其他变量							
出口国 GDP	1.169*** (0.021)	1.180*** (0.022)	1.173*** (0.022)	1.168*** (0.021)	1.181*** (0.021)	1.165*** (0.021)	1.173*** (0.021)
进口国 GDP	0.878*** (0.022)	0.870*** (0.022)	0.870*** (0.022)	0.873*** (0.022)	0.888*** (0.023)	0.870*** (0.022)	0.867*** (0.022)
D	-1.480*** (0.039)	-1.479*** (0.040)	-1.475*** (0.040)	-1.476*** (0.040)	-1.499*** (0.039)	-1.470*** (0.039)	-1.466*** (0.040)
ADJ	0.819*** (0.095)	0.815*** (0.095)	0.828*** (0.095)	0.808*** (0.095)	0.818*** (0.094)	0.823*** (0.095)	0.817*** (0.096)
$LANG$	0.823*** (0.095)	0.818*** (0.096)	0.792*** (0.096)	0.844*** (0.096)	0.821*** (0.095)	0.835*** (0.096)	0.842*** (0.096)
$COLONY$	0.392*** (0.154)	0.411*** (0.155)	0.366** (0.155)	0.401*** (0.155)	0.366** (0.153)	0.385** (0.155)	0.368** (0.156)
WTO	0.550*** (0.065)	0.505*** (0.066)	0.535*** (0.066)	0.537*** (0.066)	0.590*** (0.065)	0.530*** (0.065)	0.523*** (0.066)
Constants	-25.454*** (0.927)	-25.040*** (0.928)	-24.856*** (0.919)	-25.440*** (0.933)	-25.639*** (0.914)	-24.904 -0.920	-25.298*** (0.954)
Mills lambda	-1.338*** (0.231)	-1.418*** (0.234)	-1.365*** (0.236)	-1.396*** (0.233)	-1.170*** (0.232)		

注：括号内为标准差。*、**、***分别代表 $p<0.1$、$p<0.05$、$p<0.01$。

国内生产总值对贸易概率和贸易量产生积极影响，这意味着贸易国的经济规模越大，国家间的交易量就越大。出口国的 LPI 系数是正的且显著的，这意味着出口国的 LPI 越高，该国的出口量就越多，这意味着物流绩效对出口国的出口起着重要作用。出口国 LPI 增长 1% 导致出口量增长 1.84%。这些结果与先前的研究一致（Marti 等，2014；Puertas 等，2014）。进口国的 LPI 系数不显著，这意味着进口国的 LPI 对出口国的出口量没有影响。对于控制变量，是都同属 WTO 成员对贸易概率和贸易量在 1% 显著性水平下显著，说明同属 WTO 成员能够提升两国之间产生贸易的可能性并提升贸易易量，共享共同边界、具有相同语言或相同的殖民地遗产对贸易概率没有影响，但在 1% 显著性水平下对出口国的出口量产生积极影响。

表 6-2 和表 6-3 中的第 3 列至第 8 列表示式（6-3）的估计结果，估计结果显示，进出口国家的 LPI 分项指标值对出口国出口概率和出口量均具有显著的正向影响，出口国 LPI 分项指标值越高，说明出口国的出口概率和和贸易量越高。第二阶段结果与先前的研究一致（Korinek 和 Sourdin, 2011；Marti 等，2014；Puertas 等，2014；Uca 等，2016）。分项指标中，国际货运系数最高，这意味着国际货运对出口国的贸易概率和贸易量影响最大。第一阶段回归结果表明，进口国国际运输、全程追踪能力两个指标的系数显著为负，其他 LPI 分项指标的系数并不显著。第二阶段回归结果表明，进口国的 LPI 分项指标系数均不显著，表明进口国的物流绩效对贸易流入量没有影响。同预期结果一致，距离变量在第一阶段和第二阶段均显著为负，表明国家间的距离越大，贸易概率和贸易量就越低（见图 6-1）。

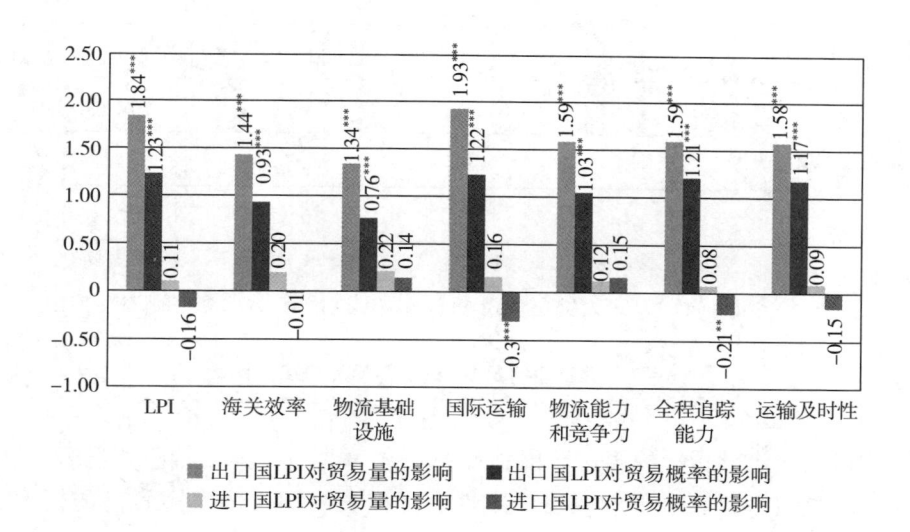

图 6-1 进口国和出口国 LPI 及其分项指标对双边贸易概率和贸易量的影响

(三)政府治理水平与双边贸易的关系

图 6-2 和表 6-4、表 6-5 中的第 2 列至第 7 列显示了式(6-4)的 Heckman 两阶段回归估计结果,其目的是估计进口国政府治理水平对出口国贸易流出的影响。估算结果表明,进出口国的治理效率和监管质量对出口国的贸易流出概率和出口量均显著为正。这意味着进出口国的治理效率和监管质量水平越高,国家之间的贸易概率和贸易量就越高。这两个指标的 Heckman 第二阶段回归结果与 Berden 等(2014)的研究结果一致。表 6-4 结果显示,进口国的腐败控制和法治水平指标的回归系数均显著为正,这意味着进口国腐败控制和法治水平越高,贸易国之间的贸易概率就越高,这两个指标的第二阶段估计系数不显著,对贸易国之间贸易量未产生显著影响。话语权和问责指标的第一阶段回归系数不显著,第二阶段回归系数显著为正,这意味着进口国更高水平的话语权和问责能够提升贸易国之间的贸易量,话语权和问责指标的第二阶段估计结果与之前的研究一致(Abeliansky 和 Krenz,2015)。

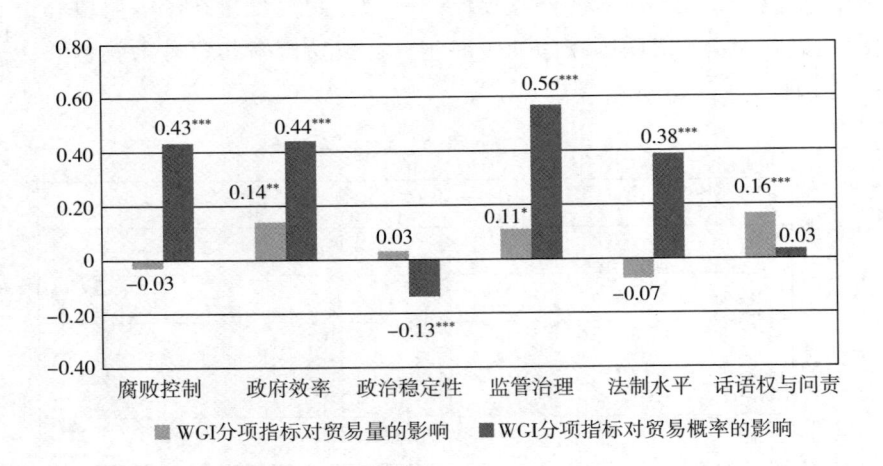

图 6-2 进口国的 WGI 对贸易量和概率的影响

政治稳定性指标的第一阶段估计系数显著为负,第二阶段不显著,这意味着进口国较高水平的政治稳定性会降低贸易国之间发生贸易的概率,减少出口国出口的可能性。该结果与 Berden 等(2014)的发现一致,Berden 等发现外国直接投资(FDI)和贸易是替代品,这意味着较高的 FDI 对应了较低的贸易流量。Berden 等(2014)的另一项发现政治稳定对贸易流动产生负面影响并对外国直接投资产生积极影响。而本章中发现进口国的政治稳定性减少出口国出口概率的原因可能是进口国的政治稳定降低了外国直接投资的成本，更多的公司将投资于进口国，这限制了贸易流入，进而降低了出口国对政治稳定的进口国出口的可能性。

表6-4　　进口国的WGI分项指标对贸易概率的影响

	腐败控制	政府效率	政治稳定性	监管治理	法制水平	话语权和问责
WGI分项指标	0.426***	0.440***	-0.134***	0.562***	0.383***	0.031
	(0.035)	(0.034)	(0.031)	(0.037)	(0.035)	(0.031)
其他变量						
出口国GDP	0.246***	0.246***	0.247***	0.249***	0.248***	0.246***
	(0.010)	(0.010)	(0.010)	(0.010)	(0.010)	(0.010)
进口国GDP	0.293***	0.286***	0.281***	0.269***	0.284***	0.288***
	(0.010)	(0.010)	(0.010)	(0.010)	(0.010)	(0.010)
出口国LPI	1.484***	1.510***	1.166***	1.558***	1.456***	1.236***
	(0.107)	(0.108)	(0.105)	(0.108)	(0.107)	(0.105)
进口国LPI	-0.649***	-0.721***	-0.027	-0.756***	-0.588***	-0.179
	(0.120)	(0.121)	(0.116)	(0.120)	(0.119)	(0.113)
D	-0.393***	-0.405***	-0.390***	-0.376***	-0.394***	-0.393***
	(0.022)	(0.022)	(0.022)	(0.023)	(0.022)	(0.022)
ADJ	0.044	-0.005	0.023	0.064	0.032	-0.007
	(0.094)	(0.095)	(0.093)	(0.095)	(0.094)	(0.093)
$LANG$	-0.155*	-0.129	-0.113	-0.091	-0.172**	-0.090
	(0.087)	(0.087)	(0.087)	(0.087)	(0.087)	(0.088)
$COLONY$	-0.079	-0.114	-0.139	-0.075	-0.092	-0.117
	(0.156)	(0.154)	(0.152)	(0.155)	(0.154)	(0.152)
WTO	0.525***	0.519***	0.535***	0.474***	0.506***	0.520***
	(0.031)	(0.031)	(0.031)	(0.031)	(0.031)	(0.031)

续表

	腐败控制	政府效率	政治稳定性	监管治理	法制水平	话语权和问责
Cost	0.171**	0.174**	0.047	0.151**	0.175***	0.080**
	(0.034)	(0.034)	(0.034)	(0.033)	(0.035)	(0.034)
Time	-0.083***	-0.123***	-0.132***	0.011***	-0.111**	-0.140***
	(0.035)	(0.034)	(0.034)	(0.036)	-0.034	(0.034)
Constants	-10.584***	-10.262***	-10.357***	-10.224***	-10.394***	-10.444***
	(0.372)	(0.373)	(0.370)	(0.371)	(0.370)	(0.370)
Mills lambda	-0.810***	-0.835***	-1.265***	-0.635***	-0.917***	-1.345***
	(0.214)	(0.211)	(0.229)	(0.213)	(0.217)	(0.231)

注：括号内为标准差。*、**、***分别代表 $p<0.1$、$p<0.05$、$p<0.01$。

表6-5　　　　　　　进口国 WGI 分项指标对贸易量的影响

	腐败控制	政府效率	政治稳定性	监管治理	法制水平	话语权和问责
WGI 分项指标	-0.029	0.135**	0.034	0.113*	-0.072	0.164***
	(0.054)	(0.055)	(0.048)	(0.058)	(0.052)	(0.045)
其他变量						
出口国 GDP	1.203***	1.200***	1.173***	1.213***	1.197***	1.166***
	(0.019)	(0.020)	(0.021)	(0.020)	(0.020)	(0.021)
进口国 GDP	0.916***	0.918***	0.886***	0.938***	0.908***	0.882***
	(0.022)	(0.020)	(0.022)	(0.021)	(0.021)	(0.022)
出口国 LPI	2.030***	2.109***	1.881***	2.167***	1.967***	1.874***
	(0.189)	(0.189)	(0.186)	(0.191)	(0.189)	(0.187)
进口国 LPI	0.151	-0.141	0.072	-0.088	0.219	-0.008
	(0.184)	(0.188)	(0.177)	(0.187)	(0.182)	(0.168)
D	-1.539***	-1.529***	-1.488***	-1.544***	-1.531***	-1.463***
	(0.037)	(0.037)	(0.039)	(0.036)	(0.037)	(0.039)
ADJ	0.788***	0.792***	0.813***	0.796***	0.788***	0.818***
	(0.092)	(0.092)	(0.094)	(0.091)	(0.093)	(0.095)

续表

	腐败控制	政府效率	政治稳定性	监管治理	法制水平	话语权和问责
LANG	0.818***	0.822***	0.825***	0.826***	0.822***	0.895***
	(0.093)	(0.093)	(0.095)	(0.092)	(0.093)	(0.097)
COLONY	0.388**	0.394***	0.398**	0.392***	0.383**	0.398***
	(0.150)	(0.150)	(0.154)	(0.149)	(0.151)	(0.154)
WTO	0.633***	0.602***	0.557***	0.633***	0.625***	0.549***
	(0.062)	(0.062)	(0.066)	(0.061)	(0.063)	(0.065)
Constants	−27.220***	−27.125***	−25.743***	−28.003***	−26.862***	−25.597***
	(0.887)	(0.850)	(0.913)	(0.878)	(0.878)	(0.929)
Mills lambda	−0.810***	−0.835***	−1.265***	−0.635***	−0.917***	−1.345***
	(0.214)	(0.211)	(0.229)	(0.213)	(0.217)	(0.231)

注：括号内为标准差。*、**、*** 分别代表 $p<0.1$、$p<0.05$、$p<0.01$。

（四）政府治理对物流绩效指数和双边贸易的调节效应

表 6–6 和表 6–7 中的第 2 列至第 7 列显示了式（6–5）的估计结果。式（6–5）用来检验进口国政府治理水平对 LPI 与贸易国双边贸易间关系的调节作用。Heckman 两阶段回归估计结果显示，进口国的政府效率和监管质量两个指标的调节系数在第一阶段和第二阶段均显著为正，这意味着进口国的政府效率和监管质量对 LPI 和贸易国间的双边贸易关系具有正向的调节作用，这两个指标的值越大，则 LPI 对双边贸易的概率和贸易量的影响越大。腐败控制和法制第一阶段回归系数显著为正，对 LPI 和贸易国产生双边贸易的概率有正向的调节作用，这两个指标的值越大，LPI 对产生双边贸易的概率影响越大，这两个指标第二阶段回归系数不显著，说明对 LPI 与贸易国双边贸易量没有显著影响。话语权和问责指标第一阶段回归系数不显著，第二阶段回归系数显著为正，说明该指标对 LPI 和贸易国产生双边贸易的概率没有影响，但对 LPI 和双边贸易的贸易量有正向的调节作用。政治稳定性指标第一阶段回归系数显著为负，第二阶段回归系数不显著，说明该指标对 LPI 和双边贸易的概率有正向的调节作用，但对 LPI 和双边贸易的贸易量没有影响。

表6－6　进口国WGI分项指标对LPI与贸易概率间关系的调节作用

	腐败控制	政府效率	政治稳定性	监管治理	法制水平	话语权和问责
WGI 分项指标× LPI_{jt}	0.428***	0.447***	−0.107***	0.552***	0.385***	0.049
	(0.033)	(0.033)	(0.030)	(0.034)	(0.033)	(0.030)
其他变量						
出口国 GDP	0.247***	0.247***	0.248***	0.25***	0.249***	0.246***
	(0.010)	(0.010)	(0.010)	(0.010)	(0.010)	(0.010)
进口国 GDP	0.293***	0.284***	0.283***	0.269***	0.283***	0.288***
	(0.010)	(0.010)	(0.010)	(0.010)	(0.010)	(0.010)
出口国 LPI	1.488***	1.520***	1.175***	1.555***	1.460***	1.240***
	(0.107)	(0.108)	(0.105)	(0.108)	(0.107)	(0.105)
进口国 LPI	−0.856***	−0.947***	−0.004	−1.006***	−0.773***	−0.212*
	(0.125)	(0.127)	(0.120)	(0.125)	(0.125)	(0.116)
D	−0.392***	−0.408***	−0.391***	−0.377***	−0.394***	−0.392***
	(0.022)	(0.022)	(0.022)	(0.023)	(0.022)	(0.022)
ADJ	0.050	0.003	−0.019	0.067	−0.037	−0.005
	(0.094)	(0.095)	(0.093)	(0.095)	(0.094)	(0.093)
LANG	−0.160*	−0.131*	−0.112	−0.091	−0.178**	−0.082
	(0.087)	(0.087)	(0.087)	(0.087)	(0.087)	(0.088)
COLONY	−0.081	−0.121	−0.137	−0.080	−0.094	−0.117
	(0.156)	(0.155)	(0.152)	(0.156)	(0.155)	(0.152)
WTO	0.518***	0.513***	0.533***	0.471***	0.499***	0.521***
	(0.031)	(0.031)	(0.031)	(0.031)	(0.031)	(0.031)
Cost	0.172***	0.177***	0.053	0.148***	0.177***	0.084**
	(0.034)	(0.034)	(0.034)	(0.034)	(0.034)	(0.034)
Time	−0.070**	−0.116***	−0.136***	0.021	−0.101***	−0.139***
	(0.035)	(0.034)	(0.034)	(0.036)	(0.034)	(0.034)
Constants	−10.421***	−10.021***	−10.423***	−10.016***	−10.235***	−10.441***
	(0.371)	(0.374)	(0.370)	(0.371)	(0.370)	(0.369)
Mills lambda	−0.748***	−0.772***	−1.284***	−0.579*	−0.851***	−1.351***
	(0.213)	(0.209)	(0.230)	(0.211)	(0.215)	(0.230)

注：括号内为标准差。*、**、***分别代表 $p<0.1$、$p<0.05$、$p<0.01$。

表6-7　进口国WGI分项指标对LPI与贸易量之间关系的调节作用

	腐败控制	政府效率	政治稳定性	监管治理	法制水平	话语权和问责
WGI 分项指标 × LPI_j	-0.026	0.135**	0.042	0.120***	-0.072	0.128***
	(0.050)	(0.052)	(0.044)	(0.055)	(0.049)	(0.041)
其他变量						
出口国 GDP	1.207***	1.205***	1.172***	1.122***	1.201***	1.166***
	(0.020)	(0.020)	(0.021)	(0.020)	(0.020)	(0.021)
进口国 GDP	0.921***	0.922***	0.886***	0.943***	0.912***	0.880***
	(0.022)	(0.020)	(0.022)	(0.021)	(0.021)	(0.022)
出口国 LPI	2.054***	2.136***	1.880***	2.196***	1.990***	1.862***
	(0.188)	(0.188)	(0.187)	(0.190)	(0.188)	(0.187)
进口国 LPI	0.162	-0.226	0.036	-0.172	0.262	-0.038
	(0.196)	(0.202)	(0.186)	(0.202)	(0.193)	(0.172)
D	-1.546***	-1.537***	-1.485***	-1.549***	-1.539***	-1.464***
	(0.036)	(0.037)	(0.039)	(0.035)	(0.037)	(0.039)
ADJ	0.784***	0.787***	0.814***	0.794***	0.783***	0.819***
	(0.092)	(0.092)	(0.094)	(0.091)	(0.092)	(0.094)
$LANG$	0.817***	0.821***	0.827***	0.826***	0.822***	0.885***
	(0.093)	(0.093)	(0.095)	(0.092)	(0.093)	(0.097)
$COLONY$	0.388**	0.392***	0.399***	0.390***	0.384**	0.396**
	(0.150)	(0.150)	(0.154)	(0.149)	(0.151)	(0.154)
WTO	0.643***	0.610***	0.551***	0.639***	0.637***	0.547***
	(0.062)	(0.062)	(0.066)	(0.060)	(0.062)	(0.065)
Constants	-27.442***	-27.257***	-25.686***	-28.150***	-27.113***	-25.503***
	(0.872)	(0.830)	(0.918)	(0.857)	(0.865)	(0.928)
Mills lambda	-0.748**	-0.772***	-1.284***	-0.579*	-0.851***	-1.351***
	(0.213)	(0.209)	(0.230)	(0.211)	(0.215)	(0.230)

注：括号内为标准差。*、**、***分别代表 $p<0.1$、$p<0.05$、$p<0.01$。

第三节　本章小结

一　主要结论

贸易物流是促进国际贸易的关键因素，而一个国家的政府治理水平直接影响到与其他国家进行国际贸易的运营成本。"一带一路"倡议的关键点包括政策沟通和基础设施联通（重点包括物流基础设施的联通），这可以促进"一带一路"沿线国家之间畅通无阻的贸易。本章研究了"一带一路"倡议中LPI、政府治理指标和国家贸易流量之间的关系，使用Heckman两阶段模型来估计拓展的引力模型。这项研究有两个主要贡献，首先，我们研究了LPI、LPI分项指标和六项政府治理指标对"一带一路"沿线国家贸易量的影响；其次，我们首次系统地分析了政府治理指标对LPI与贸易量的调节作用。

研究结果表明，出口国的LPI和LPI分项指标可以提升"一带一路"沿线国家间发生双边贸易的概率和贸易量。而进口国的LPI及其分项指标未显著影响"一带一路"沿线国家双边贸易的概率和贸易量。进口国的政府治理指标中，治理效率和监管质量两个指标对双边贸易概率和贸易量产生积极影响，腐败控制和法治水平两个指标对双边贸易概率产生积极影响，话语权和问责指标对贸易量有积极影响，但政治稳定性指标对双边贸易概率有负面影响。通过研究政府治理对LPI和双边贸易间关系的调节作用发现，进口国不同政府治理指标对进口国LPI与双边贸易间关系的调节作用不同，除政治稳定性和话语权和问责两个指标外，政府治理的其他四个指标对LPI与双边贸易概率之间的关系均具有正向的调节作用，而政治稳定对LPI与双边贸易概率之间关系的调节作用是负向的。治理效率、监管质量、话语权和问责指标三个指标对LPI与双边贸易量之间的关系具有正向的调节作用。

二　研究启示

以上研究结果显示，通过对"一带一路"沿线国家物流基础设施的投资，能够提升沿线国家的物流绩效指数水平，进而促进"一带一路"沿线国家间的国际贸易。"一带一路"沿线国家，特别是发展中国家，可以利用亚洲基础设施投资银行的资金来连接和加强国家间的物流基础设施。而且，通过"一带一路"建设，能够进一步提升沿线国家物流绩效的整体水平，进而促进"一带一路"沿线国家之间的国际贸易。同时，考虑到各国政府治理水平在国际贸易中的重要作用，提高政府治理效率和监管质量，扩大物流设施改善对国际贸易的影响至关重要。

引导实践篇

引导实践篇包括第七章至第十一章，在基础理论、实践归纳、理论提炼逐步深入研究的基础上，重点进行理论引导实践的探讨。其中包括如何从地方产业引导链形成国家价值链，如何从集成场认识和构建"一带一路"产能合作模式；如何进行网链集成创新，如何运用绿色延伸机制；结合重型卡车产能合作探讨网链绿色延伸理论的应用；从全球价值链认识，"一带一路"境外园区在产能合作中的新使命及实现途径；对"一带一路"产能合作风险识别、危机转换以及突发事件应对，从机理、过程和集成管理机制方面进行研讨。

第七章　国家价值链：产能合作模式的集成场认识

"一带一路"倡议是中国境内承担境外来料加工，支持境外产业价值链的实践过程、在实践总结的理论指导下，在"一带一路"相关国家和地区构建和实现人类命运共同体的顶层设计蓝图，在总结中国 40 年改革开放以来的经济实践螺旋式前进的经验基础上，在以转型升级的地方产业链走向国家价值链发展的理论指导下，在产业集成创新中，走向"一带一路"，发挥全球价值链中的地位。

第一节　集成场全球价值链视角的产能合作

中国在"一带一路"倡议下提出的"产能合作"，就是国际产能合作。"一带一路"构建人类命运共同体目标倡议，将对世界未来经济和发展影响都会有极大的贡献，而体现网链目标重大的差异与选择。通过集成场视角的全球价值链考察，总结中国改革开放以来的发展经验，落实境外国际产能合作，需要在提炼新理念、新机制、新模式的同时，构建产能合作成功运行和共赢的效率机制来促进国际产能合作有效深度发展，有利于长期推进"一带一路"，落实这一宏伟倡议。①

---

① 董千里：《深化"一带一路"产能合作的集成场认识》，《国家治理》2018 年第 40 期。

一　全球价值链视角的认识

（一）集成体主导网链结构

（1）主导国内品牌建设。从事国际产能合作的企业网链首先有自己的知名品牌。以我国家电行业为例，从引进"三资"企业开始，近年来约有4000家较大的家电企业①，其专业范围包括电冰箱类、厨房家电类、视听类、空调类等12个大类，其中大约有2/3的企业已经开始或者尝试国际化。从课题组调研梳理的152个案例可以看到，取得国际产能合作成功的案例都是首先在国内站稳脚跟，有明显优势的企业作为集成体主导家电产业网链结构，有优势品牌的产品作为家电产业网链的产出。

（2）从国内价值链进入国家价值链。也就是集成体所主导的网链结构从"地方队"进入"国家队"，统筹利用全国资源，踏实国内市场之后，才进军国际市场并取得成功。20世纪90年代末，海尔集团产品质量、产品品牌已经形成地方产业链中坚，形成家电产业的国家价值链，具备进入"国际化战略发展阶段"条件，并开始全力进军海外家电产业市场。海尔集团在境内和海外市场发展始终都坚持"创牌"战略，以自有品牌出口，在产品质量、技术标准、售后服务等多个角度都提出了最高标准的承诺。经过多年努力，在产品品牌境内大获成功的基础上，关注海外发展的市场发展策略。在制定海外市场差异化发展策略时，海尔创新性地提出"走出去、走进去、走上去"的"三步走"战略，即先以缝隙产品进入欧、美、日等传统家电强国，并带动发展中国家市场的快速布局。②据统计，中国自主家电品牌出口量目前仅占海外整体市场份额的2.46%，而其中的82%来自海尔③，这是以地方产业链走向国家价值链，并以国家价值链典型形式进入全球价值链的一个典范。通过满足进口国当地用户主流需求的本土化产品进入当地市场的主流渠道，以产品集成创新、网链绿色延伸方式走出国门并最终实现中高端创新产品在全球市场引领，进入全球价值链比较有利地位。在"一带一路"国家政策势能作用下，海尔集团产品已经横跨亚洲、非洲、欧洲、北美洲和中东等地，在大半个地球上进口国深化其本土化战略，业

---

① 截至2013年12月的数据。
② 徐建华：《海尔：用创新拥抱世界》，《今日中国》2016年第3期。
③ 海尔集团网站（http://www.haier.net/cn/about_haier/haier_global/market/）。

务已经覆盖俄罗斯、巴基斯坦、印度、哈萨克斯坦、马来西亚、新加坡、泰国、沙特阿拉伯、埃及、南非、法国、意大利、荷兰、英国等多个国家和地区，为全球用户提供智慧生活解决方案。① 目前，海尔产品已销往海外100多个国家和地区，成功进入欧、美前十大家电连锁渠道，累计已售出数以亿计的高品质的家电产品。

（3）提升集成创新，改善薄弱环节。在家电等领域我国属于劳动力要素丰裕的国家，家电产品品质高，价格却要低于欧盟，而欧盟多属于资本要素丰裕的国家，生产技术密集型产品具有比较优势。我国家电行业整体生产效益较低，国内大部分市场出现了"买方市场"情况，产能"走出去"，实现"一带一路"产能合作是一个极好的战略出发点。从整体来看，我国家电行业自主技术研发，还处于很低水平，甚至许多家电企业不具备自主研发能力，网链技术能力过度依赖发达国家先进的技术和设备，因此，产品技术研发基核建立和落实对整个网链发展战略具有重要意义。

（二）网链型治理结构

全球市场竞争的基础对象是网链。集成场基本范畴构成的网链结构是最简网链结构。网链结构具有集成体主导下的可分拆、可合并的网链性质。诸如，网链结构在地理形式上的拆分与合并的耦合关系。再如，全球价值链网链型治理结构的领导型、关系型和模块型的治理关系。我国家电企业虽然数量较多，但普遍规模不大，知名度较小，即使是国内销售额最大家电品牌的海尔集团也与世界500强企业中名列最后的企业有很大差距。从图7-1可以看到，家电行业集成体主导的网链型治理结构分布情况。

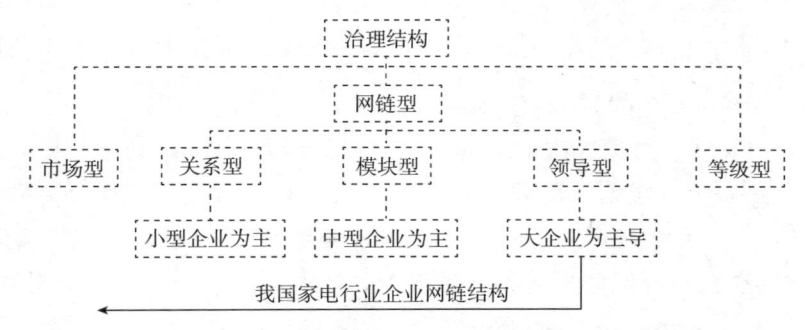

图7-1 家电行业集成体主导的网链型治理结构分布情况

---

① 葛法权、张玉利、张腾：《组织相互依赖关系对公司创业能力的影响机制——基于海尔集团的案例研究》，《管理学报》2017年第4期。

(三) 从国内价值链到国家价值链

依托巨大的国内市场,以生产性服务业为龙头,构建独立自主的制造业国家价值链,是中国制造业转型升级的根本措施。[①] 在中国制造业国家价值链的构建中,生产性服务业主要通过四种途径发挥着核心作用[②]。

中国制造业的领导型企业作为系统整合者主要执行的是包括研发在内的生产性服务功能,这是成长为跨国公司的基本途径。

专业化市场交易平台承担着国内市场高度组织化和获取国际定价权的重要职能。

地方产业链提升为国家价值链,才具有全球价值链的竞争能力。国家价值链的国外布局是构建中国制造业全球价值链的初步尝试。

电子商务革命和连锁专卖体系等新型生产性服务业的兴起,不仅是中国制造业企业打破营销商垄断国内终端销售渠道的有力途径,也是其突破跨国公司垄断发达国家终端销售市场的历史机遇。

(四) 在国际产能合作中强调合作与创新

国际产能合作(International Capacity Cooperation)是一种产业能力建设在国家之间展开协同的联合行动。国际产能合作在"一带一路"国家实践中既有梯度转移的经济学理论基础,也有第三方合作实践,对网链集成创新、绿色延伸境外具有重要的意义。"一带一路"产能合作是典型的国际产能合作。一般认为国际产能合作有两种基本形式:一是基于产品输出的国际贸易,二是基于产业输出的国际投资。前者以产品交易为主,后者以资本投资为主,但在产品输出向资本输出的过程中,往往涉及产品输出与产业输出在实施环节的差异。分析产业输出的国际产业转移(International Industrial Transfer),可知全球大致经历了五次大规模浪潮,其中的第二次(20世纪50—60年代)产业转移深深烙下了地缘政治烙印;第三次(20世纪70—80年代)和第四次(20世纪90年代开始)在产业转移过程中逐步形成了WTO贸易规则。我国于2001年加入WTO,并在承接产业转移过程中逐步成为"世界工厂"。国际产业转移验证了发展中国家在承接产业转移过程中即在全球价值链中起到产品组配和产业配套作用,在对原料开采、

---

① 张瑞:《生产性服务业网络促进制造业价值链攀升的机理研究》,博士学位论文,天津大学,2017年。

② 贾根良、刘书瀚:《生产性服务业:构建中国制造业国家价值链的关键》,《学术月刊》2012年第12期。

市场衔接的需要上，也可能形成全球价值链中新的经济开发热点，但这还需要产业网链治理中针对产业并获得适当的模式。特别是在20世纪90年代以后，国际产业转移还显现了整个产业链条转移的特征。因此，在第五次产业转移浪潮中，我国需要总结承接国际产业转移的经验，急需根据2013年提出的"一带一路"倡议，总结中国改革开放和"一带一路"建设的实践经验，主导新一轮国际产能合作发展理论研究和实践推广，通过创建共享共赢的国际产能合作机制，为再造世界经济发展新引擎奠定基础。

国际产能合作的产能建设涉及土地、设备等固定资产的产品生产或称产出能力，是生产基核建设的重要内容，所生产的产品是否有市场占有率，很大程度取决于产品创新设计、生产和销售成本、效率等场源结构及其集成引力。龙头核心企业作为集成体主导网链整体布局时，需要进行生产基核建设、产出物流组织和产品实现过程；基核作为复合场源的载体，承载着包括产品品牌、产量、信誉、技术诀窍等集成引力重任，产品生产过程还涉及原料、市场和核心技术等提供、维护和使用渠道，这些可以归结到"联接键"构成与体现集成创新作用。所以，网链绿色延伸前提下的国际产业转移过程越发具有龙头企业主导网链的产业集聚、网链组织、绿色延伸、集成创新等特征。而集成场理论用集成体、基核和联接键来刻画这最简单的网链结构，指出境内网链与境外网链的集成体结构、关系和信任等的不同，推出集成体主导网链集成创新、绿色延伸理论，与传统的产业转移相比，形成理论与实践方面的巨大差异。在此网链结构系统中，集成体、基核和联接键成为集成场全球价值链视角识别同态网链结构的一项综合性重要标志。

二 "一带一路"产能合作的探索

新一轮国际产业转移要体现"一带一路"产能合作的理念，实践共建人类命运共同体的理念。

（一）不同于传统的产业转移

在新一轮国际产业转移过程中，要能够体现"一带一路"产能合作中"国际合作"的理念，既要重视传统的优势产业理论、边际产业转移、产业梯度转移等理论的应用，也要改善以往产业转移的弊端，突出"一带一路"产能合作中的国际合作，孕育并形成中国参与国际产能合作过程的特色。

（二）总结改革开放中的中国经验

认真总结改革开放 40 年的经验，市场化改革比较充分的行业尤其如此。例如，服务业、家电制造业等，国内知名品牌如海尔、联想、长虹、TCL 等在国际市场上的竞争力也很弱，将境内产业联动、网链绿色延伸实践进行总结，形成中国特色的国际产能合作模式。我国众多分散的家电企业共同完成了我国家电行业整体进出口巨大的贸易量。

（三）积极进行国际产能合作探索

在推动我国新一轮国际产能合作过程中，要总结国内改革开放、产业联动、产业创新示范推广取得的成果和经验，形成能被"一带一路"国家广泛接受的国际产能合作理论与实践，不仅"言顺"，而且"事成"。

（四）尊重国际行为规则

技术创新是网链绿色延伸的重要支持，在"一带一路"产能合作中必须尊重知识产权，有时知识产权就是网链之间竞争的主要手段。技术和知识产权制度已成为国际贸易的重要行为规则，集成体主导的网链结构运行必须建立集成创新机制，严格遵守知识产权制度。世界贸易组织（WTO）中与贸易有关的知识产权协定（TRIPS）在协调各国外贸活动中的相关技术和知识产权方面发挥着重要作用，在联合国的 193 个成员中，已有 187 个加入世界知识产权组织（中国于 1980 年加入），集成体主导的产能合作网链必须充分尊重知识产权制度，这已经是一个全球性的法律制度，是以集成创新、绿色延伸方式走向"一带一路"必须遵守的规则。

服务业，特别是生产性服务业近年来的发展，在全球性公司对全球价值链的支配上处于上升并趋于关键性地位。全球性公司因其所主导的产业，不仅垄断了相关产业知识密集和高研发投入的研发、设计等生产性服务业，即生产前期阶段的价值链的价值，而且在原材料采购、物流运输、金融保险、订单处理、批发经营和终端销售等诸多生产性服务业，即生产后期阶段的价值链价值，这些环节在微笑曲线的重要环节上都处于支配地位，他们在生产上除了控制和垄断关键性部件制造外，将其他生产活动如加工、组装、制造等中间环节作为产业转移外包给了发展中国家，我国在介入全球价值链初期时，基本上是处于初期加工组装阶段，往往是需要密集型劳动的阶段。对于中国从构建地方产业链到逐步形成独立自主的制造业国家价值链并准备走向"一带一路"来说，生产性服务业在微笑曲线、全球价值链中也处于重要或关键性地位。①

第二节 合作中分享改革开放的成果与经验

一 产能合作中借鉴中国经验

（一）境内产业联动发展经验

总结中国 40 多年来的经济改革，成功的经验是充分利用宏观政策势能，规划、引导、促进微观经济动能所需要的物流通道发展，特别是物流集成、物流业与制造业联动、物流业促进产业联动发展，使得中国大部分地区从"要想富先修路"到"要快富修建快速路"，形成了中国高速公路网，促进载运工具发展，促进经济快速发展。这一经验从境内推向"一带一路"产能合作实践，同样具有理论与实践意义。从中国物流业在改革开放 40 多年的发展轨迹可以清晰地看到三条集成创新轨迹的合成，所促进的物流业升级路线也是集成场三维网链旋转式进步、转型升级机制，促进了物流业向高级化发展，进而也促进了相关产业的发展。

（1）企业特别是产业集成体，成为主导网链运营和转型升级发展过程的智能结构，由集成体形成的微观经济动能转换，使得物流集成、产业联动有了主导者。其动力源是集成体产生并主导物流链、供应链发展方向的物流集成力，由此形成物流集成及两业联动发展模式，推动产业创新与高级化发展。其主要过程是（制造企业）物流外包→集成物流服务商→物流链→（服务对象）供应链→（两业联动）供应链集成→（产业集群）产业链→（地方或国家）产业链→"一带一路"产能合作→融于全球价值链。②

（2）基核及其场源由物流链、供应链、产业链构成并提供物流资源、服务功能和集成服务过程的集成引力源泉环境形成。改革开放 40 多年的发展历史说明，高速公路网与高速铁路网竞合形成集成创新的基础设施升级

---

① 贾根良、刘书瀚：《生产性服务业：构建中国制造业国家价值链的关键》，《学术月刊》2012 年第 12 期。

② 董千里：《深化一带一路产能合作的集成场认识》，《国家治理》2018 年第 4 期；董千里：《改革开放 40 年我国物流业高级化发展理论与实践》，《中国流通经济》2018 年第 8 期。

发展过程，基础设施网络支持了物流业内部系统及两业联动外部环境基础设施布局建设及集成创新机制的实现作用，特别是以国际物流通道为基础的国际中转港的形成与作用，促进了境内到境外的两业联动、产业联动的发展。① 其主要过程是：高速路网→高速铁路网→战略装车点→物流基核（从仓储货场到物流中心、物流园区、国际陆港、空港、海港）→国际物流主通道（海上丝绸之路、陆上丝绸经济带）→网链绿色延伸境外→"一带一路"产能合作→融于全球价值链。②

（3）联接键体现产业及产业间网链及网链间衔接的途径、方式以及集成创新中技术集成创新的承载形式。集成创新设计支持产业联动基础设施创新、集成技术创新和市场需求供给侧创新。其主要过程是基础类联接键：高速公路网逐步形成高效能公路运输载运工具，高速铁路网促进高速机车等载运工具发展，成为产业转型升级的技术基础。诸如：重型卡车发展→车辆信息化及导航定位（GPS/ BDS）→车辆监控；车货信息平台（RFID/ EPC）→车货匹配→物流业升级；精益物流、准时配送→综合信息平台：多主体、多客户动态实时服务→大数据、云计算综合平台；及时调整仓库区位、品种→国际产能合作创新；国际中转港战略→全面融于全球价值链。③

上述"一带一路"国际物流主通道、国际物流枢纽和网络体系，支持了产业布局、产业联动等发展过程，促进了境内物流业供给侧改革，其核心在于扩大高质量、高效率、低成本物流服务的有效供给，其关键在于优化物流服务供给的集成场同态网链结构，包括物流链、供应链和两业联动导致两链对接的供应链集成，使得境内网链与全球价值链连为一体。（董千里，2018）

（二）基础设施升级对物流业影响

我国公路铁路网是物流通道的基础设施网络，其升级建设支撑了载运工具性能的升级，摆脱了改革开放初期国内只有 4 吨卡车的"缺重少轻"

---

① 董千里：《"一带一路"背景下国际中转港、条件及实现途径》，《中国流通经济》2017 年第 2 期。
② 董千里：《深化一带一路产能合作的集成场认识》，《国家治理》2018 第 4 期；董千里：《改革开放 40 年我国物流业高级化发展理论与实践》，《中国流通经济》2018 年第 8 期。
③ 董千里：《深化一带一路产能合作的集成场认识》，《国家治理》2018 第 4 期；董千里：《改革开放 40 年我国物流业高级化发展理论与实践》，《中国流通经济》2018 年第 8 期。

（即现在指的中型及重型卡车和微型卡车的公路运输载运工具）局面，公铁产业竞合推动了高速铁路的发展，进而拓展和发掘了高铁物流发展潜力。①（互联网+物联网）技术+载运工具+路网信息一体化的升级支持了物流业升级，物流业升级促进了产业联动发展及联动中的产业创新升级。特别是物流集成（业内集成）、两业联动、产业联动（业间集成）轨迹包含了产业升级作用机制，验证了其在电子信息技术和集成管理理论综合作用下促进产业高级化发展、产业互动和升级机制的作用。在集成体、基核和联接键三维坐标空间中，可以发现在网链各自集成体主导的网链轨迹间存在交互促进、融合协同的产业升级效果，在企业或产业网链中微观经济活力最强的集成体主导产业经济活动，这些都是微观经济动能的集成系统。可以通过产业链关系进行集成创新、网链绿色延伸，分层次将区域网链、国家网链和国际网链与全球价值链对应衔接起来，进行集成场视角的观察，这是微观经济集成系统的自运行。根据中国改革开放中的产业升级轨迹，可以认为，基础设施、载运工具、信息技术、集成管理等网链集成创新机制，促进了产业升级发展，激励并支持了物流业高级化发展的宏观政策势能作用环境。同时，国际物流升级发展能够直接影响并支持产业布局、产品输出等国际产能合作创新，这些构成了全球集成场。从集成场全球价值链视角观察，国际贸易与国际物流就是一个典型的产业联动过程，国际产能合作中的国际物流效率提高，意味着单位物流量中的碳排放减少，部分体现了网链绿色延伸的基本思想和必要性。②

二 产能合作中体现中国特色

（一）境外产能合作模式的尝试

我国提出的"一带一路"倡议，通过强化道路连通，在海上丝绸之路、陆上丝绸之路、陆海新通道等多项基础设施规划建设放在国际物流通道、国际物流枢纽、国际物流网络建设的重要地位，与"一带一路"沿线国家分享中国改革开放的成果和经验，支持"一带一路"产能合作，并体现在国际物流网链相应类型产能合作联接键的规划建设之中。

---

① 董千里：《深化一带一路产能合作的集成场认识》，《国家治理》2018年第4期；董千里：《改革开放40年我国物流业高级化发展理论与实践》，《中国流通经济》2018年第8期。

② 董千里：《深化一带一路产能合作的集成场认识》，《国家治理》2018年第4期；董千里：《集成场视角：两业联动集成创新机制及网链绿色延伸》，《中国流通经济》2018年第1期。

（1）基础类联接键建设。在中非产能合作中，有的放矢地推进高速铁路网、高速公路网、区域航空网和工业化的"三网一化"产能合作模式；面对中拉产能合作，提出了"3×3"新模式（即共同建设物流、电力、信息三大通道，实现南美大陆互联互通；实现企业、社会、政府三者良性互动的合作方式；拓展基金、信贷、保险三条融资渠道）。

（2）服务类联接键建设。针对欧美的国际产能合作，从"双方"合作演进至"多方"合作，突出了"1+1+1>3"新思维，从而实现"一带一路"产能合作各方利益的最大契合。利用中国产业比较优势，基于示范经济的动态演进发展，推陈出新先进经济发展理念，面向发展中国家倡议，面向发展中国家发展服务，充分展示中国政府通过产能合作帮助"一带一路"发展中国家增强产业发展基础能力并在推进工业化进程中关注环保等生态文明建设的诚意。

（3）综合类联接键建设。关注物流业与关联产业从"质"与"量"两方面促进产业联动经济发展，解决工业化中后期中国面临的产业结构优化升级、富余产能消化和新工业革命的三重挑战，实现国内经济结构调整和发展方式转变，推动"一带一路"倡议下的产能合作。

（二）国际产能合作集成场模式

（1）集成体主导产能合作网链形成机制。很多"一带一路"产能合作项目是国家政策势能作用下的跨国集成体间的合作，因此，参与国际产能合作集成体需要与境外集成体构建良好的合作关系，在产能合作网链的龙头企业主导下进行网链设计建设、绿色延伸，才能有效地与东道国对接，实现网链绿色延伸的预期合作绩效。①

（2）基核场源的集成创新机制。基核是复合场源的载体，场源是基核形成集成引力的源头，需要产能合作项目在跨国背景下，选好基核、场源类型及在空间基础上进行规划建设，持续做好基核场源的集成引力设计、建设和维护，有利于网链基核与场源集成创新，确保产能合作的产业核心技术研发、技术诀窍维护与产业技术升级能力，实现网链绿色延伸为基础的可持续的高效发展。②

（3）联接键技术集成创新的多元衔接机制。除通过基础类联接键奠定

---

① 董千里：《深化一带一路产能合作的集成场认识》，《国家治理》2018年第4期。
② 董千里：《深化一带一路产能合作的集成场认识》，《国家治理》2018年第4期。

集成创新成果以外,还要在"一带一路"产能合作的网链绿色延伸的制度、文化等方面符合东道国发展要求,用联接键创新形成的网链稳定下来,即通过联接键将创新与提升产业升级机制结合起来。我国参与国际产能合作主导的集成体,目前大多产业集中在中低端需求市场,服务的仍是发展中国家和地区,需要在满足东道国需要的前提下,在更大的网链范围维护持续的集成创新能力,保持网链绿色延伸中创新技术开发、储备和启用的可持续发展能力。[1]

(4) 协同发展的共享共赢机制。"一带一路"沿线国家间的良好关系是实现"五通"(政策沟通、设施联通、贸易畅通、资金融通、民心相通)的政治经济环境,可以看作用不同联接键构建的集成体、基核统一体形成完整的机制体系;"三同"是指利益共同体、命运共同体和责任共同体,更强调境内外集成体间不可分割的利益,其渗透于以跨境物流链与供应链融合的命运共同体共享共赢机制。[2]

三 集成场 + 全球价值链合作机制

(一) 集成场:明确最简网链结构

最简单的网链结构中,各类合成场元:集成体、基核、联接键,功能角色清晰、协同运作、集成创新,网链绿色延伸创造物质、资源和环境条件。

(二) 全球价值链:明确创新重点

针对全球价值链的价值分担,确立集成创新重点、产能合作要点、构建国家价值链对集中优势资源集成创新、可持续发展有十分重要的机制作用。张少军(2009)认为,国家价值链(NVC)和全球价值链(GVC)之间有无互动关系以及如何互动十分重要。

(三) 集成场全球价值链:价值机制

从集成场全球价值链视角考察产业链就形成了价值链。在集成场全球价值链视角下,"一带一路"倡议下中国主导的国际产能合作具有鲜明的中国特色,体现为境内与境外物流基核实现快速直达,物流基核与生产基核形成优化匹配,在国际物流主通道上形成物通量对称平衡,彻底摒弃了第一次产业转移中基本上没有国际合作,第二次产业转移中的冷战思维、零

---

[1] 董千里:《深化一带一路产能合作的集成场认识》,《国家治理》2018 年第 4 期。
[2] 董千里:《深化一带一路产能合作的集成场认识》,《国家治理》2018 年第 4 期。

和博弈等一些过时的框架，在"一带一路"沿线国家产能合作中致力于协同发展的共享、共赢机制，有利于"一带一路"沿线国家实现可持续发展的国际产能合作。"一带一路"倡议形成了更广阔的跨境物流"基核"与"联接键"衔接的网络支撑，强化集成体作用和意识，为产业转移基核选择及支持联接键转型升级指出了主导发展的方向。

第三节 网链绿色延伸的创新和可持续发展

一 境内两业联动模式

（一）两业联动发展模式

物流业与制造业两业联动具有产业联动结构、集成创新机制，体现了两链精准对接、协同发展、转型升级的典型特征。用集成场基本范畴构建两业联动发展模式具有典型性，根据集成场理论可以将制造业与物流业联动发展模式用式（7-1）表达，该表达逻辑结构也可用于一般产业联动发展模式分析。

$$\text{两业联动发展模式} = \text{集成体间} \begin{cases} \text{紧密融合} \\ \text{战略联盟} \\ \text{长期合同} \\ \text{市场选择} \end{cases} \text{关系} + \begin{cases} \text{融合型} \\ \text{连接型} \\ \text{公共型} \end{cases} \text{基核} + \begin{cases} \text{组合型} \\ \text{过程型} \\ \text{功能型} \\ \text{技术型} \\ \text{信息型} \\ \text{资源型} \end{cases} \text{联接键} \quad (7-1)$$

式（7-1）用集成体间、基核间关系和联接键类型作为识别不同联动行为的模式依据，支持的是供应链、供应链集成，核心是运作优化、集成创新，进而推进产业升级发展，这是网链绿色延伸的原动力，也反映了产业联动合作双方通过网链绿色延伸从境内拓展到境外的发展空间。

（二）模式应用要点

从集成场视角看，所谓联动是精准对接、协调发展、转型升级，进而使产业生产质量更高、物流效率更优，有利于网链运行碳排放更低；网链绿色是指网链作用机制产生的作用是在同样产出产能条件下碳排放相对更低；延伸是指物流链等网链结构关系优化，承载集成创新，以转型升级方式从境内走到境外，有利于保证和提升网链走出境外的物流集成服务和网链转型升级的绿色性质（董千里等，2010）。

二 境外产能合作模式

（一）国际产能合作模式

课题组以集成场视角分析152个国际产能合作案例中的61个制造业产能合作案例，其中，集成体关系是延伸境外的中外集成体"企企"关系，基核及场源建设体现了网链延伸的核心内容，在东道国"政企""文化""制度"等环境一致的前提下，网链绿色特征融于"一带一路"产能合作发展模式（董千里，2018），见式（7-2）。

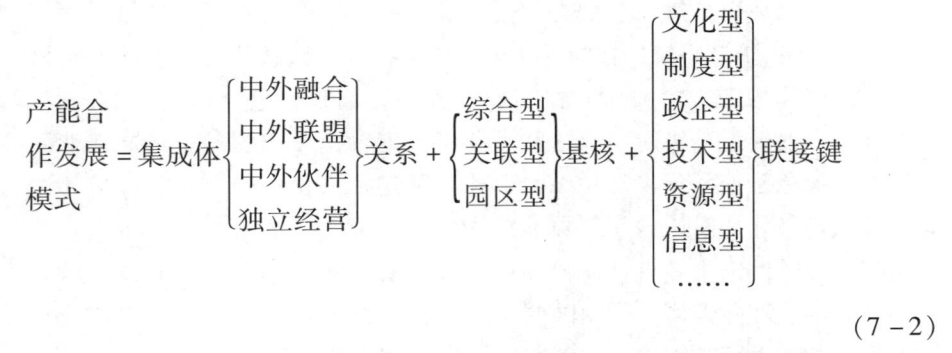

$$\text{产能合作发展模式} = \text{集成体} \begin{Bmatrix} \text{中外融合} \\ \text{中外联盟} \\ \text{中外伙伴} \\ \text{独立经营} \end{Bmatrix} \text{关系} + \begin{Bmatrix} \text{综合型} \\ \text{关联型} \\ \text{园区型} \end{Bmatrix} \text{基核} + \begin{Bmatrix} \text{文化型} \\ \text{制度型} \\ \text{政企型} \\ \text{技术型} \\ \text{资源型} \\ \text{信息型} \\ \cdots\cdots \end{Bmatrix} \text{联接键}$$

（7-2）

式（7-2）中的产能合作模式与两业联动模式是同态网链结构性质，使得网链的集成体、基核和联接键三维集成创新机制更协同有效。从境内延伸至境外的不同产业功能网链的集成体、基核和联接键维度相同，内涵相异，协同发展。

（二）模式应用要点

（1）布局与生产结合。集成体重点指与境外合作者的深度关系，基核是指境外场源及其基地间可达性，联接键类型除了基础类（包含资源型、信息型和技术型）联接键以外，其他还扩展到国家间社会文化、制度、政府与集成体间关系等方面，归纳为政企型、制度型和文化型联接键，进而导致产能合作在境外所需要的部分机制。以重型卡车产能合作为例，国内外核心企业作为集成体，主动运用国际物流枢纽与生产基核的关系，构建重卡生产基地与物流基地的关系，在生产流水线实现准时配送到工位模式，提高了生产及物流质量及效率，形成重卡基核作为品牌、产能、质量、性能和市场等的场源结构；集成体间关系、制造基核与物流基核等的关系直接影响制造组织管理综合水平，可以通过政治、经济、社会、文化等联接键打造并稳定下来，提升进入东道国运作的组织运营管理水平（董千里，2018）。

（2）布局与技术结合。中国的一些产业链虽然处于全球价值链的中低端，但网链绿色延伸仍能够满足东道国市场需求，包括低端、中端和高端输入国的需求。我们可在中高端需求国家建立研发基地，不能仅仅满足低端市场需求的国际产能合作。这就需要在网链绿色延伸中，在中高端技术研发与应用技术之间达成联接键，找到能够支持产业转型、持续提升我们核心竞争力、关键技术的集成体并寻求合作。①

（3）合作与市场结合。"一带一路"产能合作证明集成体主导的跨国基核、联接键形成的网链，必须将集成体主导的网链合作模式与市场结合起来，才能形成可持续发展的合作模式。例如，2018年1月中广核与法国电力公司 EDF 签订协议，共同开拓英国核电，在中法核能开发合作与英国进行核能合作的三方需要中，在实现中核产业网链绿色延伸境外的同时，仍能保持产业转型升级能力，这就需要将产能输出东道国的市场同产业网链升级、绿色延伸和建设环境结合起来。从这一案例可以看出，发展中国家、新兴经济体、发达国家都可能成为国际产能合作的合作者。中国企业作为集成体的网链主导者，应该是以市场为导向进行国际产能合作，将坚守商业原则、国际惯例，同中国改革实际经验结合起来，将产业升级、绿色环保精神纳入网链结构，进而实现可持续的产能合作。②

三 境外园区发展模式

（一）境外园区发展模式

我国目前境外合作园区已达 119 家，分布在各大洲的 50 个国家和地区，其中有 78 家在"一带一路"范围内（陈文玲、梅冠群，2016）。在课题组梳理分析的 152 个国际产能合作案例中有 31 个是境外园区案例，都涉及集成体、基核和联接键构成的产能合作网链关系，可以从集成场视角提

---

① 董千里：《网链绿色延伸："一带一路"重卡产能合作的价值链提升》，《中国流通经济》2018 年第 6 期。

② 董千里：《集成场视角：两业联动集成创新机制及网链绿色延伸》，《中国流通经济》2018 年第 1 期。

第七章 国家价值链：产能合作模式的集成场认识

炼出境外园区发展模式，表达为式（7-3）。①

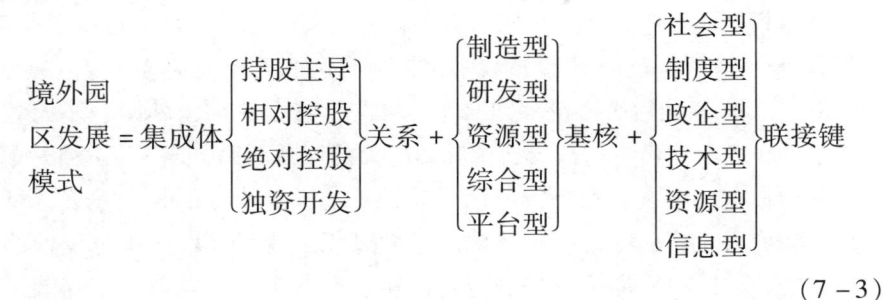

$$\begin{matrix}境外园\\区发展\\模式\end{matrix} = 集成体 \begin{Bmatrix}持股主导\\相对控股\\绝对控股\\独资开发\end{Bmatrix} 关系 + \begin{Bmatrix}制造型\\研发型\\资源型\\综合型\\平台型\end{Bmatrix} 基核 + \begin{Bmatrix}社会型\\制度型\\政企型\\技术型\\资源型\\信息型\end{Bmatrix} 联接键$$

(7-3)

式（7-3）说明境外园区建设集成体主要是平台集成体，有时平台集成体也是具有一定实力的产业集成体，不仅具有基核场源的集成引力，还具有集成体相应的集成力。

（二）境外园区模式比较

我国民营企业在境外建设运营的产业园区也可以体现集成场理论的重要性。现在就越南的产业园区案例验证网链集成创新、绿色延伸理论在境外产业园区建设的思考角度。在越南300多个园区中，两个中国企业建设园区的对比，充分体现了建设绿色园区，承接绿色网链，对形成可持续发展的重要性。产业园区需要建成绿色园区，在基础设施、招商要求与标准都有专门要求。境外产业园区招商工作是由平台集成体主导，帮助入园企业熟悉越南政府制定的政策，体现了政府规划政策势能对园区发展的影响。

工业园是一个长期品牌，若一个以低劳动力成本为基础的工业园区，专家推论一般只有20—30年的生命周期。那么，一些传统理念建设境外产业园区已初步显示出这些特征，随着劳动力成本上升，这些产业园区是不可能长期持续发展的，到一定时期，园区必须转型、产业转移必定会提上议程，所以，以劳动力成本为基础的工业园区，产业转移将成为必然。

中国民营企业家在越南建设的龙江工业园，作为越南第一个中国独资的工业园区，是目前中国在越南建成的最大规模工业园区，有建园20年历史的经验，越南政府给予重大的政策支持，龙江工业园区1平方米土地50年租金仅为1美元。入园企业也可享受越南政府对外商投资十分优惠的减

---

① 董千里：《境外园区在"一带一路"产能合作的新使命及实现机制》，《中国流通经济》2018年第10期。

免税政策,例如,构成企业固定资产的设备免进口税;产品出口免税;自企业开始投产之日起,生产用原材料、物资、零部件进口可免进口税 5 年;15 年优惠期间所得税率 10%,其中包括自有利润之年起免税 4 年、减半 9 年(5%),优惠期后所得税率 28%。① 目前集聚了中国、韩国、澳大利亚等国家的企业,已经打造成具有国际影响力的境外园区,成为"一带一路"中的一个典范工业园。先进行绿色化建设,基于工业园的长期发展,可获得越南政府最优惠的产业园区政策。建设绿色工业园是网链绿色延伸的标志性体现,同时引进环境友好的企业,实现产业可持续发展。培养园区当地的管理人才,生活配套符合未来收入的设施。园区生态适者生存的道路绿色网链,绿色延伸以及绿色园区的重要性,体现并验证了网链绿色延伸、集成创新在建设可持续发展境外产业园区时的要求。

(三)境外园区模式应用要点

境外园区是针对产业集聚、产业集群的产业链布局的,一般可以是多条供应链、供应链集成的基核,多由东道国地方政府规划或由平台集成体监管,不仅可以成为国际产能合作的复合场源承载基地,也可以承载产业地方化并进行技术、组织和管理集成创新升级的使命。国内产业园区盈利模式一般不适合境外产业园区。因此,要赋予境外园区产业(集聚、集群)升级基地、产业服务(培育、推广、展示)平台成为提升全球价值链的一个支点的新使命,通过境外园区支持国内企业抱团出海、集成创新,进一步支持产城融合、区域经济本地化发展。②

从集成场视角观察境内两业联动到境外产能合作和境外园区发展模式,是逐步扩展的同态网链发展模式,具有绿色延伸发展性质。中方集成体可以在境外园区建设过程中体现产业集成体意志,促进境内产业网链绿色延伸参与国际产能合作,其产业布局还利用中欧班列形成国际物流主通道的物通量对称平衡。③ 如爱菊集团是集粮油加工、粮食储备、粮食贸易、连锁经营为一体的多元化集团公司,其将爱菊粮油基核建设放在哈萨克斯坦的

---

① 参见王益敏《越南龙江工业园:打造具国际影响力的境外园区》,https://zj.zjol.com.cn/news/831620.html,2017 年 12 月 19 日。

② 董千里:《境外园区在"一带一路"产能合作的新使命及实现机制》,《中国流通经济》2018 年第 10 期。

③ 董千里:《境外园区在"一带一路"产能合作的新使命及实现机制》,《中国流通经济》2018 年第 10 期;董千里:《"一带一路"背景下国际中转港战略优势、条件及实现机制》,《中国流通经济》2017 年第 2 期。

项目，主要由"爱菊农产品加工产业园区"和"粮油种植基地"两部分构成。这一案例具有产能合作及境外园区模式的全部要素。2015年5月起，爱菊与哈萨克斯坦方面进行了多次沟通，得到哈国第一副总理及相关国家领导人的重视，双方建立战略合作关系，并列入"中哈产能与投资52个合作项目清单"。2016年3月开始从哈国调入2000吨无污染、非转基因油脂，这对西安港—中亚的长安号班列的回程满载起到重要支持作用，是有利于产能合作、国际物流的一种多方有利的产业布局。在这一案例中，集成体及其间关系是爱菊粮油集团—马斯洛德粮油集团的紧密合作型关系，为基核与联接键建设奠定了良好的基础；基核包括了种植基地、加工基地和物流基地，联接键加强了其间的关系。爱菊集团在哈国开发了100万亩（长期计划200万亩）种植基地，建立粮油加工基地，其中，加工基核（1000吨小麦加工、16万吨油脂加工厂），可与西安港等国际物流基核对接，承担运输、中转配送哈方乳制品、牛羊肉制品及蜂蜜等特色产品的衔接；重点建设资源型（生产—加工—物流—市场）联接键，利用中欧班列实现国际物流过程，形成立足陕西，销往全国各大城市的中哈爱菊粮油。网链绿色延伸至哈国，出口陕西和国内知名特色产品，并将哈国绿色产品引入境内，有利于在国际物流主通道上实现物通量对称平衡；有利于将进口哈方优质的乳制品、牛羊肉制品及蜂蜜等特色产品在西安港形成境内配送中心。这就成为对称平衡的共享共赢机制。①

第四节 本章小结

一 主要观点

从集成场全球价值链视角观察"一带一路"产能合作案例，并将其提炼为以集成场主要范畴为系列模式的构成要点来考量，可以形成以下主要观点。

---

① 董千里：《境外园区在"一带一路"产能合作的新使命及实现机制》，《中国流通经济》2018年第10期。

（1）"一带一路"产能合作是国际产能合作的重要部分，其内涵包括产品输出（贸易）和产业输出（转移）两大部分，其中，产业输出（转移）从集成场全球价值链视角考察，涉及产能合作和境外园区模式，是支撑网链绿色延伸重点考虑的方面。伴随着网链绿色延伸的效率机制构建，核心主导企业在网链形成与境外延伸的动力源中，还需增加绿色理念于网链结构关系的政企、制度、文化等联接键，进而增强风险抵御能力、满足集成创新需要与境内网链达成对接，以保障绿色可持续创新和发展潜力。

（2）从我国"一带一路"产能合作案例梳理来看，两国或多方国家政府及相关部门的大力支持和帮助很重要，做得好的"一带一路"产能合作案例大多数都有国家之间战略合作伙伴关系等政府规划政策的政策势能支持。要使国际产能合作更加有效果，还需要发掘企业和市场机制，从集成场视角设计国际产能合作。境外园区发展需将网链绿色延伸叠加输出，与全球价值链对接。

（3）"一带一路"产能合作体现了中国改革开放的理念变化成效，从过去更多地关注成本、数量，到更关注质量、效率。将质量、效率、成本纳入网链绿色并结合结构输出，才能够在产业联动、产业集群、产业链境内与境外有对接渠道的基础上，以网链绿色延伸境外来促进国际产能合作并提升在全球价值链中的地位。

（4）要善于运用新的理念使得国际产能合作更为有效。尽管国际物流仍以（海上丝绸之路）为主，但中国内陆地区至中亚、欧洲的丝路经济带，特别是中欧班列日益受到关注，突出表现为一些产业的转移、传统理念的摒弃和改变，从重视货运周转量到关注时间周转量，从关注出口贸易到关注对称平衡，从关注产业发展到关注产业联动促进产业发展，将可能使一些传统的国际物流主通道的服务中心发生改变，这些都为中国提出的国际产能合作积淀了丰富深厚的创新理论和发展基础。

二　主要建议

（1）在国际产能合作的网链绿色延伸过程中，要有意识地强调集成体运用集成场顶层设计理念；在新一轮产能合作过程中充分发挥主导作用，达成集成体的战略主导意识、经济活力和实现能力的一致性，充分运用基核、联接键进行产业集成创新和关键技术维护升级。

（2）明确地将我们的绿色延伸理念，通过政企、制度、文化等联接键很好地与东道国相应集成体、政府部门对接；将中国改革成果经验总结上升到理论，并与国际惯例、商业规则一起以法律、制度、文化等形式有效地结合起来，有利于网链绿色延伸的硬性与软性联接键创新建设，在完善产业升级渠道中提升其产业链在全球价值链中的地位。

（3）境外产业园区要成为支持境内产业网链绿色延伸的一个多功能服务重要支点，推进中国产业链及其产能输出，成为支持"一带一路"倡议的具体项目抓手，推进国际产能合作有序、有效地可持续发展过程。

第八章 网链集成创新：创建绿色延伸机制

集成场视角的物流业与制造业（以下简称"两业"）联动发展模式是通过集成体所主导的两链融合实现其协同运作的。两业联动模式构建了主导两业联动的集成体间关系所激发的两链导入、适应、共享和拓展阶段的集成创新目的和动因，阐述了集成体主导的基核与联接键形成的网链结构及主动实现集成创新行为和全程场线绩效作用的机制体系。用集合理论识别的物流链、供应链及其两链融合的供应链集成和以其为基础的产业链都是同态网链结构，在集成场视角下都具有集成创新动因、机理、重点和实现方式，形成了两业联动模式的产业集成创新结构、行为和绩效体系。"一带一路"倡议下的国际产能合作应当是产能绿色输出，体现为低碳化特征，可通过集成体主导供应链集成创新奠定网链结构境外绿色延伸的基础，支持产能通过产业链绿色迁移实现"一带一路"产能合作，同时也能在产业链绿色延伸的基础上构筑与提升全球产业价值链。

第一节 网链结构

一 人工大系统的描述

（一）人工大系统

集成是人工集成系统按一定目标将多项资源整合起来运用的主动优化行为、过程或结果，可具体体现为合成场元的整合、合作、联合、联动、协同、融合等过程。场是物质存在的一种形式。集成场是合成场元受集成力、集成引力作用下的时空分布状态。其中，集成力、集成引力的形成及功能发挥很大程度体现了主动性合成场元在集成场中的主导地位和作用。集成场视角可以将合成场元作为集成场中值得考察的基本单元,其中主动性合成场元体现了人工集成系统的决策智能结构,运用合成场元具有的必要性、相对性等特征,可以大大简化集成场中考察对象单元的种类和数量。①

(二)集成场描述人工集成系统

集成场是分析人工集成系统的重要理论方法,物流业高级化是伴随着物流集成形成的物流链的进一步完善,其中电子信息技术和集成管理理论对物流服务质量、效率特别是绿色化起到重要支撑作用。两业联动是由物流链切入供应链形成的供应链集成,即两业联动通过两链对接、适应、共享和融合过程进行,是由集成体、基核和联接键构成的网链结构。②

(三)两业联动发展模式的实践性

基于集成场范畴考察物流链、供应链到供应链集成,提供了一个系统、简洁且完整的人工集成过程。在国家社科基金项目(编号:13BJY080)的研究过程中,课题组运用集成场范畴梳理了 116 个两业联动案例,有的课题研究案例曾跟踪观察了 2—26 年,例如,"新飞电器"与"新飞专运"、"陕重卡"与"通汇物流"等两业联动的案例。案例验证了两业联动从导入、适应、共享、融合等各个阶段的集成体间竞合表现,使得理论研究归纳提炼有着充分的实践案例支撑。在客体研究的过程中,还使用了全国现代物流工作部际联席会议办公室组织专家编撰的 28 个两业联动案例,用集成场范畴进行"解剖麻雀"式的案例研究验证,同时结合全国 130 份问卷分析,在面上提炼出基于集成场理论的、由集成体、基核、联接键三维基本范畴构建的两业联动发展模式。具体见式(8-1)。③

$$\text{两业联动发展模式} = \text{集成体} \begin{Bmatrix} \text{紧密融合} \\ \text{战略联盟} \\ \text{合作伙伴} \\ \text{市场选择} \end{Bmatrix} \text{关系} + \begin{Bmatrix} \text{融合型} \\ \text{连接型} \\ \text{公共型} \end{Bmatrix} \text{基核} + \begin{Bmatrix} \text{组合型} \\ \text{过程型} \\ \text{功能型} \\ \text{技术型} \\ \text{资源型} \\ \text{信息型} \end{Bmatrix} \text{联接键} \quad (8-1)$$

---

① 董千里:《集成场理论:两业联动模式及机制》,中国社会科学出版社 2018 年版。
② 董千里:《集成场理论:两业联动模式及机制》,中国社会科学出版社 2018 年版。
③ 董千里:《集成场理论:两业联动模式及机制》,中国社会科学出版社 2018 年版。

式（8-1）揭示了物流链、供应链及两链对接所形成的供应链集成都是由集成体、基核和联接键构成的网链结构；明确了两业联动是由集成体主导的两链融合过程，以及主动优化的集成创新动因、行为和作用对象构成。两业联动绩效是由两业联动发展模式形成的三维结构关系组织的全程运行轨迹提炼的综合绩效。诸多案例表明，物流集成、供应链集成促进了产业转型升级。

二 产业迁移与网链结构

（一）产能合作涉及网链结构

网链结构的绿色延伸是以电子信息系统及平台建设为基础构建联接键，在车辆设备效率化、配载积载优化、能源利用低碳化、运营资源优化整合等多管齐下的集成创新中，集成体直接或间接地进行基核间网链的全程场线绩效监管，保障供应链集成、产业集群的产业链从境内延伸至境外能够实现低碳化战略，并能带来显著的社会效益和经济效益。其机理是通过集成创新提高集成体、基核及基核间网链运作效能，进而减少供应链集成、产业集群的产业链单位物流量的碳排放（董千里等，2010），实现和提高供应链集成、产业链境外绿色延伸绩效，这是产业转型升级在同态网链间协同的一种表现。①

（二）网链结构是产能合作的基础

揭示基于物流集成、推动两业联动的物流链与供应链集成的内在创新动因与机制，可以进一步研究同态网链结构（Mccarthy等，2010）从境内延伸到境外的国际物流发展（董千里，2017）和"一带一路"国际产能合作的理论基础，正如制度理论聚焦于组织相似性（魏江等，2016）是网链衔接的联接键和网链治理的理论基础。我国"一带一路"产能合作，是涉及直接投资与生产组织、市场营销等供应链与物流链协同的供应链集成创新网链活动过程，需要境内与境外合作各方更加全面和真诚地集成创新、协调互动才能实现供应链集成和产业链境外绿色延伸。网链结构及其境外绿色延伸是从集成体主导网链集成创新的系统内部建设入手，从对接网链、彼此适应为主题到供应链集成、产业链绿色延伸境外谋发展，与东道国所

---

① 董千里、董展、关高峰：《低碳物流运作的理论与策略研究》，《科技进步与对策》2010年第11期。

在环境协同的共同努力发展过程。制造业与物流业联动发展是关联产业集成创新与转型升级的一类典型形式,在产业联动的集成创新动因、动力等方面具有代表性,是供应链集成、产业链境外绿色延伸的动因之源。构建和描述同态网链结构模型的意义及作用在于可利用既有研究成果的相似性,有利于发现新的研究方向,深化研究内容,在国际产能合作下的网链结构在境外绿色延伸中明确下一阶段欲攻克的主要目标和任务。①

第二节 生存与发展是网链集成创新的基本动因

物流链作为物流业组织化的基本形式,表明了成本、效率和质量在横向集成或纵向集成中的选择顺序,体现了集成创新带来的成本降低、效率提高、质量改善和价值追求,并能与供应链、产业链充分联动与融合,这是物流业生存与发展的必要条件。

一 面向市场是集成创新的基本动因

(一)同态网链结构

集成场视角物流集成所形成的网链结构是由集成体主导的、以基核为依托、由联接键衔接的被称为"物流链"的组织化形式。用集合可表示为:

物流链 = {(物流集成体,物流基核,联接键)|(物流集成体,物流基核,联接键)∈网链结构}

集成体依托信息技术降低了资源整合成本,提高了资源利用效率,并通过功能集成促进产业升级,可贯穿于物流业发展过程之中,对业内资源、功能等的整合都属于这一范畴,参见图8-1。类似地用集合表示还有:

供应链 = {(制造集成体,制造基核,联接键)|(制造集成体,制造基核,联接键)∈网链结构}

这是通过资源供应、产品生产、产品销售的集成创新活动,贯穿于以制造业为核心的全过程,通过高端需求引导物流链集成创新,使两链在联

---

① 董千里:《境外园区在"一带一路"产能合作的新使命及实现机制》,《中国流通经济》2018年第10期。

动协同中共享产业升级成果（董千里，2013），例如，通汇物流—陕重卡联动集成创新案例。

物流链对接供应链，就要比从供应链剥离出来的自营物流功能的服务质量更好、效率更高、成本更低，这也是物流链导入供应链、通过集成创新实现两业转型升级的必要前提。

两业联动形成的供应链集成是以式（8-1）模式下形成的两链对接的网链结构，用集合论表示其逻辑关系，即：

（物流链∪供应链）∈网链结构

物流链与供应链对接形成了供应链集成，用集合表示：

供应链集成＝{[（制造＋物流）集成体，（制造＋物流）基核，联接键] | [（制造＋物流）集成体，（制造＋物流）基核，联接键]∈网链结构}

其中，

[（制造＋物流）集成体，（制造＋物流）基核，联接键]∈（物流链∪供应链）

这是用集合范畴表达了供应链集成的含义。横向集成拓展了资源可整合优化的选择范围，两业联动过程是通过物流链导入供应链来实现的，两业联动的资源整合范围就涉及物流链与供应链全过程。用集合"物流链∪供应链"表现为两链的"并"，即（物流链∪供应链）⊂网链结构。

（二）网链创新一般性机制

集成体主导集成创新，基核承载集成创新，联接键创造集成创新条件，构成最简网链结构的创新机制，也是网链结构绿色延伸的前提。其中，联接键体现并承载着技术创新的主要成果（见图8-1）。

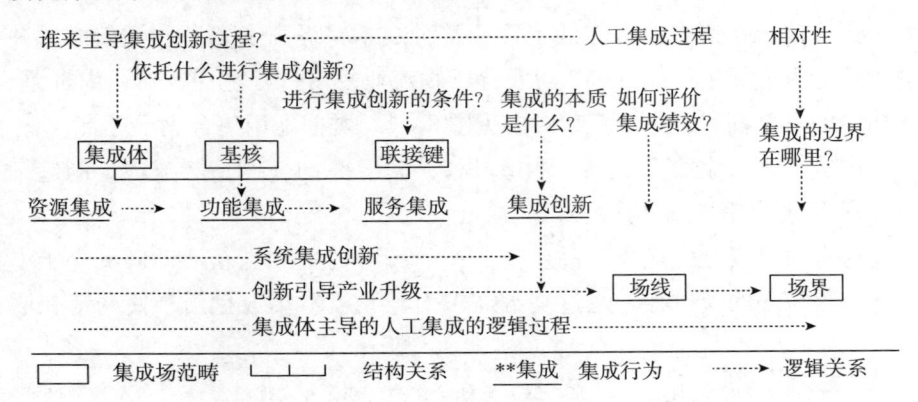

图8-1　集成体主导网链集成创新的逻辑过程

图 8-1 表明两业联动是物流业面向市场寻求（制造）供应链服务对象的纵向集成过程，制造业作为物流业的典型服务对象，不仅关系到物流链生存，而且关系到物流业转型升级、可持续发展，因此产业联动是物流业集成创新的动力和发展方向。

（三）网链集成创新机制

学术界对产业技术创新有过许多的研讨，其中最典型的是 A-U 创新模型与逆 A-U 创新模型。

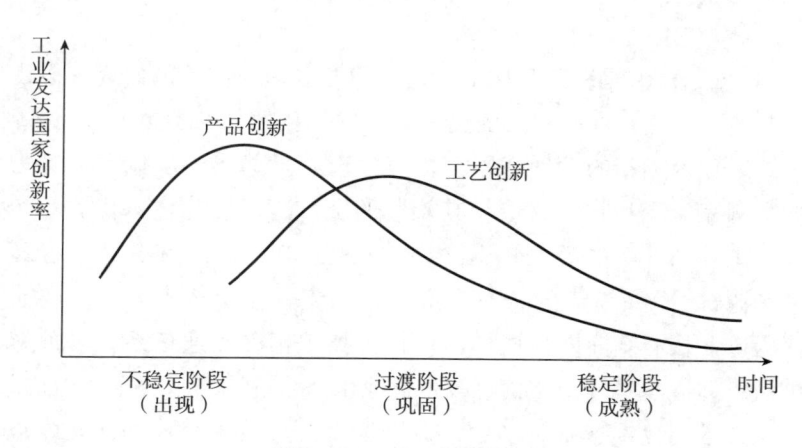

1. A-U 创新模型与逆 A-U 创新模型

美国哈佛大学的 N. Abernathy 和麻省理工学院的 Jame M. Utterback（1978）在对技术创新的研究中发现，企业技术创新的演变路径符合生命周期的一般特征，产品创新和工艺创新之间遵循着与时间序列相关的规律，并且以主导设计的形成时间为节点，两者呈现出此消彼长的关系，这就是A-U 创新模型。① 该模型将创新过程分为不稳定阶段、过渡阶段和稳定阶段，产品和工艺的创新频率在三个阶段呈现一定的规律性，如图 8-2 所示。②

图 8-2 A-U 创新模型

---

① 周天威：《产品创新与工艺创新：A-U 模型研究综述》，载中国技术经济学会《第十一届中国技术管理（2014'MOT）年会论文集》，中国技术经济学会：清华大学技术创新研究中心，2014 年。

② 董千里：《集成场视角：两业联动集成创新机制及网链绿色延伸》，《中国流通经济》2018年第 1 期。

Abernathy 在 20 世纪 80 年代指出，市场因素对技术创新过程具有重要作用，Abernathy、Kim Clark 和 Allan Kantrow（1983）在 *Industrial Renaissance* 中分析了工业化国家怎样制定市场竞争策略，并把市场创新与 A – U 模型相结合，建立了 ACK 创新模型①，具体见图 8 – 3。②

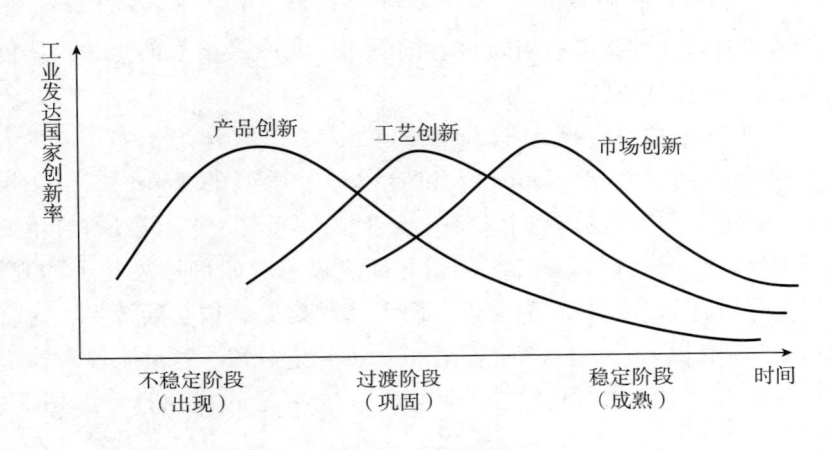

图 8 – 3 ACK 创新模型

A – U 创新模型是基于美国的灯泡和汽车制造业进行的研究，微观层面适宜于制造业，宏观层面更一般更适用于发达国家。而逆 A – U 创新模型更适用缺乏技术创新的发展中国家，我国现阶段仍属于以技术追赶为特点的发展中国家。华为和中兴依赖其雄厚的资产、研发和技术优势、产业全球布局和正外部性经济溢出效应，致力于构筑知识和品牌资源平台（基核的技术场源部分），三流的企业卖产品，二流企业卖技术，一流企业卖标准。作为产业核心企业即集成体，定位为技术标准和通信系统硬件解决方案提供商，即逐步巩固中国信息技术商业生态系统网络核心企业地位③，对夯实信息技术商业生态系统平台，促进整个信息技术企业的演化发展，具有推动作用。特别是华为，针对国际技术垄断甚至是霸权欺凌的恐吓，及

---

① 以 Abernathy、Kim Clark 和 Allan Kantrow 三位作者名字的首个字母命名的模型。
② 董千里：《集成场理论：两业联动模式及机制》，中国社会科学出版社 2018 年版；董千里：《集成场视角：两业联动集成创新机制及网链绿色延伸》，《中国流通经济》2018 年第 1 期。
③ 李强、揭筱纹：《商业生态系统网络核心企业价值评价研究——基于华为和中兴的对比分析》，《科技进步与对策》2012 年第 4 期。

时建立了竞争的冗余技术体系,在中美贸易摩擦中得到重要的成绩。因此,逆A-U创新模型更适合于我国现在产业链发展的过程,如图8-4所示。

图8-4 追赶国际技术创新学习过程

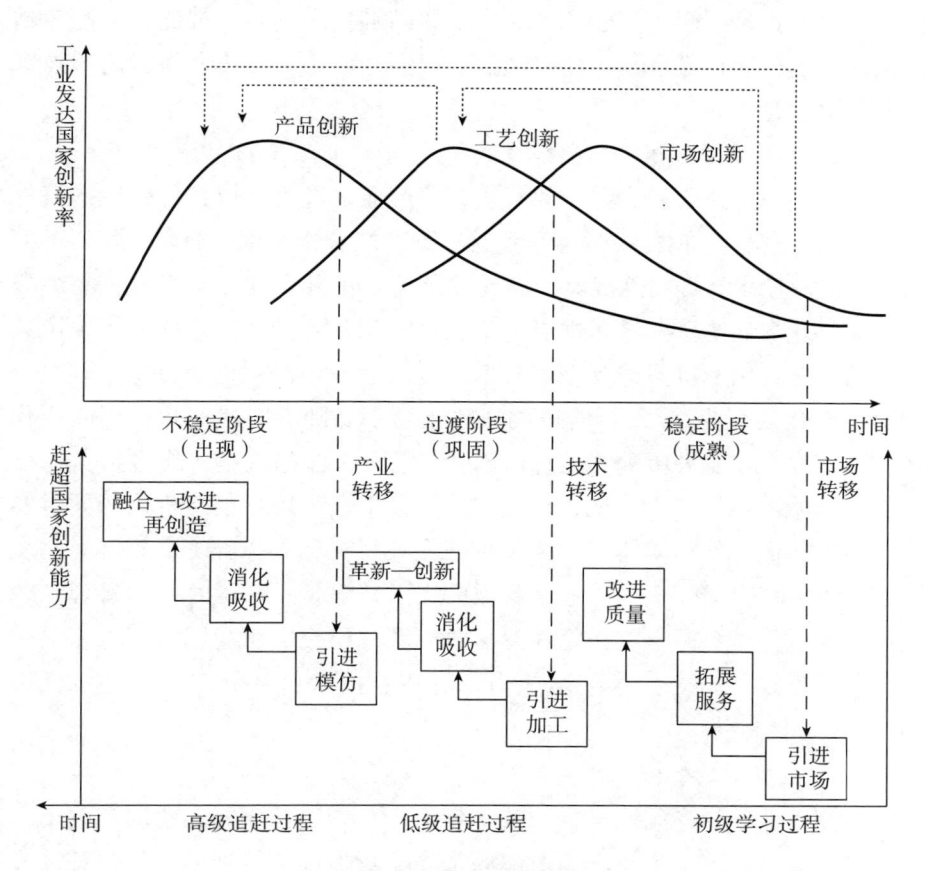

图8-4追赶国际技术创新学习过程是A-U模型的逆向分析过程,其中体现了市场转移、技术转移和产业转移过程的技术创新学习过程,即初级学习过程、低级追赶过程和高级追赶过程。当发展中国家处于技术匮乏阶段时,引进发达国家已经处于稳定阶段、技术已经成熟的产品,对其在消化吸收的基础上进行简单改进,该过程为低级追赶过程。当发展中国家有一定技术基础时,开始引进发达国家处于过渡阶段甚至是不稳定阶段的、技术未完全成熟的产品,对其进行消化吸收,并进行较大程度的创新,该阶段称为高级追赶过程。对于像我国这样的发展中国家,技术上必须经过

从低级追赶过程到高级追赶过程的演进，才能逐步缩小与发达国家技术上的差距。① 但是，分析同一产业链的不同集成体主导的网链结构，各自所采用的追赶方式是不同的，显然集成体主导网链技术创新的战略，追赶超越的战略及实现途径都是不同的。例如，中兴和华为在中美贸易战前的技术创新策略也是不同的。

2. 我国制造业技术创新典型模式

海尔始终坚持研发、生产和营销，将产业链过程形成三位一体的海外创牌战略。解剖海尔从1984年创业至今的产能合作案例，海尔已经历了五个发展战略阶段，即名牌战略、多元化战略、国际化战略、全球化品牌战略、网络化战略阶段。将其供应链集成过程用价值链观点审视，体现了从国内价值链、国家价值链到全球价值链发展过程。海尔创业以来，致力于成为"时代的企业"，每个阶段的战略主题都是随着时代变化而不断变化的，但贯穿海尔发展历程的是管理创新。重点关注的就是从战略到实施②，集成体战略涉及将"人"的价值实现，使员工在为用户创造价值的同时实现自身的价值，使集成体"二元结构三主体特征"得以充分实现。海尔从2005年提出"人单合一"，这一双赢模式因破解了互联网时代的管理难题而吸引了世界著名商学院、管理专家争相跟踪研究。对我国大部分家电企业而言，尚缺乏核心技术创新能力，对核心技术追赶仍基本上处于低级阶段。③

3. 两业联动的物流业集成创新模式

对服务业中的物流业进行的技术创新，与制造业不同。我国在改革开放初期是没有物流这个概念的。市场是物流业形成与发展的前提，总结改革开放40多年来物流业形成与发展，从概念、形式到内涵都体现了市场物流服务需求、供应商物流服务供给的市场—物流供应商主导设计物流服务内涵、外延和支撑体系（董千里，2018）。逆A-U创新模型需要增加物流维度。集成场机制体现的是"三维集成创新机制"体现技术创新的主要是联接键及技术创新维。

---

① 任相久、赵慧灿、刘秀：《技术创新视角下我国家电行业国际化战略研究》，《经济视角》（上旬刊）2015年第5期。

② 张道周：《时代的企业与时代的企业家》，《青岛日报》2018年10月16日第10版。

③ 作为中国大件物流领导品牌的日日顺物流凭借其开放的创新模式获得了"年度中国物流产业创新奖"。

（1）集成体及其间关系：市场选择、合作伙伴、战略联盟和紧密融合关系。服务集成系统其运行质量、效率和成本，除了与其经营方式、监管能力相关，还与整个物流环境的基础设施网络、信息及信息技术和物流集成服务、与客户的关系密切相关。

（2）基核及基核间关系：涉及物流通道（载运工具）、物流节点（仓储设备）、物流园区（联运作业）、场源结构（对称平衡）、集成引力（持续发展、物流成本、物流效率、物流质量），微观上体现为同址运营、近址运营类型，宏观上多体现为公共基核运营类型。

（3）联接键及技术创新维：包括以信息与通信技术为基础的技术创新、云技术、大数据平台支持了基核布局（规划设计）等。

可见，物流业作为生产性服务业，既包括物流服务集成供应商为推出新服务（产品）而采取的一系列设计，还包括从商品生产到最终消费的一系列技术手段、服务方式和经营方式及物流运作的技术组织手段。①

物流业不直接生产有形的产品，但始终存在着资源、功能和服务的整合优化，其利润主要来自流通渠道的特性以及服务水平。因此，从集成场范畴提出物流业点线—网链高级化发展规律和三维集成创新机制（董千里，2018），把物流通道、基核纳入物流基础设施将促进形成产业转型升级，那么联接键及技术创新、集成体及其间关系就可用平面图形反映三维立体关系，形成网链发展微观运行过程。集成体主导网链结构的渐进进步就会以螺旋式自运行过程形成，在多个集成体协同主导网链结构自运行过程的方向叠加，就可以从循环体系方向中叠加获得集成的进步能量，体现出产业的转型升级的主导发展方向。技术集成创新投入越多，促进网链集成创新的动力就越强；创新能力越强基核越稳，而基核越稳动力越强，就会形成越稳定的旋转运动，抵御外来的干扰、竞争的制胜能力就越强。甚至个别国家倾国之力对某一产业集成体主导的高速旋转网链进行干扰，对其运行稳定性的影响也是有限的。这个原理可以称为集成场"右手法则"。网链合成场元的运行关系见图8-5。

---

① 周天威：《产品创新与工艺创新：A-U模型研究综述》，载中国技术经济学会《第十一届中国技术管理（2014MOT）年会论文集》，中国技术经济学会：清华大学技术创新研究中心，2014年。

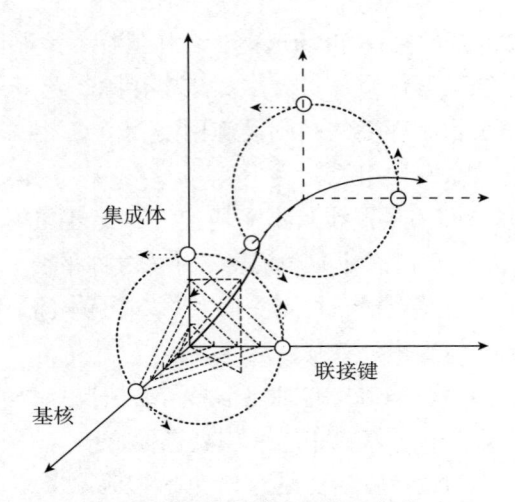

图 8–5　网链合成场元的运行关系

华为技术创新就是典型的网链螺旋式集成创新的过程，先后经历了从模仿创新、合作创新再到自主创新的过程。[①] 集成体主导网链的自主集成创新，可能脱离了传统轨道，创立了新轨道，即在特定环境和条件下形成主动优化的集成系统，自主优化的集成创新模式的演化过程也是集成体充分利用联接键集成创新资源、拓展基核承载复合场源的集成引力，即显示为对一流人才、资源的吸引能力，逐步形成新轨道，提高集成系统创新质量和效率。这一创新过程与产业运行发展过程相结合，对其创新向量叠加分析，就可能形成产业转型升级的新的或主导方向及过程。集成场的主动优化、主导创新机制的开发和成功，将是有见识的竞争对手感到有压力的重要方面（见图 8–6）。

图 8–6 反映了我国物流业高级化发展的周期性关系。基础设施包括物流通道、物流节点，这样：基础设施↑（物流通道—物流节点）→技术创新↑（物流信息系统）→服务升级↑（物流资源—物流功能—物流服务集成）→技术创新↑（物流平台—联动模式）→服务升级↑（两业联动—国内价值链）→国际物流通道↑（国际中转港）→技术创新↑（信息平台）→服务升级↑（产能合作—国家价值链）等形成物流链、供应链集成、产业链及其全

[①] 张永凯：《企业技术创新模式演化分析：以苹果、三星和华为为例》，《广东财经大学学报》2018 年第 2 期。

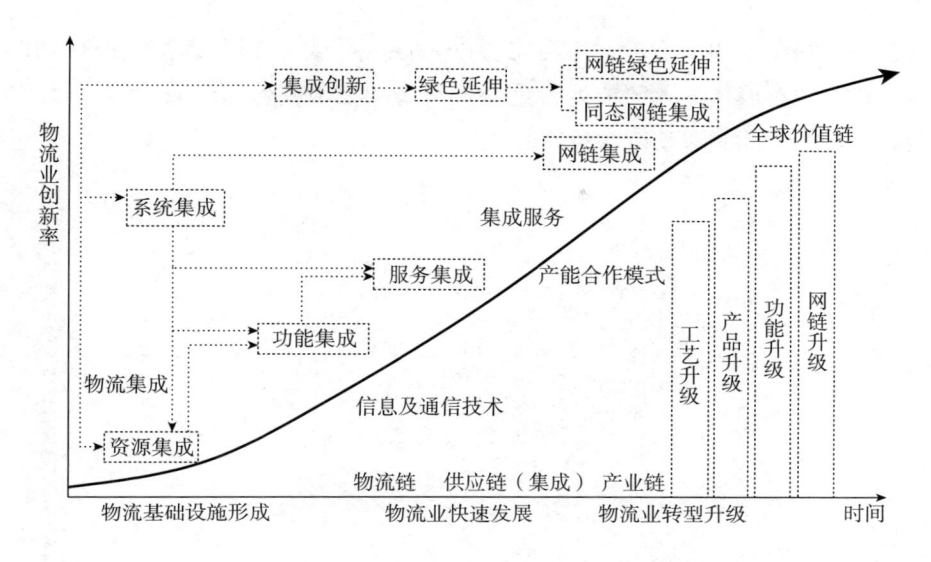

第八章 网链集成创新：创建绿色延伸机制

图 8-6 中国物流业转型升级三阶段模型内涵

球价值链的网链目标实现过程。显然，多集成体协同主导基核、联接键技术创新所形成的集成创新，可能通过旋转动力形成了方向叠加、形成了产业链发展主轨道，这是全球价值链及其增值形成的基础，也是一些国家通过政策势能力图使自己国家掌握产业链主动权的原因。

集成体主导网链体现的是集成创新基础上的绿色延伸，集成体将主导的网链结构从地方产业链（从价值角度观察为地方价值链）提升到国家价值链，是体现了集成体主导的网链转型升级方向，而走向"一带一路"产能合作，往往形成新的产业链关系，也就是绿色延伸的产业链发展方向，体现为全球价值链，在集成场全球价值链新的分工中增加价值。

图 8-7 中反映了点、线、网、链是物流链形成及高级化发展过程，网布局集成了每一次选择的可能，链稳定了一系列决策的轨迹，增强了服务质量、系统可靠性并降低了运营成本。网链集成创新过程，是以同态网链结构理论为基础，从业内集成，以物流集成为代表则重点体现为"效率提升+集成服务水平提升"，到业间集成，以两业联动、产业联动[①]为代表，则重点体现为产业转型升级，再发展到境外网链结构的集成创新关系，集

---

① 两业联动主要指制造业与物流业的联动发展；产业联动涉及更一般意义的产业与物流业联动发展，如电商与物流业的联动发展，两者的紧密融合，促进了整个电商服务水平的提升。

成创新是绿色延伸的前提，往往需要以基核为承载、以联接键为依托，在这一过程中集成体主导网链运行是微观经济动能范畴，但与政府规划等宏观政策职能之间有着动能与势能的关系。

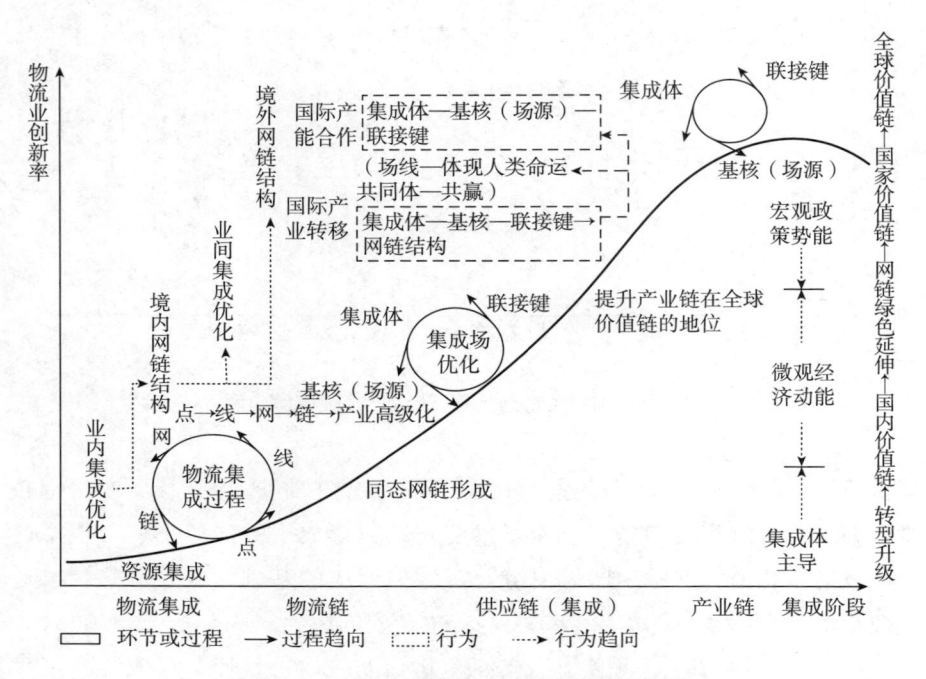

图8-7 点线—网链集成创新阶段与创新率

二 长期跟踪案例的验证

（一）案例概况

分析产业联动案例、产能合作案例可以看到，案例在不同时期所处的集成体生命周期发展段的特点有所不同。课题组除了解剖海尔案例[①]进行深度分析以外，还对从"黑鹰展翅"到"黑鹰折翅"的新飞案例[②]进行剖析。新飞专运与新飞电器联动案例可以分为几个时间段。以下着重介绍新飞专运与新飞电器1996—2005年合作联动案例。

---

① 参见课题组目前梳理的152个"一带一路"产能合作的第1个典型案例。
② 这是课题组跟踪两业联动时间最长的典型案例之一。有其境外投资进行两业联动、产能合作的示范成功时间段案例，也有其走向衰落时间段案例。

1996—2005 年，从新飞电器自营物流资源中剥离出来，一部分物流资源融入由专业化的集成物流服务商新飞专运组织的有 18 家运输单位参加的物流链中，经过几年的合作，新飞电器产品走遍全国、走向世界，新飞专运也得到成长壮大（董千里、董展，2013）。其中，合作适应过程孕育着集成创新、产业升级过程，体现了网链结构横向集成基础上的纵向集成关系。两业联动形成的"两链集成"重点研究领域是物流链与供应链的"交"，即（物流链∩供应链）∈ 网链结构，是纵向集成创新关注于物流链生存与发展所需要面对的市场与供应链的对接，因此，两业联动促进并提升了两业网链结构质的改变，其改变的主要途径就是纵向集成创新，涉及两链之间的界面及界面管理所需要的联接键支撑。在这一时间段，新飞专运与新飞电器间的两链对接集成体之间是战略联盟关系，基核之间是融合型基核关系，现场装载作业是夹板型叉车的技术型联接键和产品质量损失赔偿制度等信息型联接键（董千里、董展，2013），在主导网链结构的集成体、基核间用联接键形成了稳定的联系（董千里，2009），并可在一定区域探讨提高两业联动集成创新能力，促进产业升级发展（董千里，2013）。网链横向集成和纵向集成与产业升级之间的关系见图 8-8。

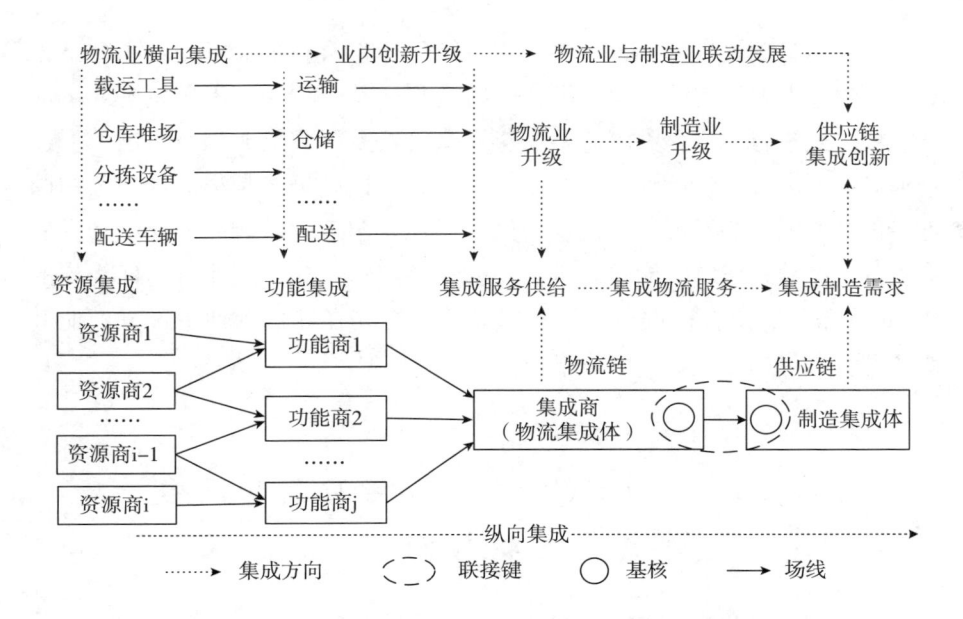

图 8-8 网链横向集成和纵向集成与产业升级之间的关系

(二) 横向和纵向集成交织网链结构发展

网链结构横向集成更多地体现了系统运行成本、效率等方面的要求，而其纵向集成更多地体现为集成系统所追求的质量与价值目标。虽然两者都是网链集成创新，但前者更偏重基于成本、效率改善的业内资源集成管理，后者更偏重质量与价值提升及分配的网链结构治理及制度设计，基于质量与价值等网链集成创新直接影响到产业链集成与全球价值链长期发展战略。参见图8-9阐述的逻辑关系。

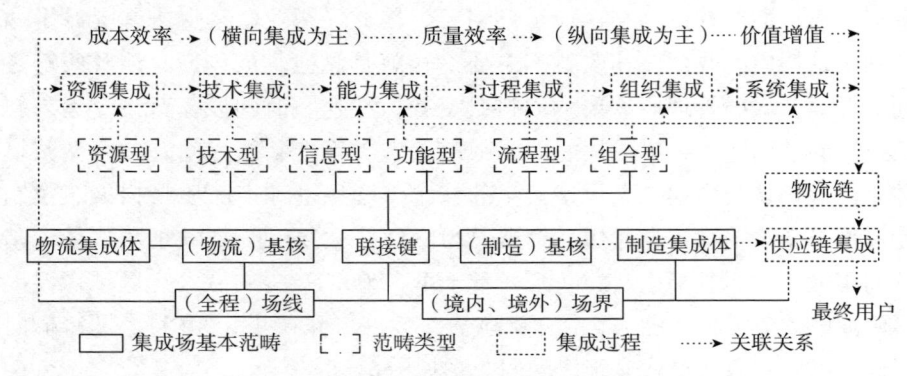

图8-9 物流链与供应链集成的两业联动关系

课题组目前梳理的152个"一带一路"产能合作的案例，约1/3是以产业集聚、产业集群的产业链形式进行合作，其余主要是以供应链或供应链集成方式进行合作，因此需要在产业联动发展模式集成创新机制下促进产业升级的境外绿色延伸。集成体、基核和联接键仍然是集成场视角的国际产能合作案例的网链结构基本范畴。因此，深入剖析研究两业联动发展模式的网链结构机制，能够为进一步探讨供应链集成、产业链延伸境外的"一带一路"产能合作网链治理提供理论支持，在绿色延伸中形成产业升级，并可提供指导或参考的战略理论及实施依据。

第三节 集成场视角的两业联动网链集成创新机制

合成场元是集成场中场元素耦合关系形成特定功能的稳定结构，是集成场中值得考察的基本单元。合成场元是集成场通过合成机制形成的考察基本范畴,也是集成场进行网链集成规律研究的前提和基础,体现出网链结构是集成场视角的一个人工集成系统。

一 集成体主导两链集成创新动因

集成体可以按照其主导和支配资源的目的分为物流集成体、制造集成体和平台集成体等多个类型。资源整合、功能互补、过程集成等都可列入两业联动模式应用的两链集成创新范围。

(1) 集成体及其之间关系决定了集成创新动因与创新空间(董千里、董展,2012)。集成体主导两链融合过程可以划分为导入、适应、共享和拓展阶段,主导两链协同运营将集成创新成果渗透于产业联动升级发展过程之中。两业联动集成组织结构的物流服务越深入,质量、绩效越好,协同价值越高,集成体之间关系一般越平稳,越趋向于战略联盟或紧密融合关系(Ghio 等,2015)。其关系选择决策过程见图 8 – 10。

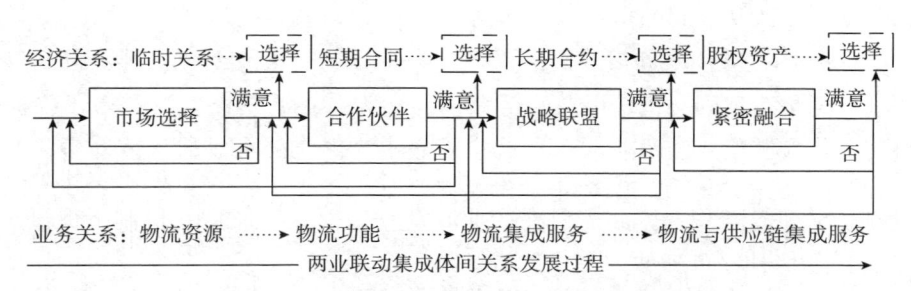

图 8 – 10　影响集成体间关系因素选择与逻辑过程

可见,集成体间关系是市场选择型(临时业务关系)→合作伙伴型(短期合作承诺)→战略联盟型(长期合同关系)→紧密融合型(股权或控股关系)逐步深入。否则,可选择趋于一般合作或甚至放弃合作关系。面向市场的业务关系需要决定了经济关系,集成体集成创新能力很大程度取决于其战略视野、产业资源和行为驱动能力。例如,企业、产业、区域、全国乃至全球供应链价值增值视野,都可成为集成体主导集成创新的选择。以在集成场视角下物流链到供应链集成为例,体现了集成体对资源的调度能力,并直接影响到集成创新深度,进而在两业联动的实践中实现两链协同集成创新促进产业转型升级(见图 8 – 11)。

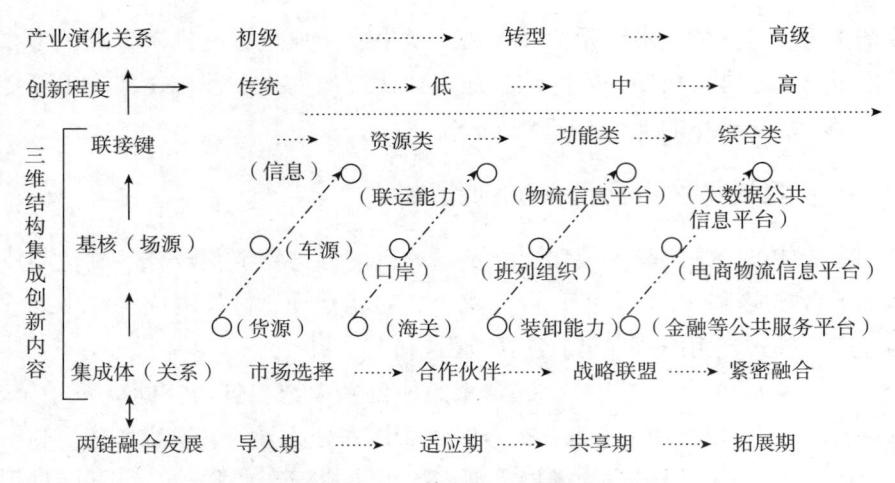

```
产业演化关系      初级 --------→   转型 --------→   高级
创新程度↑         传统 --------→   低 --→ 中 --→ 高
           ┌ 联接键 ---------→ 资源类 → 功能类 → 综合类
           │         （信息）（联运能力）（物流信息平台）（大数据公共
三维                                                    信息平台）
结构                      ○
集成   ↑   基核（场源）  （车源）（口岸）（班列组织）（电商物流信息平台）
创新                      ○      ○      ○      ○
内容                    （货源）（海关）（装卸能力）（金融等公共服务平台）
           └ 集成体（关系）市场选择 → 合作伙伴 → 战略联盟 → 紧密融合
            ↑
         两链融合发展  导入期 --→ 适应期 --→ 共享期 --→ 拓展期
```

图 8-11　集成体间关系与集成创新程度之间的关系

图 8-11 可以看到网链集成创新在集成体、基核和联接键等方面发展，体现了从低层次到高水平的集成创新发展过程，可以体会到横向集成与纵向集成形成的从低到高水平的技术创新交织发展过程。

(2) 两业联动发展模式揭示了"三维+场线"集成创新机理及机制过程。网链集成动因、机理以及网链结构、行为及运行机制，都融入了物流链切入供应链集成的两业联动发展模式之中。供应链集成的工艺创新、产品创新、功能创新，以及网链关系创新涉及的合成场元，都融入了供应链集成的网链结构中，在集成体、基核、联接键形成的网链结构中，主导集成创新实践，在所形成的绩效表达全程场线之中体现价值链构成。集成体引导基核、联接键集成创新虽是各自独立的，但在总体上还存在集成体主导网链结构的综合集成创新的影响关系（见图 8-12）。

动因与机理形成了从物流链、供应链集成所形成的网链结构集成创新机制，两链对接的集成创新形成了两业联动机制特征，展示了两业联动通过两链对接的网链结构在相互适应过程的集成创新动因、机理影响下的行为和运行绩效。同态网链结构实质上是揭示了集成体、基核、联接键三维关系形成的网链系统内部结构，在物流链、供应链、供应链集成和产业链之间形成了同态网链结构模型，其模型本质是形成了以两业联动发展模式为代表的两链集成创新机制，为两业联动绿色化绩效奠定了基础。

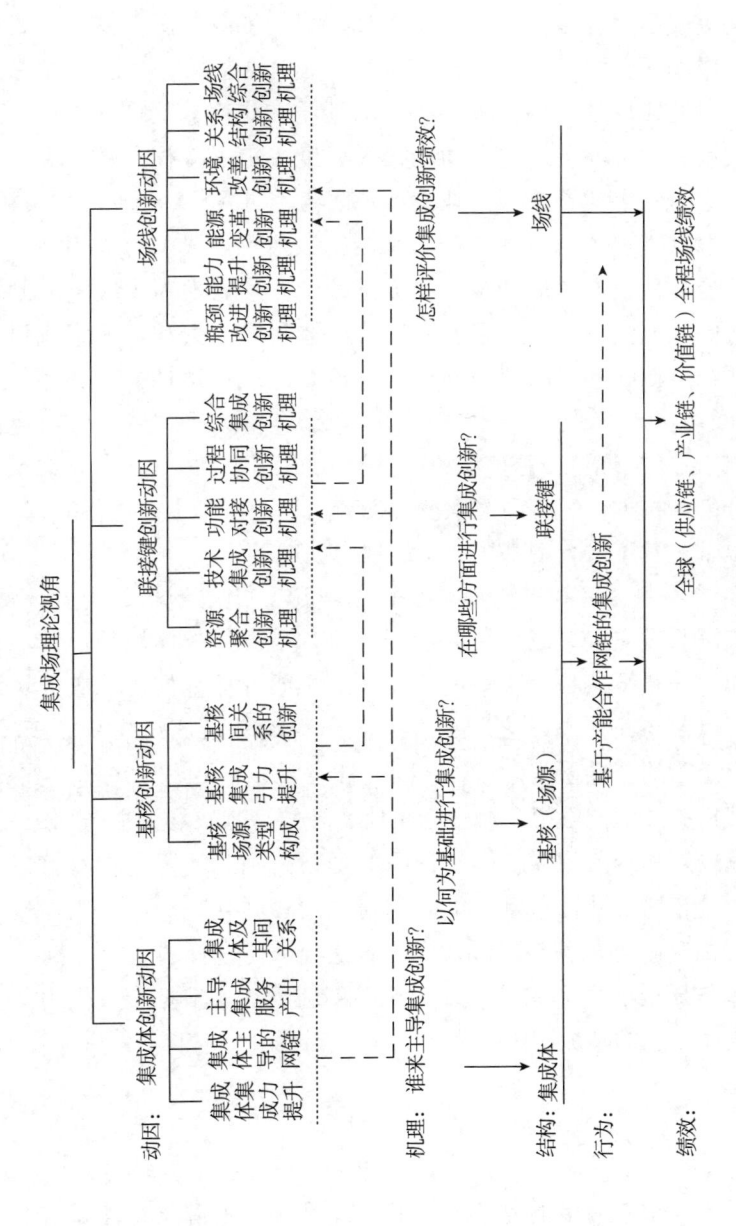

图 8-12 "三维+场线"集成创新机制影响内容及过程

二 基核及其场源的集成创新动因

基核是集成场的复合场源的载体。其作用是承载场源，以产生集成引力，吸引合成场元，引导场线形成、集聚和辐射。基核作为多种场源复合体的载体，对外体现复合场源极性叠加的性质和作用，基核的区位、规模以及所承载场源的种类、结构和功能很大程度决定了基核的集成引力。基核（场源）创新的特点是形成产业发展基地特色的需求，进而吸引资源。

（1）基核场源种类、性质、分布和结构表达了集成引力作用能力及范围。不同功能类型，如制造基核与物流基核，分别表现为供应链的制造基地和物流链的物流基地衔接关系，表现着制造集成引力和物流集成引力的作用。依据在两业联动中的基核间空间物流距离或可达性关系类型，可以分为基核间融合型关系、连接型关系和公共型关系（董千里、董展，2013）。基核创新机理包括基核场源类型构成设计创新机理，基核集成引力形成与提升创新机理，基核间关系变革创新机理。汽车生产过程的JIT物流配送到工位就是基于融合型基核关系的集成创新。

（2）基核场源类型和结构使得基核（场源）集成创新成为设计重点。基核是物流链与供应链集成系统的重要节点，是由集成体规划设计的被动性合成场元。物流基核是物流集成体主动安排或选择基核所承载的场源类型及构成，以及与其他基核之间的关系。当物流基核场源丰富、规模大，形成了专门经营的公共型服务平台，面向社会服务容易形成规模经济效应，面向专门客户服务就能够提升质量和价值。公共型基核场源服务对象复杂，场源类型也较多。相关的供应链基核间物理距离到时间距离本身就成为两业联动的两链布局设计之重点。集成创新对两业联动布局的作用体现为基核（场源）战略，是从基核（场源）设计进行战略选择的。

（3）基核集成引力形成及提升构筑的创新动因。根据集成引力的基本内涵，集成体之间的集成引力可表示为：

$$P_{集成引力} = K_{引力系数} \cdot \frac{r_A \cdot r_B}{t^2_{网络可达}} \qquad (8-2)$$

式中，r_A、r_B 分别表示集成体 A、集成体 B 可支配的资源质量；$t_{网络可达}$ 是集成体所介入物流网络的可达性；$K_{引力系数}$ 是表明资源质量的兼容、协调和协同能力级别的参数，其取值范围可按参考文献所示内容选择。集成引力的一般表达式可以作为集成体根据具体情况进行修订的集成引力模型。

陆港与海港就体现了异性基核间合作关系，网链结构的境外延伸意味着资源整合范围的国际化。

（4）基核间网络关系变革创新动因。基核及其之间的关系类型、功能定位直接决定了场源类型选择和建设。在两业联动中，基核间的网络关系布局、时间距离关系设计等工作，直接关系到集成物流服务效率和运作成本，两业联动的基核网络布局范围决定了产业价值链增值范围。除了具有特殊条件的，可以从融合型或连接型方面考虑物流基核的选择，以利于提高物流效率，降低物流运作成本。基础设施条件对两业联动发展的影响体现在单一基核布局、基核网络布局和基核的场源设计等方面。在两业联动中，基核间关系变革创新机理可主要归纳为以下几项。

一是单一基核（场源）布局创新，主要是指基核（场源）性质、场源类型构成和场源结构建设是否能突破常规，进行创新设计与布设。在内陆港基核的场源建设中，除了引入海关报关通关功能以外，引入综合保税区、自贸区、口岸功能，可使物流基地发生业务导向、性质与规模变化。

二是基核网络布局创新，主要是指基核网络分布、建设和运作方式创新。基核网络布局具有长远性、全局性和根本性战略及利益，直接决定着供应链集成网络运作绩效。

三是既有基核网络中心枢纽重新定位所体现的基础设施平台+综合信息平台+电商物流平台等的集成创新。通过单一基核物流功能转变为网络基核功能、网络平台基核功能，导引专项物流场线改变为网络物流场线运行，形成新的供应链物流网络优化创新绩效。新科安达物流、招商局物流、安吉汽车物流等基核网络局部都体现了这种能够支持供应链集成的物流网络服务特征。

三　联接键构建网链制度创新动因

联接键是根据一定的衔接目的，将多个合成场元通过一定连接结构形成一个合成场元的作用过程（邱斌等，2016）。联接键不仅沟通原料地、生产地和销售地之间的信息联系，而且能够保持全程物流之间的联系和监控，这是涉及多种类、多层次，涉及软硬技术集成、不同功能集成创新的合成场元，通过集成构成协同运作的合成场元过程。联接键的特点是形成集成体、基核和场线等合成场元运行中的相互联系，特别是连接界面的集成管理需求。

（1）联接键的多种类、多层次体现了技术创新的深度和广度。多种类指基础类、服务类和综合类，其中基础类包括信息型、资源型和技术型联接键，服务类包括功能型、过程型联接键等五种，组合型联接键是以上多种类型联接键的组合性选择。联接键创新包括联接键类型、构成及联接键间关系创新。联接键可以依托集成体、基核等进行构建，包括战略、文化等柔性联接键和设施、设备等刚性联接键。可以从资源、信息、技术、功能、过程和综合等方面构建这种联接键（董千里、董展，2013）。联接键凝练技术创新设计与功能选择，是两业联动集成场主要的创新领域与升级渠道。联接键技术创新机理各自独立，但具有逐级支撑并形成一个集成系统的特征，其作用过程为：资源聚合创新→技术集成创新→功能对接创新→过程协同创新→综合集成创新→产业联动发展，形成了如图 8-13 所示的产业联动发展中集成创新的基本关系。

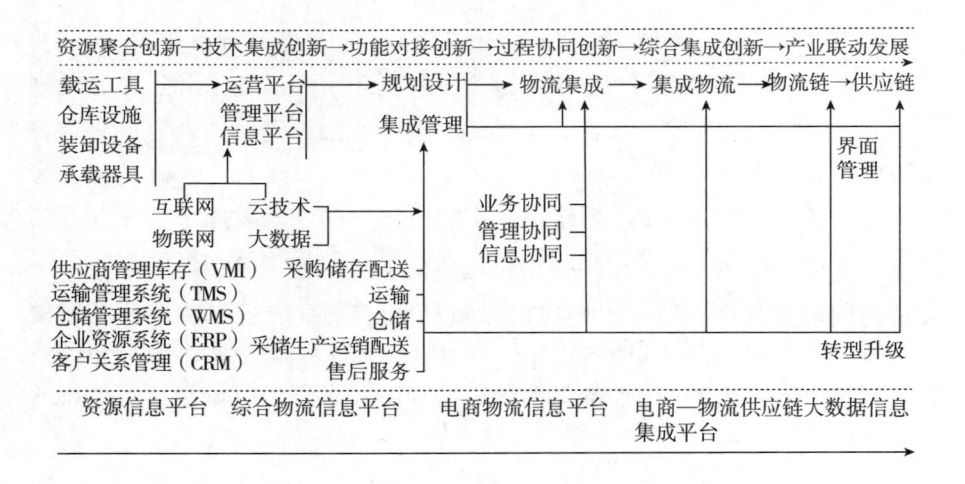

图 8-13　两链集成创新与产业发展关系

（2）联接键功能是集成创新的根据。功能决定结构是系统工程的重要机理，资源聚合创新是在不同集成体、基核的资源间通过联接键设计加以整合，通过资源整合，扩大了资源可控范围，可以提升集成体的集成力和基核的集成引力。技术集成创新是利用电子信息技术，诸如，特定功能"+互联网"，促进不同技术间利用互联网的对接、协同作用，取得比单一技术更好的效果。大数据、物联网、无线射频等都具有一定的技术集成领域及应用途径。功能对接创新是不同性质基核的场源通过联接键将不同功能衔接起来，提高效率、降低成本。通过对接创新可以将海港与陆港、境内与境外、物流链与供应链等连接起来。诸如，内陆港海关功能与海港海关功能对接，形成大通关联接键。不同国家海关制度达成协调一致，可以在国际物流装车换载、"属地报关、异地通关"等环节中形成快速通道网络，能够将内陆港经过海港的公铁海联运各环节过程精准对接起来。过程协同创新是将供应链物流过程的采购功能、仓储功能、运输功能、配送功能子系统集成起来，形成一体化物流系统集成运作效果。综合集成创新是针对集成服务需要，将不同类型联接键进行综合设计，构建资源整合、技术集成、功能协同、过程综合的集成运作联接键，以取得集成服务协同创新绩效（Díez – Vial，2015）。

四 基于全程场线的集成创新动因

场线是指由货流（流体、流量、流向、流距、流程）、载体（载运工具）、通道、基地、制度等场元联接而成的一组关系。除了组织运营的物流集成体外，场线是由 10 个要素构成，场线作为集成过程呈向量特征。场线的主要特点是形成全程效率最高、成本最低的集成运行系统（见图 8 – 14）。

（1）场线是受物流集成力形成的，体现物流集成作业，连接基核或集成体的全部过程。场线的作用范围可以是同一地域或领域，也可以是跨地域或跨国境运作的。所以，场线可以概括为集成系统运作轨迹及其绩效（董千里，2012）。集成场视角强调的是全程场线效率（董千里，2012），是构建全球价值链的基础，因此需要识别全程场线瓶颈、改进薄弱环节并提升其全球价值链（GVC）。全程场线效率可以用各子系统集成的放大效应来综合表示，因此，全程场线的系统集成效率测量可以表示为组成系统的各过程集成效率的连乘积：

$$a_{系统集成} = \frac{a_{系统1集成}}{a_{原系统1}} \cdot \frac{a_{系统2集成}}{a_{原系统2}} \cdot \cdots = \prod a_{过程集成 i} \quad (8-3)$$

显然，式（8 – 3）中当物流主通道中一个物流环节效率极低，如 $a_{过程集成 i} \ll 1$，其各阶段效率连乘积就会影响到整个集成系统场线运行效率。

（2）全程场线通过集成创新，可以决定或提高产业联动集成系统的整体效率。可以将分布在不同产业、区域、国家、全球的集成体、基核，在联接键支持下，用场线形式连接起来，实现跨区域产业合作、产能合作，提

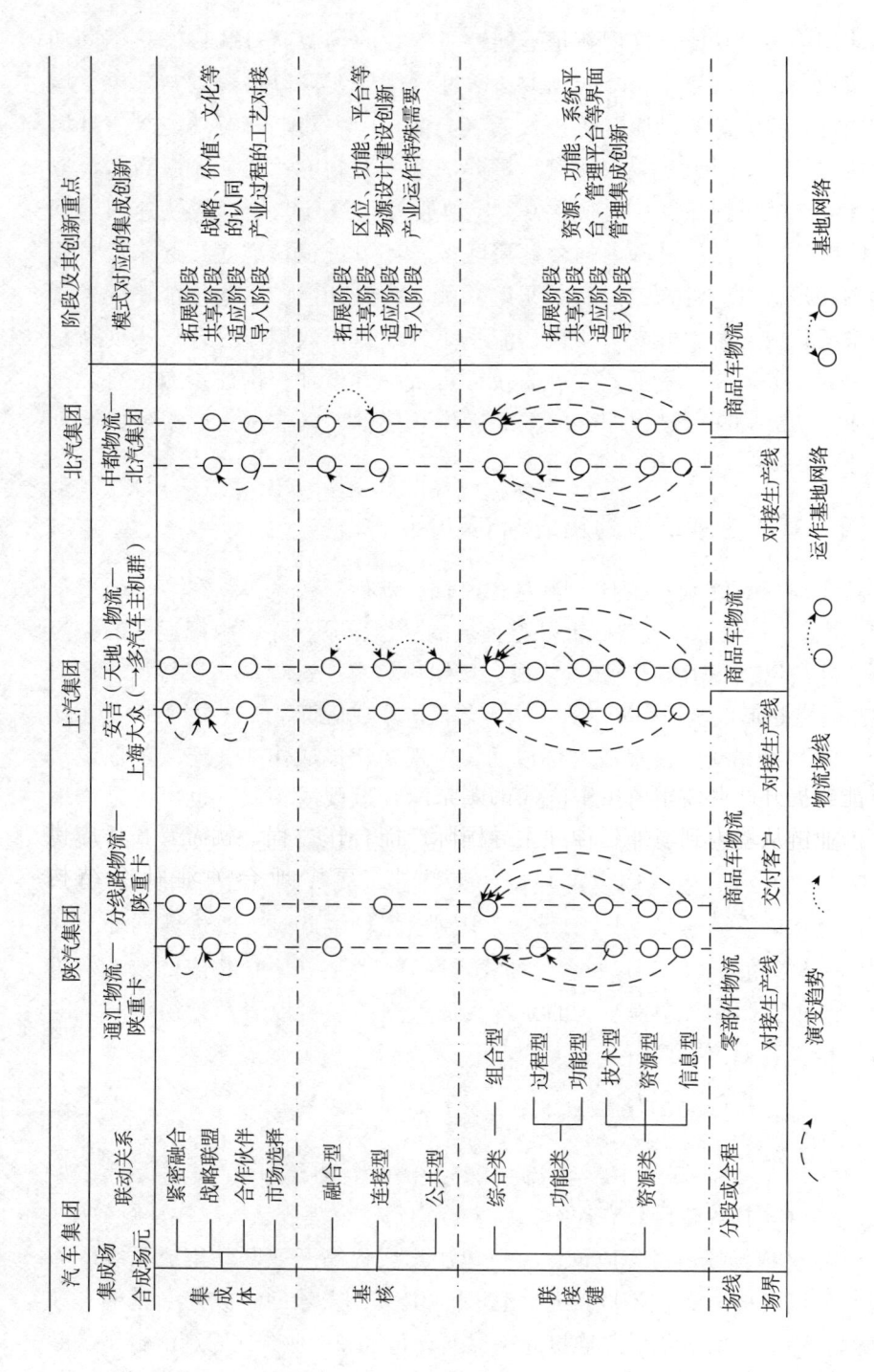

图 8-14 典型案例表达的两业联动模式对应的集成创新重点

高分布在不同区域产出函数的整体效率。场线集成创新的重点主要体现在瓶颈改进创新、能力创新、能源创新、环境创新、关系结构创新和场线综合创新等方面。

（3）把握各段场线内涵是集成创新的根据。瓶颈改进创新是运用最优化技术识别场线形成与运作的"瓶颈",改善约束场线效率的载体、通道、制度等关键环节,提升场线组织效率或场线价值绩效。在一定时期的瓶颈识别是相对的,瓶颈识别与改进是场线改善的基本创新特征。能力提升创新包括专业性、效率性、安全性等在内的载运能力、换装能力、装卸能力、仓储能力、监控能力、应急能力等提升。载运工具、承载器具、识别仪器、监控手段等变革都极具能力创新特征。能源变革创新是改变能源结构,支持利用清洁能源等的设备布局,具有可持续发展的创新活动特征。环境改善创新是改善公共型物流通道交通承载力,通过封闭、改善交通环境,提升场线通过效率。关系结构创新是改变原来的场线组织结构关系,可以提高全程场线效率和一体化供应链物流价值。场线综合创新是构成场线的几方面合成场元同时进行变革、重组、协同等创新工作所形成的突变过程,如高铁物流运作形成过程。

（4）从既有基核集成创新到境外绿色延伸的关注。以集成场视角对物流链、供应链联动模式的集成创新机制进行归纳总结,既有基核的集成创新,能够提升产业效率,更多关注的是集成体之间的关系。探讨供应链集成、产业链从境内到境外延伸并主导国际产能合作过程,就需要在考虑供应链集成的集成体之间的网链结构以外,更多地会关注社会结构（Granovetter, 1983）关系,特别是政府作为集成主体与产业链龙头企业作为集成体之间的关系。Granovetter（2005）总结以下四项重要的核心原则,并指出在任何意义上都可以作为一种公理对待：①规范和网络密度；②弱关系的强度；③"结构漏洞"的重要性；④经济和非经济行动的相互渗透。当经济和非经济活动相互交织时,非经济活动会影响经济活动的成本和可用技术。"社会嵌入性"（Granovetter, 1985）经济行动依赖于在内容、目标或过程中非经济的行动或机构的程度。社会网络、文化、政治和宗教的经济行为将会影响产业链延伸的变化。大量证据显示,中国企业经营绩效很大程度受到社会关系特别是政商关系的影响（边燕杰和丘海雄,2000；石军伟等,2007）。杨玲丽、万陆（2017）将产业转移视为一种嵌入社会关系网络之中的经济活动,验证了社会关系对产业转移存在抑制效应,并提出这种抑制效应是通过关系嵌入—信任—转移意愿的传导机制实现的。在其研究中进一步区分了"政—企关系"和"企—企关系"两个嵌入维度，在现阶段，"政—企关系"嵌入对企业转移意愿的影响程度更强。两链链接、供应链集成、产业链境外延伸的全球价值链将会发生什么变化，如何有效应对产业升级可能遇到的阻碍？因此，需要从物流链、供应链和产业链集成发展中提炼其中所体现的网链同态特征，创新产业链集成协同发展机制，有效面对国际产能合作在既有网链结构延伸到全球价值链中的升级障碍和局限性等问题。

五 两业联动发展模式的机制验证

以两业联动典型的汽车供应链集成为例，汽车供应链集成创新机制体现在两业联动的导入、适应、共享和拓展的不同阶段，集成体主导基核和联接键及其间网链关系各有其集成创新动因、动力、投入重点并得以实现。通汇物流—陕重卡、安吉物流—上海通用、中都物流—北汽集团最终都分别形成相对稳定的集成体、基核、联接键等的网链关系结构，参见8-8所表达的网链结构中的基本范畴关系及其演变过程和集成创新的重点。

集成体、基核和联接键三维间关系的集成创新形成的是同态网链结构。物流链、供应链集成创新网链结构治理是产业链绿色延伸的基础和前提，也是进行全球价值链分析的核心内容。所谓"治理"主要是企业间关系和制度运行的非市场协调机制，而这种非市场协调机制也是在集成体主导基核、联接键及其场线的网链结构运行中发生的，往往是集成体（企业集团）主导以供应链集成为基础的产业链。网链结构集成创新机制对于产业链集成开发研究和制定策略十分重要，网链结构及机制集成创新成果将用于分析供应链到产业链集成，并延伸到跨境产能合作的产业链领域。因此，集成场视角的两业联动可以进一步支持供应链集成为基础的国际产能合作，其基础涉及产业链境外的延伸。跨境两业联动模式的应用，需要强调模式内在动因、动力、机制的作用，通常强调的同态网链结构的几个主要观点有：①全程国际物流场线绩效的观点；②国际物流主通道物通量对称平衡的观点；③基核极性、多个种类基核之间的极性关系、基核间物流主通道间的关系；④基核场线进出对称平衡观点；⑤产能合作中的产业联动模式的适应性与拓展性观点。在"一带一路"建设境外延伸过程中，国家政府间关系、政府政策势能、政—企关系、企—企关系都在非市场协调机制中发生作用，两业联动发展模式有利于简化内在机制应用，集中关注在境外延伸的环境机制。国家政府间关系、政府政策势能、政—企关系、企—企关系等对网链结构的制度性联接键构建及其网链结构治理的影响。伴随着境内两业联动的两链融合即供应链集成以及在此基础上的产业集聚（产业集群的基核形式是境外产业园区），所支持的是产业链境外绿色延伸，即产业境外迁移战略所直面的国家制度、社会文化、基础设施、资源获取和市场供需等影响和变化。

第四节 本章小结

国际产能合作的"一带一路"环境不同于境内物流链、供应链、供应链集成的一般竞争与合作的环境因素体系，实现两业联动发展模式集成创新机制首先是物流链得到升级，并支持供应链升级，这样可秉承集成创新的绿色基础，构成了供应链集成、产业链境外绿色延伸所需要的综合集成创新目标、行为和绩效。

一　主要结论

两业联动发展模式体现了物流链切入供应链的供应链集成网链结构，为从集成体主导同态网链结构在既有境内基核集成创新到产业基核迁移境外的研究奠定了基础，后者还涉及网链结构跨境迁移的政—企关系嵌入等制度性联接键的影响。

（1）集成体及其间关系决定网链结构集成创新重点及实现方式。集成体间关系可以在供应链集成的场线过程体现出各阶段特征，即从市场选择型到合作伙伴型、到战略联盟型、到紧密融合型的关系构建，而最合适的集成体间稳定关系是特定条件下的最佳选择。集成体关系主导了供应链集成在导入、适应、共享和拓展阶段的运行机制。

（2）集成创新绩效可用供应链集成的全程场线绩效指标来测量。两业联动在物流链导入供应链前后，会通过物流服务战略、组织、技术和管理等方面的集成创新来促进服务质量的提升。两业联动模式利用"＋互联网"技术形成基核网络，是支持基本业务实时联系的方式，形成了基于信息技术、集成管理为基础的物流集成创新的场源，扩展了物流业资源整合范围，降低成本、提高效率，与供应链集成的集成体战略理念协同一致。在供应链集成中促进两业集成体之间基核场源匹配、集成创新，有利于集成体成长中的分蘖、剥离（分离）到再聚合，所体现的是否定之否定的规律。因为，剥离的是资源，再切入的是集成服务功能或服务集成系统，聚合形成了两业联动在两业组织化的两链融合中共享价值增值。

（3）供应链集成基础的产业链境外迁移还涉及更复杂的社会关系。两业联动的网链集成创新提供了横向集成动力机制，境外迁移还涉及纵向集成动力和制度性联接键适应集成系统进步，在产业迁移、产能合作中进行协同运作与共享。供应链集成体剥离的"分工"关系体现的是各自专业化应获得利益机制，两链融合的"合作"关系体现的是供应链共创的可共享价值机制，两者目标一致，相互影响，相得益彰。

二　主要启示

制造业与物流业联动发展模式蕴含着两业通过两链集成创新，引导产业转型升级机制，产业集成创新机制突出表现在产业集成创新动因、机理、结构、行为和绩效等诸多方面，为供应链集成的产业链境外绿色延伸奠定了理论基础。

（1）物流业切入制造业的集成创新动因体系是生存与发展。集成创新动因与物流业寻求市场需求的愿望密切相关，加之发展等其他因素可强化集成体在产业集成创新的投入。

（2）集成体主导两业集成创新的组织化及其优化升级机理。集成体及其间关系决定了基核（场源）建设、联接键设计和场线价值链及其优化升级机理和实现方式。

（3）同态网链结构形成网链集成创新的组织境外延伸机制。从物流链、供应链到产业链都是集成体主导的网链结构，包含集成体、基核及其间关系，并影响联接键集成创新，为结合境外延伸的制度创新奠定了理论与实践基础。

（4）供应链集成的产能合作同态网链结构可降低外延成本。集成创新逻辑过程是基于集成场理论的制造业与物流业联动发展模式提供的打破既有平衡的创新机制，这一机制可以从境内两业联动发展到跨境两业联动，从产业迁移到产能合作的集成体间协调。

（5）全程场线的全球价值链测量网链结构集成创新绩效。集成场从物流业内集成形成物流链，到产业间集成形成供应链集成，两业联动通过两链集成创新发展。借助政府政策势能在集成场的集成创新机理和实现途径的助力作用，能够使产业在境内到"一带一路"和全球供应链人工集成系统的价值增值中绘制新的蓝图。

（6）同态网链及其绿色延伸是从境内完善到境外协同发展的共同努力。两业联动发展模式对两业联动、产业迁移和产能合作等都是集成场理论可用于产业资源优化、产业集成创新的理论研究及具体实践。其中，制造业与物流业联动发展是产业关联集成创新与转型升级的一类典型形式，在产业联动的集成创新动因、动力等机制方面具有代表性，而且是产业链绿色境外延伸的动因之源。"一带一路"沿线国家政府作为集成主体提供的政策支持，其政策势能对推动产业链境外迁移的功能、地位和产能合作的影响及作用机制方面尚需要进一步研究。

第九章　网链绿色延伸：重型卡车产能合作探讨

我国重型卡车①制造过程是典型的订单驱动式供应链，其延伸境外多是以产品对外贸易、境外SKD中心、CKD中心和技术输出等方式，显示出网链境外延伸的产业链。本章以集成场视角考察国内重型卡车制造网链的案例研究，构建了以集成场视角识别的、由国内延伸境外的网链绿色延伸及其所构建"一带一路"产能合作模式。该模式包含集成体、基核、联接键及其之间的关系，在境外产能合作中体现了中外集成体（企业—企业）间关系、境外基核建设与东道国政府—企业、文化、制度等在内的联接键类型选择与建设。在研发设计、零部件生产、总成制造、整车组装、市场销售、售后服务等可持续发展网链中，形成了从境内供应链集成延伸至境外产业链的全程场线，在集成场视角下，体现可持续发展的网链绿色延伸境外的理论支持，总结并提出产业链在境内外构筑与提升"一带一路"重型卡车产能合作全程场线绩效，从卡车行业探讨关联产业在"一带一路"产能合作中，参与全球价值链实现价值增值的途径。

第一节　网链绿色延伸的问题

一　重卡网链

"一带一路"产能合作不是简单地把产品卖到国外，而是把供应链、产

---

① 考虑到我国卡车发展历程，这里指中型及重型卡车，即6吨及以上载质量的卡车。

业联动形成的供应链集成或以产业集群为基础的产业链输出到"一带一路"沿线国家,帮助这些国家建立更加完整的工业体系、制造能力,双方或多方国家共享全球价值链的价值贡献。卡车按承载吨位分为微型卡车、轻型卡车、中型卡车、重型卡车、超重型卡车,重卡是重型商用车的简称,一般指总质量在6吨及以上的载货车,包括现在卡车分类中的中型和重型卡车(见表9–1)。①

表9–1　　　　　　　　　　卡车分类

分类	微型	轻型	中型	重型	超重型
载重(吨)	载重<1.8	1.8≤载重<6	6≤载重<14	14≤载重<100	载重≥100

注:此表按通常报道的文字表达,各段边界值相关符号供参考。

以重卡行业为例,我国"一带一路"产能合作是重型汽车行业涉及直接投资与生产组织、市场营销等供应链与物流链等协同的供应链集成过程,或者是以产业关联关系为基础的产业链,以网链绿色延伸方式在集成创新中形成的产业转型升级基础上的发展,也可体现为网链绿色延伸境外的中外集成体间的联合行动过程。所以将基于集成创新的产业转型升级形成的网链延伸境外称为网链绿色延伸,是因为其是"一带一路"产能合作的一种典型形式和发展模式。本章力图从集成场视角审视重卡网链形成的全程场线去考察、总结"一带一路"重卡产能合作模式,以及全球价值链地位的选择和价值增值的重要策略途径。

二　重卡产业链

全球价值链的概念形成,先后经历了价值链、价值增加链、全球商品链,在此基础上提出了全球价值链。Gereffi等(2005)提出全球价值链治理问题,将商品流通转变为对价值链的价值考察,使得这一领域的理论与实践在不断发展之中。随着中国从计划经济转型市场经济,在面向产业发展进程具体分析产业时,往往涉及物流链、供应链、供应链集成、产业链等多种形式的网链。"一带一路"产能合作研究过程,是全球价值链提升的基础,也是从案例梳理到理论提升的重要范畴。

---

① 董千里:《网链绿色延伸:"一带一路"重卡产能合作的价值链提升》,《中国流通经济》2018年第6期。

从集成场视角观察，它们都是具有同态特征的网链结构，若从全程场线及全球价值增值角度观察就是全球价值链。集成场视角的网链由集成体、基核和联接键等基本范畴构成最简单的人工集成系统结构。从同态网链机理可知，从供应链、供应链集成到产业链整合，是以核心企业为集成体，主导网链形成与延伸，将供应链的供需关系演变为产业内生产关联关系，在境内外基核间互相合作，在资本与知识的驱动下通过信息、技术、功能和过程等形成联接键，实现资源、产品、功能等在时空的优化配置。程宏伟、冯茜颖、张永海（2008）认为，产业链的本质是打破资源流动空间约束的一种整合资源的机制，产业链的演化就此扩展为"过程—集合—组织—机制"的序列。所以，网链整合绿色延伸的实质是：企业突破其边界，为降低交易成本，在境内境外网链上寻求最佳资源组合，通过拓展可利用的资源空间来修正资源约束条件，实现资源从狭义向广义、外部向内部的转变。这样供应链就从原来境内稳定的供需关系转变为境外可调整的产业关联关系，为网链境外延伸的产业优化奠定了基础。在产业发展的不同阶段，产业链整合的边界和效果取决于企业对广义资源的控制力，而这种控制力正是来源于资本与知识的积累。网链绿色延伸需要境内基核已经形成的产品或服务品牌、市场营销、生产技术和资源供给等方面的场源优势的网链基础进行集成创新，在"一带一路"沿线国家合作方进行供应链集成和产业链境外绿色延伸协调互动中发挥集成力作用。物流业的网链结构绿色延伸是以电子信息系统及平台建设为基础构建联接键，车辆设备效率化、积载配载优化、能源利用低碳化、运营资源整合优化等多管齐下，带来显著的社会效益和经济效益。其机理是通过集成创新提高集成体、基核及基核间网链运作效能，进而减少供应链集成、产业集群的产业链单位物流量的碳排放，实现和提高供应链集成、产业链境外绿色延伸绩效，这是产业转型升级在同态网链间协同的一种表现。物流业组织化是以物流链为代表的网链绿色延伸，是以增效降耗低碳的物流业高级化发展为特色的境外延伸。所以，拓展到一般意义产业的"绿色延伸"是产业转型升级、低碳可持续发展的代名词。重卡网链结构及其境外绿色延伸是从集成体主导网链集成创新的系统内部建设入手，以对接网链的基本范畴，以网链内部到网链之间主要合成场元彼此适应为主题，到供应链集成、产业链绿色延伸境外谋发展，与东道国所在环境协同的共同努力、联合行动实现产业本土化发展过程。

三 重卡网链延伸的问题

于占波（2011）在中国重卡行业如何应对未来挑战中梳理了中国重卡发展方式面临的四大问题，经整理可表述如下。①现在还能不能依赖市场和规模的增长而获得生存？②价格能不能作为企业在中国或海外市场的主要竞争手段？③是否还能够依靠低水平同质化的产品来获得发展、赢得市场？④中国商用车企业进入海外只是为了短期的销量？

重卡产业链还会出现一些新因素、新问题、新环境和适应力问题，例如技术、企业、政府、资源和市场等，需要在理论上充分认识，梳理提炼从而能在实践中有效应对。

第二节 重卡网链绿色延伸的理论基础

一 重卡网链绿色延伸的动力源

重型卡车是工程项目、设施基建、货物运输、产品配送的重要载运工具以及多式联运组织的重要部分。2015年国内固定资产投资增速放缓，大宗物资运输量下降，导致整个卡车行业呈现下降趋势。根据中国汽车工业协会发布的最新数据显示，2016年销量的73.29万辆，但其销量仍未超过2014年。由于2016年新版GB1589的实施和"9·21治超"的推行，以及2017年7月1日开始实施重型柴油车国五标准，两大政策因素叠加，促进了重卡行业为符合新国标和新排放标准所进行的新车置换，2017年重卡销量达111.69万辆，前四位企业销量占2017年销量的73.43%。因此，加强"一带一路"重卡产能合作是一项战略选择。国内重卡从过去以"引进来"为主，利用"一带一路"发展机遇，已经在向产能合作"走出去"迈进。重卡产业在这一过程中，不仅使网链能在"一带一路"产能合作中发挥着重要作用，而且能支撑着先进制造业在境外的绿色延伸和实现升级路径。

重卡行业在国际上是极其集中的市场结构，来自日本、德国和美国三个国家的少数几家公司主导了大多数市场的销售，其中少数几家产业领头公司对供应商施加了非常大的权力、品牌影响力。所以，汽车制造过程与其驱动力密切相关,汽车行业的少数领头公司及其庞大的购买力意味着每个公司都能迫使供应商适应其特殊的标准、信息系统和业务流程,进而使领头公司的领先地位进一步提高。轿车是以批量规模化生产为特征的,其供应链由生产者驱动的作用十分明显。重卡是订单生产模式,其供应链在境内由订单用户驱动特征十分明显。在这样一种产业全球价值链分布状态下,中国重卡通过引进、吸收、创新在"一带一路"沿线国家进行重卡产能合作,需要研究有自身独特战略、机制和提升价值链地位手段的策略体系。

(1) 重卡是一种复杂的产品系统,产品及网链涉及技术引进、吸收、消化和集成创新。重卡供应链上游涉及钢铁、机械、橡胶、石化、电子等行业,下游涉及运输、保险、金融、销售、维修等行业等,重卡能源低碳化改革、数字化制造等也是产业技术创新的重要方面。由于产业关联关系较多,其网链结构基本上是以供应链集成或产业链形式考察,网链结构十分复杂。重卡供应链集成网链结构,在纵向集成与横向集成的企业关系相互影响,相互制约,使供求关系的供应链演化为产业关系的产业链的内在机制。

(2) 重卡销售往往有着国际市场划分,需要引进、消化技术并针对市场地国家进行创新。发达市场是指西欧、北美和日本等发达国家及地区,在发达国家重卡生产集中度越来越高。新兴市场是指巴西、俄罗斯、印度和中国组成的"金砖四国"为代表的发展中国家及地区,重卡企业并购整合也正在发展。目前,新兴市场仍主要是低端重卡车型,但在向中端重卡发展,在有些新兴市场增长显著并成为竞争重点。中国重卡产能合作既连接着高端技术国家,又面对着中低端市场及发展中国家。

(3) 中国主要的重卡制造商作为制造集成体,几乎都与外资企业进行了技术和生产合作。改革开放以来,高速公路的建设促进重型卡车快速发展。由于重卡生产基本上是按订单生产,像中国家电产业几乎所有的商业模式都是模仿西方的一样,首先主要学习的是福特制,组织流水生产线;再者是丰田准时制,实施精细管理,部件物流也准时到工位。在重卡产业,一方面通过引进技术,在学习、消化、吸收的基础上进行再创新,确立重卡产品品牌优势;另一方面,通过网链绿色延伸,开始进入新兴市场进行"一带一路"产能合作。

(4) 中国重卡制造集成体所处全球汽车产业价值链的中低端地位,在产能合作中，不仅需要制造技术的创新，而且需要网链绿色延伸，从供应链集成、产业链共享中获得自身成长与发展。

因此，重卡制造集成体在"一带一路"产能合作的网链结构组织过程中，应借鉴苗圩（2017）关注技术端与市场端开发战略协同的思想。在重卡全球价值链中的制造集成体与制造技术端和产品市场端的开发搭接信息型联接键和技术型联接键；利用全球资源和优化重卡供应链结构，进行集成创新，在提高产品品质的同时加强关键零部件开发，打造高品质的核心零部件配套能力；针对新兴市场相似需求和潜在需求，加快推进跨区域重卡产品市场开发。

二 重卡国际产能合作要素分析

2015年5月国务院发布了《关于推进国际产能和装备制造合作的指导意见》，这既是我们对内的工作部署，也是我们面向世界各国的政策宣示。我们将坚持国际惯例、商业原则、企业主导、政府推动，采取基础设施、冶金建材、装备制造、金融服务、人才科技"五位一体"的模式，积极推进国际产能合作。

（1）谋求国家战略与企业绩效的一致性。熊勇清、李鑫（2016）分析了我国制造业产品输出型海外市场模式面临的"三种双向压力"等现实困境，从宏观层面和微观层面分别分析了国际产能合作战略价值及其实施，结果表明，国际产能合作在引领中国制造业海外市场模式转型方面具有显著的国家层面"战略价值"，但是企业层面的"微观绩效"影响比较复杂，"市场嵌入"和"文化嵌入"对于"微观绩效"具有促进作用，"生产嵌入"则存在一定的抑制作用。国际产能合作代表了我国制造业海外市场战略转换方向，但是不应片面追求海外"生产性资产"扩张，而是要以"生产嵌入"作为"载体"和"纽带"，以"市场嵌入"和"文化嵌入"作为战略重点，以此提升国际产能合作的"微观绩效"，并谋求国际产能合作的国家层面"战略价值"与企业层面"微观绩效"契合统一。

（2）网链及集成创新是重卡产能合作的基础。国内重卡主要是以供应链形式得以发展，"一带一路"重卡产能合作是以供应链集成或产业链形式的网链绿色延伸来建立境外生产基地网链和市场范围。郭朝先、刘芳、皮思明（2016）认为，促进"一带一路"产能合作持续深入发展，需要发挥政府、企业和社会力量三方面的积极性并形成合力，并从建立和完善产能合作体制机制与支持服务体系、实施本土化策略、创新商业运行模式、培养和延揽国际化人才、加强对"一带一路"沿线国家研究等方面提出了相应对策。

（3）充分支持和发挥网链集成体的主导作用。目前我国生产重卡的企业有数十家，具有代表性的是前 11 家重卡整车集团（企业），其中，中国重汽、陕汽集团排在第三位和第四位，在"一带一路"重卡产能合作模式梳理、研究中是重要的研究对象。在当前的国际产业分工格局中，我国重卡是一个 GVC 以处于中低端产品为主的产业，在"一带一路"背景下，重卡产品生产基地及制造网链如何在境外绿色延伸中得到产业升级，提升中高端产品生产能力及市场份额，值得深入研究。

三　网链绿色延伸文献主要观点

全球一体化的主要动力之一是供应基础的巩固和全球化，中国汽车产业普遍引进尖端核心技术，又有自有品牌产品生产制造，将所生产产品销往境内及境外市场，与东道国进行产能合作方式，共享产业链价值。Timothy J. Sturgeon、Johannes Van、Biesebroeck、Gary Gereffi（2008）主张使用全球价值链（GVC）框架的公司间网链治理、权力和制度三个主要特征，即①在价值附加活动链中（采购—生产—销售—物流等）任务或阶段之间联系的地理关系及特征；②（主导）企业和供应链中其他参与者的权力分配和施加；③在构建商业关系和工业区位中用集成场视角的网链的主导者①、（制度）联接键将这三个要素功能及其关系连接起来。供应链集成、产业链都是链治理的基本对象，即网链。从企业层级看，重卡的国际先进技术引进、消化、吸收和创新、零部件采购、关键部件制造、产品销售和售后及物流服务等是一个典型的供应链集成乃至产业链的网链结构，在境内外形成同态网链结构；集成体（核心企业）主导并与其他集成体（参与企业）进行权力分配和执行，涉及集团内部制度与外部制度等规则关系的确立，规制着集成体之间经济关系在工业区位产业链中的作用。这里讲的制度是指工会、行业协会、法律和文化规范、行业特定标准和惯例等。重卡行业的一些特征促使生产接近终端市场，而生产接近最终市场过程中往往是以全国或地区性组织运作的；在全球价值链（GVC）治理方面，重卡

---

① 集成体具有二元结构三主体特征：主体单元＋客体单元；战略主体、行为主体和利益主体特征。

产品复杂性的增加，加上低编码的能力和可变的行业标准，使得买方与供应商之间的驱动力联系成为关系形式，国家和多边组织制定的规则很重要。他们研究的案例强调了对全球产业开放、可扩展的方法研究的必要性。

在制度理论的框架下，Kostova、Roth（2003，2009）认为跨国公司更多地被作为实证工作的背景来对几个主要的管理方面进行分析（Hillman and Wan，2005）。跨国公司的海外子公司不仅处于东道国的制度环境，同时也存在集团内的制度环境，这种情况被称为"制度双元"。同构焦点在制度理论中被用来刻画子公司与某个环境进行的同构，既可能与内部环境同构，也可能与外部环境同构，重卡网链延伸至境外，首先是境内外网链结构制度内部同构，延伸境外部分还需要与境外合作集团形成外部同构，这样才能使境内与境外网链得到无缝对接。在魏江、王诗翔、杨洋（2016）研究的四个公司情境中，海外子公司的内部同构就是和集团内部的企业进行同构，而外部同构就是和东道国中（集团之外）的企业进行同构。结论表明，具体的管理实践对于缓解双重制度压力具有基础性作用，其中海外子公司中的人力资源配置是至关重要的管理实践；跨国公司应该根据海外子公司的战略角色设计组织实践，建立方式或股权结构不应该是治理的终点而是起点；海外子公司在东道国获取外部支持最宜采用实质性策略而非象征性策略；海外子公司发展初期应该更多地利用规范理性，尽可能地考虑制度、社会、文化等因素对组织实践的影响。Deephouse、Suchman（2008）认为，制度双元下冲突的制度压力给海外子公司带来了诸多困境和挑战，制度同构并不一定能够保证效率，但在保证合法性方面极其有效。这些文献支撑了企业与外部组织即网链治理实践的理论。

第三节　重卡产能合作发展模式及案例验证

国内重卡生产技术主要源于国外，其生产网链形成一般经历了比较长的时间。中国重卡品牌前十企业产品的生产销售网络的形成充分说明了这一点。由于汽车产业发展的历史原因，中国重卡企业的背后往往都与国际重卡著名企业有着技术经济合作。历史经验证明，两头在外，曾设想用国内市场来换国外先进技术是无法实现的，把握重卡新技术还要靠学习、消化、吸收基础上的创新特别是技术集成创新，能够使产品更好地适应本国、东道国用户和经济社会发展水平的需要。重卡网链的境外绿色延伸，同样是要建立在技术创新特别是集成创新的基础上，才能够适应产能合作国家对产品的技术经济需求。

一　中国重卡产业网链形成案例

随着国家"一带一路"倡议的提出，物流行业迎来新的发展契机，重卡行业逐步形成完整的产业体系。2016年中国重卡、陕汽集团的重卡产销量分别是中国重卡产销量前十中的第三位和第四位，具有一定行业代表性，在重卡生产网络布局和网链境外延伸的案例研究中，具有"解剖麻雀"的示范作用。

（一）陕汽集团重卡生产网络形成过程

陕汽集团在全国建立了29家分公司（办事处）、560余家特约服务商、38家军品服务中心、290余家产品特约经销商、40余家专用车委改厂商，在海外25个国家建立了9个派出机构、67家产品经销商、45家特约服务站、17家特约维修中心，在本部建立了400、800联合呼叫中心二十四小时服务系统以及GPS服务监控系统，初步打造成了一张覆盖全球陕汽产品用户的服务天网①。陕汽控股是我国首批整车和零部件出口基地企业，1992年获得了国家贸易进出口权，充分整合国际市场的优质资源，与德国曼公司进行技术合作，在欧、亚、非等90多个国家和地区与当地企业合作建立汽车销售服务体系，在南非、埃塞俄比亚、伊朗、哈萨克斯坦、马来西亚、巴西等国家建成了本地化工厂；在海外拥有200余家营销渠道、300余家服务网络，产品销往全球100多个国家和地区，出口量和出口额保持行业前列；建立了KD（散件）工厂，实现了本地化生产产品向欧洲、非洲、中东等90多个国家和地区出口，将国内制造基地生产的汽车总成或者汽车零件出口到自己的海外SKD（半散件）工厂或者CKD（全散件）工厂，与当地的廉价劳动力和廉价资源生产的其他汽车配件来组装成成品汽车。部分组装厂还建立了完整的工艺、技术和质量保障体系，生产能力进一步提高，通过各地区国家相应的服务营销网络出售给最终客户。重卡国际产能合作的一般过程，是由整车出口到SKD出口组装、CKD方式出口

---

① 资料来源：http://www.sxqc.com/index.aspx。

及组装，进而到技术转让，最终实现在产能输出国家的产品生产不同程度本土化。

陕汽集团重卡产品组装的基地有西安卡车生产基地、宝鸡蔡家坡汽车园、泾渭工业开发区、榆林重卡基地等。重卡成品车组装基地网链形成经历了较长时间，了解重卡网链结构一般构成过程，对深刻理解重卡网链结构及其绿色延伸有积极的意义。陕汽集团及其陕重卡在国内重卡网链结构的形成过程，参见图9－1。显然，在国内重卡网链结构仍是重卡供应链或两业联动形成的供应链集成形式的网链结构，向境外延伸的过程中基本上形成了重卡产业链。前者是以供应链上下游之间的供求关系形成的链型机制，后者是有产业关联关系的产业链机制。

图9－1根据"陕西重型汽车产业配套及物流发展战略研究"①的项目成果，运用集成场视角对重卡网链集成体及各层次零部件网链参与者及参与程度进行关系示意。重卡生产制造集成体和（参与企业）集成体形成价值链有几个主要环节：车型研发→零部件生产→总成组装→整车组装→市场销售→售后服务等。不同环节的产品（总成、部件、零件等）都有一个或几个企业参与完成，每个集成体都主导着一个或几个部件、总成或产品生产网链，也成为整个重卡制造网链的子网链。陕重卡在整车组装层面是与通汇物流合作的两业联动过程，形成了制造供应链与物流链的融合形式，即供应链集成，参见图9－2。

随着网链在技术创新、品牌创新的基础上绿色延伸境外，集成体及其工艺过程更具复杂性，将涉及更广泛的产业关联关系，这就形成重卡制造产业链。从集成场视角，重点抓住重卡同态网链结构以下几个方面的主要关系。

（1）重卡供应链是制造集成体主导的网链结构。重卡是一个系统性产品，多个子网链集成体主导总成、部件、零件等构成重卡产品产业链的网链关系。陕重卡主导重卡制造供应链、通汇物流主导重卡进厂物流及相关集成体主导的出厂物流链，这是陕汽集团两业联动形成的重卡制造供应链与物流链融合的供应链集成主结构，还有支持陕重卡供应链的总成、部件、零件等相应制造集成体主导的零部件制造子网链，最终形成了重卡供应链集成、产业链关系的产品制造系统。在图9－1和图9－2的境内重卡产业

---

① 是指董千里2010年主持的陕西省软科学研究计划重点项目（项目编号：2010KRZ10）"陕西重型汽车产业配套及物流发展战略研究"。

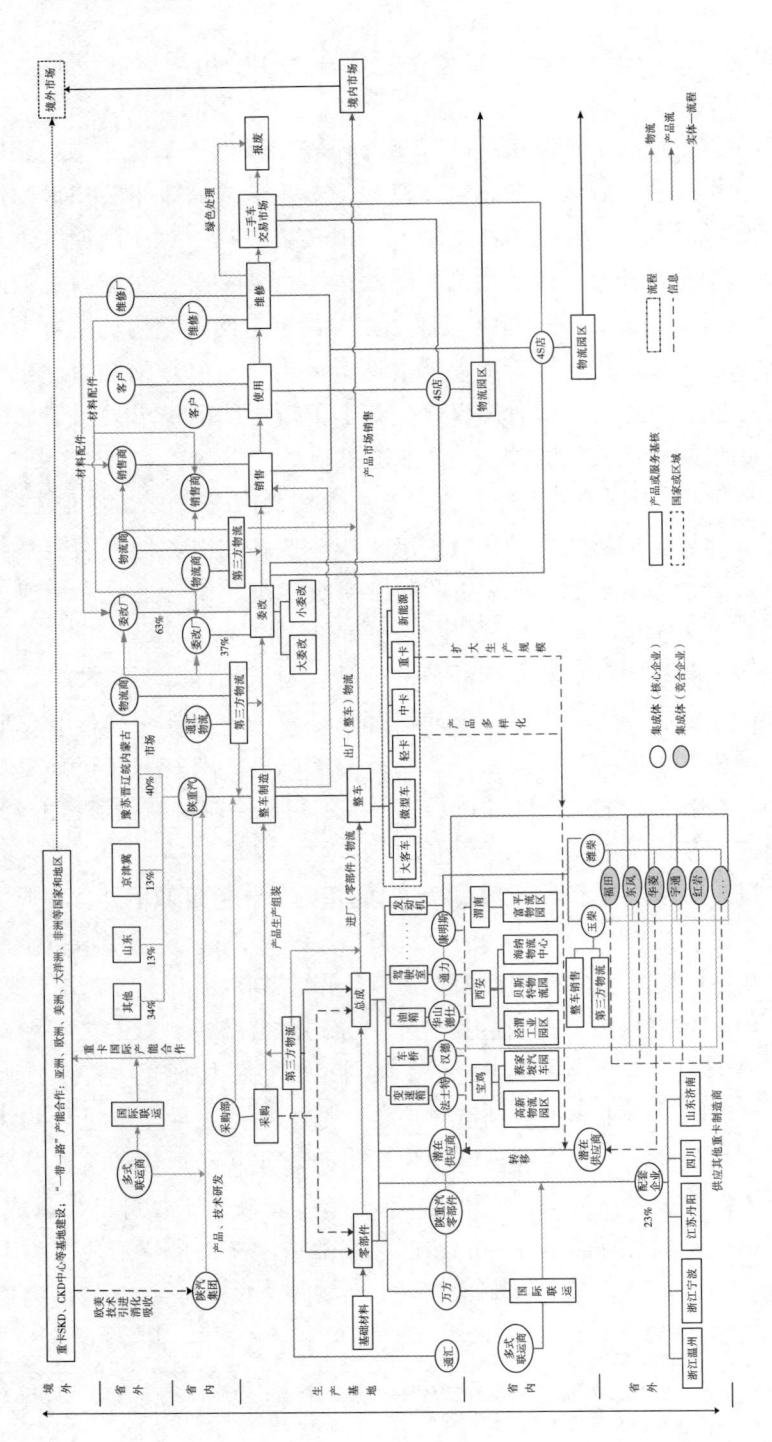

图 9-1 陕汽集团重卡供应链集成（境内产业链部分）示意

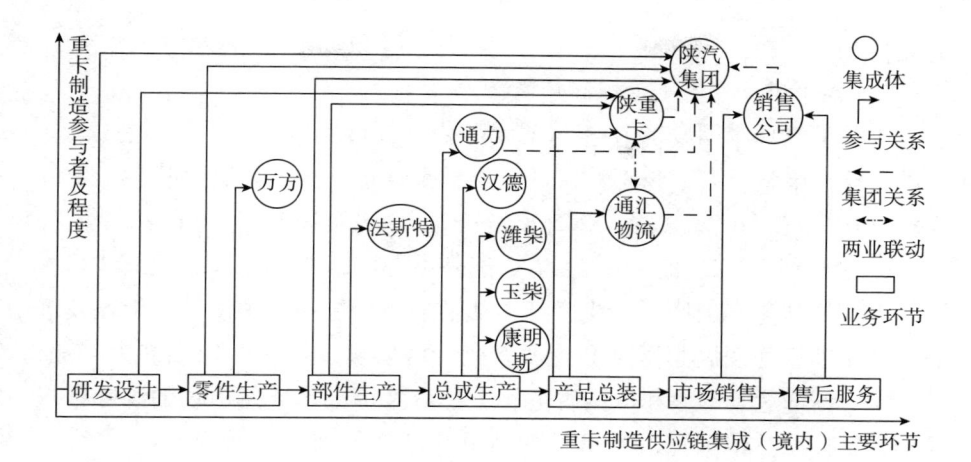

图 9-2　重卡供应链集成（境内）制造过程集成体参与程度示意

链中，由集成体主导的重卡供应链、产业链形成的网链关系是重卡核心企业、重卡及关联产品生产与市场销售相关参与企业所形成的网链协同治理关系。

（2）重卡网链技术集成与集成创新都在基核及其场源载体升级中得以实现。除了重卡产品、总成、部件、零件生产工艺、性能、质量以外，其设计、生产、物流、营销网链及其衔接中治理关系等的集成创新，都会有工艺、产品、功能和网链集成创新要求。

（3）重卡供应链是典型的订单拉动供应链运作方式，不仅要求在这一制造领域，而且要与市场用户有紧密的联接键。著名产品品牌、质量、性能、声誉及其产品网链延伸战略都会要求联接键发挥重要的作用。重卡制造集成体主导网链结构形成，境内参与方的竞争与合作关系形成了供应链集成关系。在向境外延伸中，境外政企关系就会加入其中，导致中外集成体新的"企企"关系形成，这就是以产业关联关系为基础的产业链，各自都在获得市场准入、生产能力、收益分配、政策支持和技术援助等方面发挥作用。

（4）全球价值链定位与升级探索，要求场线从技术引进、消化吸收到集成创新为主的研发设计、产品生产、市场营销、售后服务等全过程进行考量。重卡订单拉动的供应链运作机制，要求为满足客户需求为基础的产品生产网链结构完善与功能的提升，在产业相对优势基础上，完善场线绩效测量和供应链控制机制，在重卡全球价值链全过程寻求其地位和价值提升途径。

(二) 中国重汽的重卡国际产能合作

中国重汽（集团）2009年与德国曼公司进行战略合作，德国曼以5.6亿欧元获得中国重汽25%股权，并向中国重汽进行技术转让。目前，中国重汽已在90多个国家发展了263家经销商、253个服务网点和228个配件网点，在14个国家或地区建立17个配件中心库，在7个国家或地区建立15个境外KD生产工厂，形成了基本覆盖非洲、中东、中南美、中亚及俄罗斯和东南亚等发展中国家和主要新兴经济体以及金砖国家和澳大利亚、爱尔兰、新西兰等国家和中国香港、中国台湾等部分成熟市场的国际市场营销网络体系。中国重汽的重卡产品目前已增加到九大系列3000多个车型，成为中国重卡行业供应链驱动形式和功率覆盖最全的重卡企业。在全球参与多个细分市场的竞争，中国重汽全面发展多品牌战略，将现有产品全部囊括在SITRAK、HOWO、STEYR、HOHAN四大品牌之下，针对不同的消费者定位，全面覆盖高、中、低端市场。其中，非洲是中国重汽出口最大的市场，可见中低端重卡仍是中国重卡产能合作的主要市场范围。随着中国重汽在全球设立服务网点、配件网点，初步形成了覆盖范围广、联动响应及时的国际营销服务网络，特别是凝结着中国重汽与曼技术的SITRAK系列重卡，已达到国际一流技术水平，成为助力中国重汽深入海外高端重卡市场的主打产品。

中国重汽与陕汽集团在重卡网链的同态特征，使得其在网链结构、网链绿色延伸方面也具有集成场基本范畴及其运行机制方面的相似性。但是，延伸进入不同的国家会遇到新环境，要运用产能合作模式因地制宜构建相应类型的联接键。

二 网链同态模式参数变换依据

集成场视角的境内网链与境外网链结构存在同态性，同态网链可分析其境内结构特征，结合境外条件发展变化，增加必要条件，研究网链绿色延伸的发展需要，促进产品服务升级，致力于为客户服务提供整套方案。除了整车国际贸易以外，SKD汽车就是指从国外进口汽车总成（如发动机、驾驶室、底盘等），然后在国内汽车厂装配而成的汽车。其组装过程中，国际物流基本单元按照技术要求进行重新再组合，技术作业条件相对简单得多。CKD汽车就是进口或引进汽车时，汽车以完全拆散的状态进入

第九章 网链绿色延伸：重型卡车产能合作探讨

生产组装基地，再把汽车的全部零部件组装成整车，这一过程要求精益物流与其配合，技术要求相对复杂些，所形成的产业链绩效会更好。

以集成场视角分析152个国际产能合作的系统性案例，其中制造业有61个，案例验证了"一带一路"产能合作输出方式符合集成场基本范畴组成的网链结构。其中，中国重卡、陕汽集团等汽车制造业产能合作案例，都是以供应链集成或产业链的网链绿色延伸机制运行的。案例中集成体主导的网链符合同态网链基本性质和特征，使两业联动发展模式，可以在增加网链境外延伸的环境条件下，得以转化为产能合作模式，进一步开发使用。集成体间关系体现了延伸境外的中外集成体"企企"关系，基核及场源建设体现了网链延伸的核心内容，在东道国"政企""文化""制度"等环境一致前提下，可以应用"一带一路"产能合作模式，见式（9-1）。

$$产能合作模式 = 集成体 \begin{Bmatrix} 中外融合 \\ 中外联盟 \\ 中外伙伴 \\ 独立经营 \end{Bmatrix} 关系 + \begin{Bmatrix} 综合型 \\ 关联型 \\ 园区型 \end{Bmatrix} 基核 + \begin{Bmatrix} 文化型 \\ 制度型 \\ 政企型 \\ 技术型 \\ 资源型 \\ 信息型 \\ \cdots\cdots \end{Bmatrix} 联接键 \quad (9-1)$$

式（9-1）中的产能合作模式源自两业联动发展模式转型，具有形式上的同态性和模式结构同态。集成体关系是指与境外合作者的深度关系，基核是指境外场源及其基间可达性，联接键类型除了基础类以外，其他还扩展到国家间社会文化、制度、政府与集成体间关系等方面，进而导致机制的相异部分。集成场基本范畴主要指：国内外核心企业作为集成体，主动运用国际物流枢纽并构建重卡生产基地，形成重卡基核作为品牌、产能、质量、性能和市场等的场源结构，集成体间关系、制造基核与物流基核等的关系直接影响制造组织管理水平，可以通过政治、经济、社会、文化等联接键打造，提升进入东道国运作的组织管理水平。基核建设、联接键构建及运作，投资及效益分配都直接由集成体间关系决定。重卡产能合作模式的集成场基本范畴及含义表达，参见表9-2。

可用"一带一路"产能合作模式，梳理中国重汽、陕汽集团重卡网链结构绿色境外延伸，国内供应链部分表达了重卡供应链在国内场线构成要点。随着"一带一路"产能合作深入，国际分工也正经历着从产业间到产

表 9-2　　　　"一带一路"产能合作模式主要范畴的基本含义

集成体	含义	基核	含义	联接键	含义
集成体关系	中方核心企业与境外合作企业形成的网链集成体间关系；涉及东道国政府对项目支持、政策优惠等条件；决定了投资与效益分配关系	基核关系	涉及土地、资本等基地建设与运作；基地输出产能的基础设施、技术及能力等的载体；基核及枢纽间的可达性；土地及投资获得能力	联接键类型	形成网链间稳定连接和功能发挥的重要因素；可分为：文化、政企、制度、技术、资源、信息型等联接键；涉及建设与运作
中外融合	中外集成体（核心企业、合作企业）以股权合作形成的紧密关系；资本、技术等的投入关系	综合型	基核能产出主导产品；成本低、效率高，一体化服务精准且很稳定	综合类 文化	社会文化综合融合或兼容形成的衔接方式
				功能类 政企	东道国政府的支持政策形成的政策势能的外界环境（连接方式）
中外联盟	中外集成体以签订长期合同建立的关系；资本、技术等的合作关系	关联型	基核有相关生产基地配套运营；成本较低、效率较高，服务质量较高且稳定	功能类 制度	集成体（核心企业）内部制度；与外部（社会等）制度的一致（相容）性
中外伙伴	中外集成体以签订短期合作合同建立的资本、技术关系	园区型	在国际物流主通道枢纽园区选址建设或在园区中建生产基核；产业集聚或集群，运作成本较低；涉及园区平台集成体的运营管理	基础类 技术	研发工艺、产品、生产、组织、管理等技术
				基础类 资源	生产要素、市场等资源
独立经营	中方核心企业在东道国独立投资经营关系			基础类 信息	用信息技术支持的产品、生产、市场等过程连接

业内再到产品内价值链分工不断深化的过程。图 9-3 表示了产业链延伸过程的国内重卡产销网链，产品境外销售网链，境外 SKD 中心网链和 CKD 中心网链中集成体、基核和联接键关系在国际产能合作中的关系。

图 9-3 中，重卡网链境外延伸部分目前主要涉及重卡国际贸易、建设重卡 SKD 中心和重卡 CKD 中心的产能合作方式。显然在集成体间关系和联接键类型的侧重点有所变化，单一因素往往与综合因素衔接起来发挥作用，如文化与资源、信息和技术关联作用，制度与技术、资源和信息的相互作

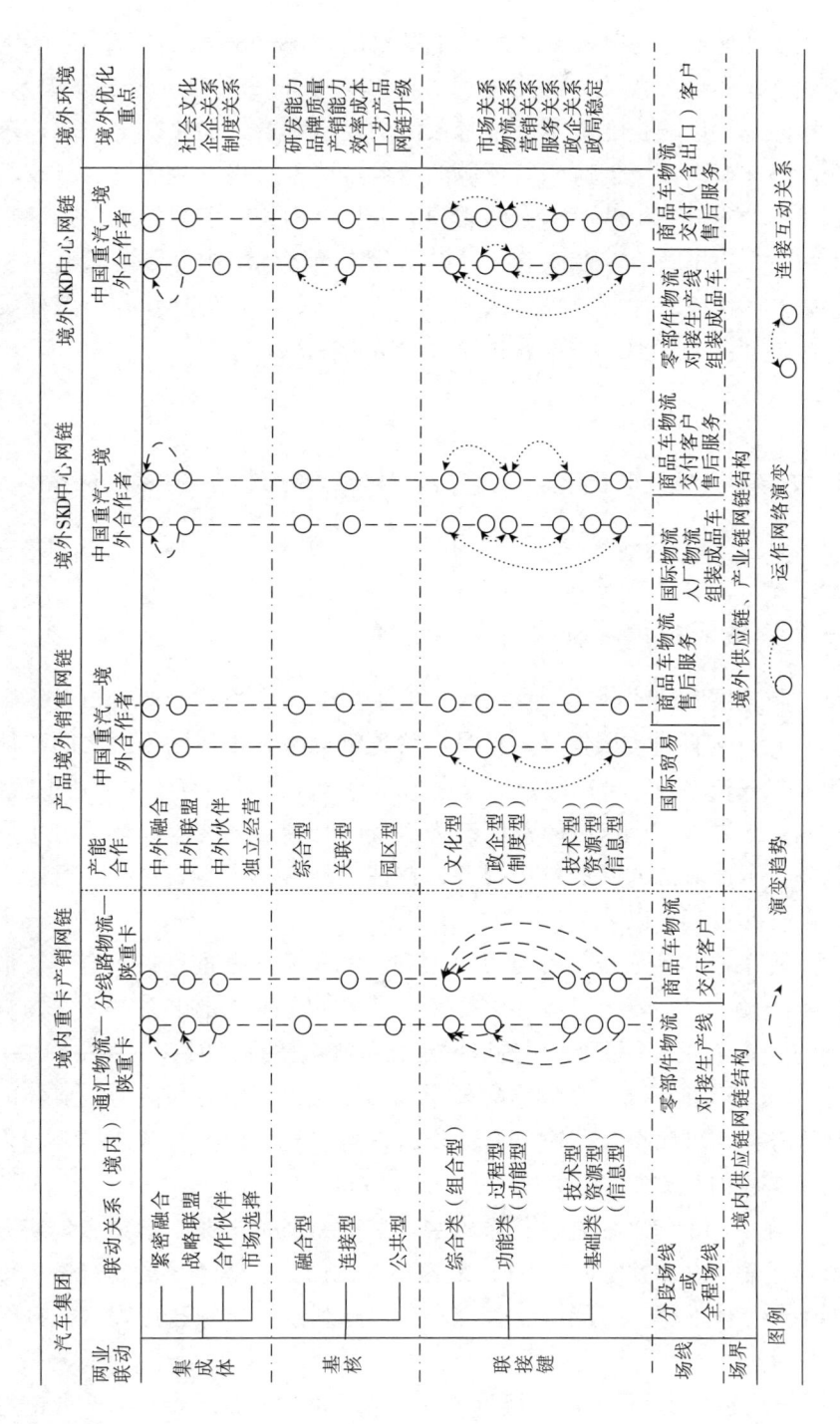

图9-3 重卡（境内）网链结构在境外绿色延伸中优化重点示意

用等。从境外产业链部分观察,产品市场范围和规模是重要的取向。国内核心企业合作的境外集成体间则体现了境外"政企"下的"企企"关系,它们直接涉及并影响企业资本、技术输出的经济利益,如税收等问题;东道国政府的产业政策所创造经营环境的政策势能,直接影响到资源、技术和信息作用的充分发挥和驱动力的实现。可见,相关的多种类型联接键建设几乎都与东道国政府产业政策、社会文化、网链组织内外制度等密切相关。这就需要构思怎样进入东道国相关产业领域、重点怎样运作、怎样发展,这些是"一带一路"产能合作模式应当回答的问题。

第四节 重卡网链绿色延伸策略及价值链取向

一 集成场视角网链绿色延伸途径

重卡制造供应链的网链全程场线形成了集成场视角的全球价值链。金芳(2007)认为促进内因发展的产品内价值链国际分工使国与国之间整体产业的分工或转移日益被产品价值链在国际的分段设置和有效组合所取代,并导致国与国之间形成以国际价值链为纽带的全球一体化生产体系。集成场视角的重卡产业链的网链价值提升,在理论上有三个主要途径,可以在国际产能合作过程予以体现。

(1)产品技术研发设计部分可以放到技术领先国家进行技术合作,形成以研发、设计为主要集成体的生产性服务链,提高"走出去"的中国自主品牌的"含金量",有利于引进吸收消化基础上的技术创新。

(2)拓宽营销网络,尤其是海外市场,形成以营销、物流为集成体的生产性服务链,可以将产品输出的境外用户需求与境外生产制造结合起来进行产品集成创新。

(3)在中间的生产制造、整车组装环节努力通过产业联动集成创新方式,形成运输、仓储并准时(JIT)配送到工位的集成体主导的物流链,提升网链生产整体效率、智能调度管理水平,有利于生产制造过程网链升级(见图9-4)。

图9-4显示的是重卡产业链价值提升的理论途径,结合重卡产业链特

征有以下几个提升价值的途径。

（1）途径一：向网链前端发展生产性服务业，这是战略性的领域，在研发、设计方面进行集成创新，可以控制整个网链价值创造的高端。由于对生产性服务的技术能力要求高，一般在研究开发、设计等过程剥离出来的生产性服务业会形成网链结构。提高服务业的针对性，技术上要求比较高，地理上可以将基核放在中高端市场区位。

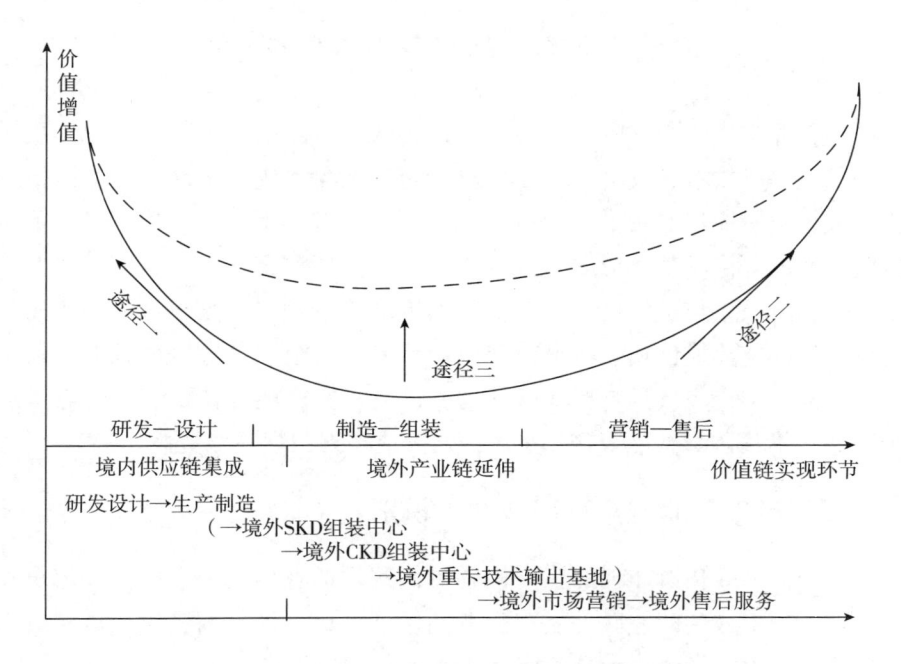

图 9-4　重卡产业链提升价值的途径

（2）途径二：向网链末端发展生产性服务业，这是面对市场的战略行为，在物流、售后服务方面进行集成创新，可以通过市场来把握产品销售服务。第三方物流服务升级可以实现这类服务功能，形成新的生产性服务业。

（3）途径三：在网链中段，通过提升物流 JIT 仓储配送到生产工位来提高生产线效率、降低成本。在这一两业联动过程，不仅集成体间关系密切，联接键关系稳定，更重要的需要基核同址运营。这种方式一般需要在物流服务基础上拓展售后服务，可以采用第三方物流切入制造供应链过程来实现价值增值（见图 9-5）。

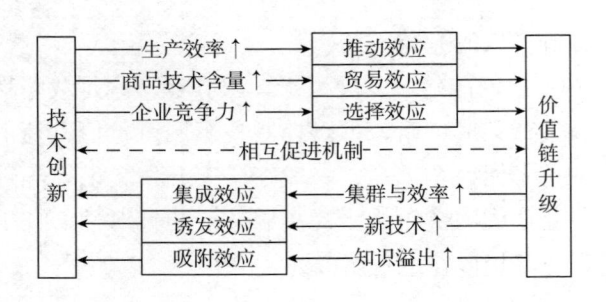

```
技               推动效应
术   生产效率↑              价          价
创   商品技术含量↑ 贸易效应           值
新   企业竞争力↑   选择效应           链
         ------相互促进机制------    升
         集成效应  集群与效率↑         级
         诱发效应  新技术↑
         吸附效应  知识溢出↑
```

图 9-5　技术创新与价值链提升相互促进机制

生产性服务业所形成的网链结构，在网链横向集成过程更多地体现了网链系统运行成本、效率等方面要求，而其纵向集成更多地体现为网链结构集成系统所追求的质量与价值目标。虽然两者都是网链集成创新，但网链横向集成更偏重基于成本、效率改善的业内资源集成管理，网链纵向集成更偏重于质量与价值提升及分配的网链结构治理及制度设计，基于质量与价值等网链集成创新直接影响到产业链集成与全球价值链的长期发展战略。因此，网链集成具有产业联动的网链嵌入的产能合作机制，引入"一带一路"沿线国家产能合作，可以使双方或多方共享共赢受益。

二　重卡产业链全程场线绩效识别

从物流高级化所体现的生产性物流链实现的业内转型升级，物流链切入供应链所形成的两业联动实现的业间转型升级，都有利于供应链集成形成国内价值链，并走向国家价值链。

（1）识别全程场线的价值及实现途径是寻求重卡产业链在全球价值链的地位和升级的前提，也是网链绿色境外延伸的基本前提。重卡产品制造集成体二元结构三主体特征的内在要求需要提升其全过程资源整合能力、提升全过程质量控制能力。基核建设定位、场源的品牌、信誉特征，通过联接键形成全过程场线可视化、效率化，其外结构要能占据全球价值链高端环节，其内在实力要能获取价值增加值比重更大部分（见表 9-3）。

（2）重卡制造国际产能合作的相对优势往往依托于资源优势、效率优势和创新优势，需要形成可持续发展循环。在这三种竞争优势中的关系为：资源优势 < 效率优势 < 创新优势。

第九章 网链绿色延伸：重型卡车产能合作探讨

表 9-3 产业链不同分工环节的可能增值途径

分工环节	可能的增值要素偏好	可能增值途径偏好	备注
研发技术	研发人员、技术、金融	提升产品价值、品牌价值、产品、总成、部件、关键零件性能与价值等	技术开发与产品设计
生产制造	劳动力、土地、生产基地、设备、工艺技术	提高产品质量、生产效率，发挥产业联动效应，进行工艺、产品等创新升级，降低生产成本等	零件、部件、总成、整车组装
物流服务	方案设计、监控管理、进厂物流、出厂物流	物流基地与制造基地间的可达性、准时性；物流业与制造业在进厂、工位、出场物流与制造工艺一体化运作的设计；发挥产业联动效应，降低物流成本	物流服务往往分为两大联动部分①
市场营销	市场、需求信息	成品物流与营销一体化；销售、售后服务一体化；营销服务精准性	既有市场、潜在市场开发
售后服务	整车售后服务	维护、维修一体化服务	

注：①其一部分以进厂物流、工位准时配送物流与生产制造过程联动，另一部分以整车出厂物流与销售（营销活动配合）过程联动。

基于资源要素禀赋的网链所拥有的是初级要素条件，基于技术创新驱动的网链不仅需要资源禀赋，而且需要技术、组织、管理和集成创新等高级要素条件，其中技术人力资源在促进产业升级方面具有有利条件。重卡在设计研发、关键设备制造方面与先进国家有技术合作，服务于中低端市场或中高端市场，重卡产业链延伸的重点是在不同的制造阶段分开实施网链境外绿色延伸过程：研发设计→生产制造（→SKD 中心组装→CKD 中心组装→重卡技术输出）→市场营销→售后服务（见图 9-6）。

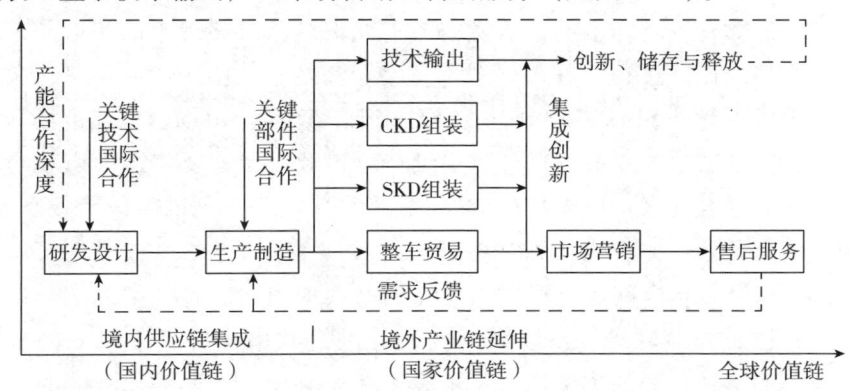

图 9-6 重卡产业链境外绿色延伸示意

(3) 重卡网链要在境内境外构建全程场线和可持续发展循环条件。Humphrey、Schmitz（2002）针对切入全球价值链提出了四种不同层次的产业升级模式：工艺创新、产品创新、功能创新和价值链跨越，对集成场视角的制造与物流两业联动、售后服务再到技术研发、产品设计和产品制造的反馈场线，对重卡产业链延伸至境外的部分与境内级分或在发达国家的研发中心产品设计衔接起来，这是一个可持续发展的横跨网链结构全过程场线，是分析确立全球价值链地位、提升价值的重要途径（见图9-7）。

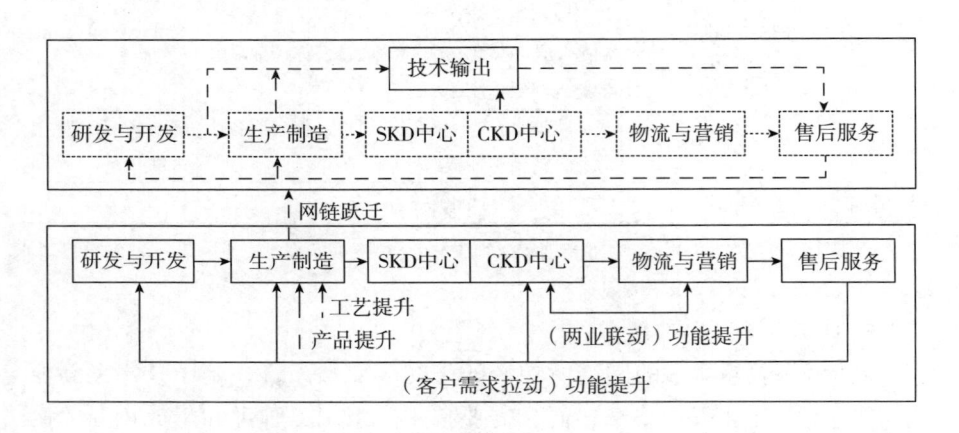

图9-7　网链绿色延伸提升价值链的途径

(4) 技术研发和产品开发是重卡制造网链螺旋式升级的最重要动力驱动环节。国内重卡制造供应链通过技术引进、消化吸收，在集成创新的基础上形成新的车型设计，根据订单投入生产制造过程，经过市场营销、售后服务，进而开发新的市场，从境内的中低端产品发展到中高端产品，形成了一个境内循环过程。进入"一带一路"市场，从整车产品出口，应东道国要求发展境外SKD组装中心、CKD中心，产品经市场营销、市场开发等环节，又形成了内外市场循环。要维持可持续发展就要将国内市场与境外市场发展结合起来，形成具有储备技术的研究开发，适时投放市场车型，形成产能或释放合作产能（见图9-8）。

综上所述，构建网链是竞争与合作的必要前提。对各类案例的理论分析表明，通过两业联动、产业联动构建的网链效率优势高于单一网链资源优势，而网链集成的创新优势更加高于两业联动、产业联动网链的效率

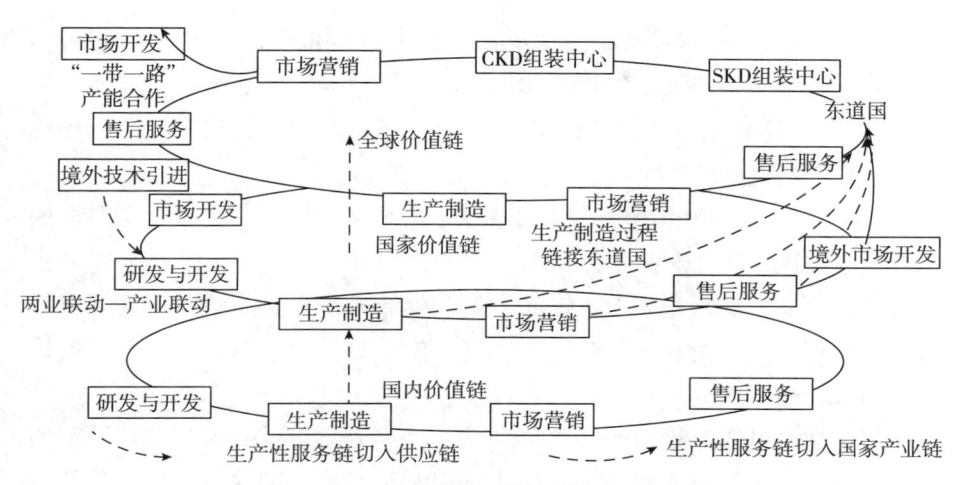

图 9-8　从技术开发到市场开发的产业循环与升级

优势。这里体现了基础资源、运作效率和长远战略之间的级差关系。竞争优势的级差性说明了一个国家、地区从低级经济发展直接迈向高级发展阶段是非常困难的，需要产业集聚、人才集聚，也进一步说明了处于创新驱动阶段的国家、地区正是通过这种高端产业、人才要素等对高级要素的独占性，才能建立起较高的进入壁垒，从而使产品研发和营销环节拥有很高的附加值。集成场视角对全球价值的认识在于发展中国家企业加入供应链、产业链，产业链获得产业集群支持，集成体间合作关注基核、联接键的网链绿色延伸，在产业价值链方面得到升级。

三　重卡网链绿色延伸策略的布设

集成体、基核和联接键三维关系形成的产品组装、总成组装、部件组装和零件制造网链及其间集成是集成体主导的同态网链结构，形成的是企业间的网链治理关系。所谓"治理"主要是企业间关系和制度运行的非市场协调机制。而这种非市场协调机制也是在集成体主导基核、联接键及其场线的网链结构运行中发生的，往往是集成体（企业集团）主导供应链集成为基础的产业链。网链绿色延伸需要关注以下几方面的战略与策略。[①]

（1）力求获得产品在"一带一路"国家市场准入资格。集成体及加入

[①] 董千里：《网链绿色延伸："一带一路"重卡产能合作的价值链提升》，《中国流通经济》2018 年第 6 期。

其主导的网链结构,容易以网链集成方式进入"一带一路"国家展开业务。重卡进入"一带一路"国家市场体现了对系统性资源的利用。集成体产品主导的公司采购策略会受到消费者、非政府组织和政府机构对安全、环境和劳工标准的期望的影响。

(2)力求快速获得整个产品的系统生产与组装能力。进入重卡网链的生产商往往在系统性产品生产中学习和提高自身工艺水平、产品质量。主导最终产品品牌的领先公司在提高质量、降低成本和提高响应速度等方面都非常苛刻,相关企业的网链只有适应才能稳定其合作关系,因此对使用当地劳动力也有相应的要求。

(3)便于构建网链集成体之间协调和构架合理分配收益机制。理解网链的治理优先于企业管理要求,往往体现着生产目标和验收指标,其绩效好差有助于理解沿着网链的收益分布。

(4)力争影响"一带一路"国家政府产业政策支持重点及着力点。政府产业政策支持力度体现了政策势能作用,政府政策建议对网链境外绿色延伸的影响力巨大。重卡产业链示范基地、示范园区、示范产业集群区的选择,会影响到当地产业布局与发展。

(5)针对"一带一路"国家市场需求提供专项技术援助。重卡技术支持具有直接的针对性,将专项技术援助与互联网、物联网相结合,成为新兴国家发展经济的捷径。一些买家可能需要"指导"来使技术援助与现代信息技术相结合。

第五节　本章小结

(1)以最简网链构建的"一带一路"产能合作模式具有精简、关键和有效等特点。产能合作模式是由境内两业联动模式结合境外产能合作的同态形式,以模式参数而得,有152个案例做支持,可以满足网链内部结构同态对接,也可进行网链外部结构的协同。从境内两业联动延伸到境外产能合作的网链结构,其集成场范畴表达的网链发展模式,结构形式相似。模式内涵拓展到境外,显示出集成体走出国门的新"企企"关系。基核区位及可达性,通过环境"政企"关系、政经制度、社会文化等方面联接键及差异性处理，实现境外组装生产乃至技术输出的实践。

（2）重卡制造网链的集成体应关注技术研发与品牌、技术、组装和市场间的联接键建设。在建立 SKD 中心、CKD 中心和技术输出指导的过程中，品牌优势、技术优化与关联企业形成良好的产业链合作关系。需要关注工艺、产品技术创新以及网链功能提升和治理制度建设，这是网链绿色延伸的前提。

（3）形成境内技术研发、产品生产以及制造技术成熟的以 SKD 中心、CKD 中心建设方式境外延伸，结合境外组装、境外市场营销和售后服务，形成一个网链体系。形成重卡制造集成体与境外合作集成体、东道国政府等形成良好的"企企"关系、政企关系与客户售后服务的联接键，在得到东道国政府政策势能的支持作用下，扩大重卡市场营销范围和绩效。

（4）集成场视角的重卡网链绿色延伸在境内按订单驱动的产品制造供应链集成，境内供应链到延伸境外产业链发展模式中，要抓住核心技术研发、关键部件技术，经历境内外生产、组装、营销和售后服务等环节过程，牢牢地把握集成服务商对市场的掌握能力，形成可持续的产业循环发展圈，使储备技术与能力得到恰到好处的释放。

第十章 全球价值链：境外园区在产能合作中的使命及实现

境外园区是中国产业转移境外的产业集群的载体，在"一带一路"倡议下承担着国际产能合作重任的同时，也被赋予了其发展的新使命。本章从集成场视角分析境外园区的发展优势与问题，用网链绿色延伸及多维邻近理论讨论境外园区在产业链形成、创新和发展中的作用机理，特别是在产业集群基础上的协同创新和网链境外形成、创新并融入全球价值链进行定位和价值提升。结合"一带一路"产能合作的要求，将境外园区新使命提炼为集"支点、基地和平台"一体化的建设工程，即国内网链绿色延伸境外的全球价值链的一个重要支点，网链延伸境外的产业集群、协同创新和产业升级的多功能基地，国内产业落脚境外的基础服务、基于集成创新的产能培育、优势技术推广和国家产业形象展示的平台。在探讨境外园区发展模式的基础上，本章进一步指出可以与国际产能合作发展、两业联动发展进行同态模式叠加分析，完善境外园区运行机制，促进境外园区"一带一路"国际产能合作新使命的实现。

第一节 引言

一 境外园区发展及其问题

（一）境外园区发展

境外园区是指我国各级政府或企业在境外合作建设的或参与建设的，

第十章　全球价值链：境外园区在产能合作中的使命及实现

基础设施较为完善，产业链较为完整，辐射和带动能力强的加工区、开发区、工业园、科技产业园、物流园区、经贸合作区、自由贸易区、自由港、工业新城以及经济特区等各类园区的统称。为了方便研究，将各种园区简称为"境外园区"。2016 年我国共有境外合作园区 119 个，广泛分布在各大洲 50 个国家和地区，其中有 78 个在"一带一路"范围内，占全部境外园区数量的 65.5%。此外，还有 25 个国家希望与我国合作建设经贸合作区，这类园区已达到 36 个（见表 10 – 1）。

表 10 – 1　　　　　我国境外园区数量、占比及分布情况

全部园区		园区数量（个）	园区数量占比（%）
		119	100.0
其中的"一带一路"园区	全部	78	65.5
	东南亚	34	28.6
	俄罗斯	23	19.3
	中东欧	6	5.0
	中亚	6	5.0
	南亚	7	5.9
外国有意向与我国合建的园区		36	—

国务院发布的"中国制造 2025"中提出："在有条件的国家和地区建设一批境外制造业合作园区"，"坚持政府推动、企业主导，创新商业模式，鼓励高端装备、先进技术、优势产能向境外转移"。国家发改委、外交部和商务部联合发布的《推动共建丝绸之路经济带和 21 世纪海上丝绸之路的愿景与行动》中提出，"根据'一带一路'走向，陆上依托国际大通道，以沿线中心城市为支撑，以重点经贸产业园区为合作平台，共同打造新亚欧大陆桥、中蒙俄、中国—中亚—西亚、中国—中南半岛等国际经济合作走廊"，"探索投资合作新模式，鼓励合作建设境外经贸合作区、跨境经济合作区等各类产业园区，促进产业集群发展"。[①] 显然，上述两个国家层面的重要文件，都明确将境外园区作为我国未来产业"走出去"和"一带一

---

① 沈铭辉：《"一带一路"、贸易成本与新型国际发展合作——构建区域经济发展条件的视角》，《外交评论》（外交学院学报）2019 年第 2 期。

路"倡议的一部分。中国商务部合作司（2010）提出境外经济贸易合作区概念。境外经贸合作区作为中国对外直接投资的一种新模式，成为国际产能合作的一个重要抓手。现有的境外经贸合作区大多分布在东南亚、非洲、南美等发展中国家。至 2016 年年底，我国在 36 个国家建设并已初具规模的境外经贸合作区共有 77 个。其中，通过国家商务部和财务部审核的国家级境外合作区有 20 个，累计投资 241.9 亿美元（平均 12.1 亿美元/个），入区企业 1522 家（76 家/个），总产值 702.8 亿美元，上缴东道国税费 26.7 亿美元，为当地创造就业岗位 21.2 万个。① 其中，56 个园区在"一带一路"沿线国家。这些园区大小不一、功能各异，进度和成效也存在重大差异。② 到 2018 年，我国已经拥有形式多样、数量众多的园区类型（见表 10-2），并形成我国境外园区经营主体的多样化（见表 10-3）。在"一带一路"倡议、国际产能合作等指引下，各类园区将被赋予新的功能使命，对发展"一带一路"产能合作深入发展具有积极作用和意义。

表 10-2　　　　我国境外园区类别　　　　单位：个，%

园区所属类别	数量	占比
物流合作园区	11	6.04
高新技术园区	13	7.14
重工业园区	21	11.54
轻工业园区	31	17.03
农业产业园区	53	29.12
综合产业园区	53	29.12

表 10-3　　　　我国境外园区经营主体性质　　　　单位：个，%

性质	数量	占比
国有	64	35.16
民营	111	60.99
暂缺	6	3.30
外资	1	0.55

---

① 朱妮娜、范丹：《中国境外经贸合作区研究》，《北方经贸》2017 年第 11 期。
② 叶尔肯·吾扎提、张薇、刘志高：《我国在"一带一路"沿线海外园区建设模式研究》，《中国科学院院刊》2017 年第 4 期。

境外园区是网链延伸境外的重要节点,是产业的重要承载形式之一,运用集成场理论考察同态网链的基核及场源建设,是从集成场全球价值链视角深刻认识境外园区在"一带一路"新使命的角色承担的切入点。

(二)境外园区问题

境外园区发展新使命,是中国园区已经经历过的境外引进、境内提升、境内发展并延伸境外的新概念。境外园区作为"一带一路"产能合作的重要手段之一,在当前建设和发展中还存在以下几方面重要问题。

(1)推动国际产能合作的国内体制机制不清晰、不健全,已成为我国推动国际产能合作的"瓶颈";已建的境外园区缺乏战略性、系统性的规划,园区规划布局不协调,部分区域存在重复建设现象;有些境外园区基本服务不到位,随着数量不断增多,基础服务问题逐渐凸显。

(2)境外园区战略期望与经济收益差异较大。由于园区建设前期投入量较大,投资回收期长,建设成本高、投资与收益严重不成正比;"一带一路"欠发达国家和地区的基础设施滞后,加大了我国在当地建设园区(包括供水、供电、道路、港口等)的工程量;资金问题会影响到后期建设的可持续发展问题。

(3)境外园区建设经验不足,园区建设的核心企业存在明显的缺陷,如定位模糊、盲目跟风扎堆投资、选址缺乏规划、重复建设现象突出等,建园与入园缺乏产业链大带小机制,国内部分有意愿"走出去"的中小企业因为自身实力不足,望而却步。

(4)园区主导产业和特色不突出,导致产能利用不足;很多境外园区都是倾向于做综合型园区,而没有考虑到东道国的实际需求,众多同质化的多行业、多功能一体化园区的重复建设,反而给东道国带来了一些负面影响。

(5)园区的选址扎堆和功能同质化,使各园区之间形成了同业竞争,再加上所在地区可能政治环境风险较高、政策以及法律法规波动幅度大、投资环境较差,都加剧了我国企业境外投资的风险。

(6)境外园区依然遵循国内园区原有的运营机制,多数未产生地方化创新,企业普遍是通过出租土地和厂房等基础设施以及提供服务的方式获得收益,建设周期长、前期投资多,投资回收难度大。①

---

① 周蕾、白伟:《浅议海外园区的投资风险》,《国际工程与劳务》2018年第6期。

（7）境外园区的企业缺少专业化的人才，尤其是既擅长跨国经营，又熟悉东道国政策、文化的人才尤为缺乏。加之语言和文化上的差异，园区产业融入本地化效果不够理想。

（8）境外园区投资巨大，大部分园区开发企业存在融资难的问题；由于我国目前缺乏"外保外贷"和"外保内贷"等服务，境外资产在国内获得贷款难，境外融资难度也较大[①]；国际合作还可能面临一些难以驾驭的政治风险、法律风险和商业风险。

二 集成场视角的境外园区理论构建

集成场全球价值链视角是考察供应链、供应链集成、产业链等网链绿色延伸境外的基本观点，集成体、基核、联接键是识别考察对象的基本范畴。

（一）境外园区文献研究述评

中国建立境外园区始于我国企业海外拓展业务的实践。1999年海尔公司在美国南卡罗来纳州建立了一个占地46公顷的工业园，这是我国境外工业园区的初次实践。现在海尔已在全球拥有10个研发基地（其中，海外8个）、24个工业园、108个制造中心、66个营销中心[②]，在全球范围内已实现了设计、制造、营销"三位一体"的网络布局。我国于2006年和2007年先后批准建设19家国家级境外经济贸易合作区，到2016年国家正式验收的有20家。这一批境外园区中有很多成为国内外学者研究的重点案例。境外园区建设本身是基础设施建设进行的国际产能合作。所建设的园区是优势产能向境外转移的重要抓手，是"一带一路"倡议重要的承接点。平台集成体作为境外园区的建设运营者，关注境外园区的区位选择、投资方式、运营模式、盈利模式、产业选择等方面的探讨。

在对我国已在15个国家批准建设的19个境外园区进行的研究中，李春顶（2008）分析归纳了境外园区四项优势和四大风险，认为这些合作区的招商定位大多是国内中小企业，是否能从对外投资中获益，是否具有对外投资的能力，是值得怀疑的。王爱华（2013）以主导与管理模式为取向

---

① 叶尔肯·吾扎提、张薇、刘志高：《我国在"一带一路"沿线海外园区建设模式研究》，《中国科学院院刊》2017年第4期。

② 2016年数据，见海尔集团网站（http：//www.haier.net/cn/about_haier/haier_global/market/）；李家涛：《海尔集团并购的协同效应研究》，《中外企业家》2018年第30期。

将海外园区分为国家、省级和企业三个层次。路红艳（2013）在对我国在赞比亚、埃及苏伊士和泰中几个园区进行对比分析的基础上归纳了资源利用、加工制造和综合三种园区类型，并总结其他境外园区经验，为我国企业"走出去"搭建平台提供借鉴。朱妮娜、范丹（2017）将我国已初步形成的一批具有中国特色的境外园区分为专业制造型、技术研发型、资源开发型、综合经营型四种园区类型。Deborah Brä Utigam 和 Tang Xiaoyang（2011）认为，中国最近在非洲建立了一系列官方经济合作区，是中国宣布的"互利共赢"战略的中心平台。DrBaboo M. Nowbutsing 和 Sonalisingh Ramsohok（2012）提出，中国正在几个国家大规模投资，外界关注的问题是为了互惠互利还是为了寻求世界的主导地位。Dannenberg、Yejoo、Schiller（2013）认为，中国在对跨国公司治理和机构飞地的实验性和渐进的方法上是独特的；中国在非洲建立经济特区战略有可能成为一种新的全球化进程。Nelson Santos António 和 Shaozhuang Ma（2015）提出，随着越来越多的国家涉足非洲，人们越来越关注中国在该地区的角色和参与，那些影响中国目前向非洲发展的特别因素是值得赞扬的，例如，注重发展合作和建立战略伙伴关系，中国通过帮助许多国家解决迫在眉睫的问题并协助知识转移，在非洲发挥非常积极和有影响的作用等。所以，中国产业网链境外延伸既需要"名正言顺"的"绿色"，又需要"言行一致"的"创新"，在国际产能合作理论与实践上是恰到好处的基础类联接键。本章通过梳理洪联英和张云（2011）、刘佳（2016）、朱妮娜和范丹（2017）的研究，归纳了我国境外经贸合作区的主要类型，将基核与产业稳定连接起来（见表10－4）。显然，不同境外园区投资者首先根据其产业特征和东道国经济发展需要确立境外园区区位；同一集成体主导的产业网链结构根据其产品性能、市场分布和东道国经济发展水平来选择园区类型和区位。

表10－4　　　　　　　　我国境外园区建设的主要类型

主要类型	类型特点	涉及园区
加工制造型	以市场开拓和转移国内产能为目标，结合东道国的生产要素相对优势进行投资	巴基斯坦海尔—鲁巴经济区、俄罗斯乌苏里斯克经贸合作区、埃及苏伊士经贸合作区、中国越南龙江经贸合作区、埃塞俄比亚东方工业园

续表

主要类型	类型特点	涉及园区
技术研发型	学习和利用东道国比较先进的技术和管理，进行资本技术密集型产业的投资，对我国产业投资结构有优化和升级作用	韩中国际产业园区、昭衍美国（旧金山）科技园区
资源能源型	利用东道国丰富的自然资源和矿产资源进行资源开发产业的投资	赞比亚中国经济贸易合作区、中俄托木斯克木材工贸合作区
商贸物流型	利用东道国海港、空港和陆港等提供国际货物联运、仓储、配送、货代服务等	巴基斯坦瓜达尔港、土耳其伊斯坦布尔港等；匈牙利中欧商贸物流园
综合经营型	综合东道国和国内企业自身的特色，集原料开采、加工制造、贸易金融、旅游等我国传统优势产业为一体的多元化经济合作区	泰国泰中罗勇工园、柬埔寨西哈努克港经济特区、尼日利亚莱基自由贸易区、老挝万象赛色塔综合开发区
综合平台型	提供各种境外园区业务服务的平台，业务由入园企业自主经营；提供突发事件应急管理	中埃合作区，中非泰达在埃及建设的苏伊士经贸合作区，中马产业园

资料来源：朱妮娜、范丹：《中国境外经贸合作区研究》，《北方经贸》2017 年第 11 期。

对于中国学者而言，境外园区是中国园区建设与发展的延伸，而网链绿色延伸境外的理论给我们的境外园区研究与实践带来许多便捷性。网链由境内至境外的延伸，在网链内部和网链运行环境等有很多方面发生了模型参数的改变。那么，境外园区建设仅是作为产业集聚的基地，还是网链绿色延伸境外的全球价值链上的一个重要支点，仅是关心园区的产能输出，还是关注到园区支持产业升级，这对于怎样评价境外园区建设的战略及经济绩效，是一个非常综合的问题。如何在国家级、地方级和企业级园区建设中得到一致的认识，值得研究。董千里（2018）运用集成场理论总结了制造业与物流业联动发展模式，其核心内容是两业联动过程中的两链融合集成创新。集成创新是两业联动、产业联动和网链绿色延伸境外的本质，其中最重要的就是集成体对网链的主导作用。境外园区是集成体主导的产业网链在境外的重要节点。在集成场全球价值链视角下，充分认识境外园区使命、发展模式和机制的理论与实践，应对一些境外学者的质疑，对"一带一路"产能合作发展具有重要且深远的意义。

综上所述，对中外学者所关注的境外园区研究重点、提出的问题和观点差异较大。本章重点在"一带一路"倡议赋予境外园区的新使命及其发展模式和实现机制方面进行理论到实践的探讨。

(二) 从集成场视角分析境外园区

集成场范畴是对具体的人工集成系统集成活动的抽象描述。集成场是合成场元受场中集成力、集成引力作用的时空分布状态。所谓合成场元是集成场中值得单独考察的基本单元范畴,例如,集成体、基核、联接键、场线、场界等。根据合成场元在人工集成系统决策智能结构中的地位和作用,可以划分为主动性合成场元和被动性合成场元。例如,集成体是主动性合成场元,其余都是被动性合成场元。集成体与其他合成场元相互作用构成基本范畴体系,可以根据研究的需要,对合成场元进行进一步分类研究,进行深度解剖分析。例如,境外园区研究的重点是基核,基核具有承载性(复合场源的载体)、极性(同性相斥、异性相吸)、对称性(进出方向相对)、平衡性(进出数量大致平衡)等基本性质。供应链是核心企业与上下游由供需关系形成稳定网链的过程。但在网链境外延伸的过程中,原有的供需关系被打乱了,由产业关联关系构成的产业链在形成过程中有时会涉及多个核心企业,往往需要进一步明确产业集成体及其作用。

(1) 集成场将境外园区作为一个分析人工集成过程研究的对象,境外园区建设涉及投资建设运营园区的平台集成体和入驻园区的产业集成体,前者涉及园区的投资绩效、投资风险,为产业集成体的运作提供平台综合服务支持;后者涉及入驻园区企业的运营绩效和运营风险,负责产业链的产能输出。在境外园区建设中,有时投资额巨大,涉及多个投资企业,这就需要多个投资企业先达成一致的投资协议,推举代表作为集成体与东道国政府和企业进行谈判,以缓和东道国政府、制度、社会文化等方面的制约,抑制可能引发的政治与经济风险。当平台集成体和产业集成体不是同一个有机体时,还需要处理好平台集成体与产业集成体之间的服务关系。

(2) 基核是境外园区作为集成场分析考察的主要范畴,基核作为复合场源的载体,起到产生集成引力、引导产业集聚的作用,主要的表现形式有:生产基地、物流基地、物流园区、产业园区、海港、空港和陆港等基地,物理上体现了经济学的土地与资本要素,同时在经济上体现了相关产业集聚。将基核放到由集成体、基核和联接键所构成的网链之中,基核规划建设就涉及平台集成体与产业集成体等主动性合成场元的交互影响作用。所以,用集成场视角识别境外园区,首先是考察平台集成体对基核的规划、投资和功能设计，接着是考察产业集成体在产业链运作过程中对基核建设的要求。

（3）集成场视角的境外园区建设关注的是集成体主导的供应链、供应链集成以及通过产业链关联的产业集聚、产业集群，以此来支持并实现产业升级的过程。供应链核心企业作为集成体的地位与功能是明确的，这是著名品牌、信誉和产品能够驰名中外的重要原因。而在产业链中这种集成体的识别、引导与产能作用就不是很明确，产业关联关系往往涉及多个核心企业，这些企业间一般存在竞争与合作关系。国家级境外园区的实践经验告诉我们，在其选址时，交通优越的地区是首选，特别是发达港口所在地。园区在国内选址本身就有很大难度，在境外选址的难度更大，这就需要基核建设与运营的平台集成体达成决策的一致性，将股权结构形成的集成体与东道国政府和企业建立良好的沟通关系，否则难以达到预期目标及实现可持续发展。

（4）境外园区项目投资回收期相对较长。回收期长，往往就意味着政治、经济和经营风险大。所以，平台集成体既要体现其主导建设运营能力，又要与当地企业合资，从而更好地获得政府支持、融入当地经营，并有效规避政治经济风险。作为集成体的中资企业要注意控股比例的问题，从而增加话语权、降低运营难度。由于中方"走出去"涉及多个企业，在重大基础设施项目投资上，中方的平台集成体也往往是由多元集成体股份构成紧密合作关系，以缓和境内企业间的竞争关系，便于在境外园区的竞争中形成利益上的一致性。

初步实践证明，海外园区建设不仅是推动企业以产业链的形式集聚境外、避免企业独自面对境外复杂的政治经济环境、增强其风险抵御能力的重要方式，也是推进本土企业借此契机实现产业升级的良机，而且，东道国的经济往往会因为产业的带动而有所发展。[①] 国际产能合作是推进"一带一路"建设的优先领域，是共建"一带一路"产业链拓展的重要支撑，境外园区要成为能够支持创新产品、创新技术和拓展市场发展的空间基地，而境外园区作为实施网链绿色延伸境外战略的一项重要载体、生产基地和创新平台，要能够大幅降低网链延伸境外企业的投资经营的风险和筹建成

---

① 叶尔肯·吾扎提、张薇、刘志高：《我国在"一带一路"沿线海外园区建设模式研究》，《中国科学院院刊》2017 年第 4 期。

本,推进企业的国际化发展。随着"一带一路"国家战略从顶层设计和规划走向落地实施,必须对境外园区赋予新的使命,为扩展境外园区建设带来更多机遇。但目前我国境外经贸合作区还处于探索建设阶段,还没有可以模仿的成熟建设模式。为了增强我国企业的国际竞争力并在国际价值链分工体系中占据主动,应该加强境外园区的基核建设。[①]

(三) 多维邻近的网链创新机制

境外园区作为网链结构绿色延伸到境外的产业集聚区,会形成关联企业的新网链、新的产能关系。"一带一路"产能合作是与东道国互惠共赢的过程,即产能输出包括创新与产业升级。境外园区的平台聚合作用会加强园区内网链结构的联接键功能,具体的联接键性质与协同组织程度,可以用多维邻近性(multidimensional proximities)理论来进行探讨。

1. 多维邻近是对集成场的联接键功能的测量理论

集成场视角的网链是以集成体、基核和联接键为基本范畴构成的最简网链结构,可以通过全程场线体现全球价值链绩效。在集成体主导的网链中,无论是供应链还是产业链,其行为是资源优化过程,其核心是集成创新过程,其网链集成活动范围可由网链绿色延伸形式从区域、国内延伸至境外。其中,平台集成体主导建设基核和联接键,产业集成体主导基核和联接键运作,在网链绿色延伸至境外时平台建设与产业运作集成体是合二为一的。

从园区集聚的产业链集成系统整体来看,邻近性衡量了特定维度上集成体(主体)之间的交互关系,从而对需求(客体)资源的创新产生影响。[②] 邻近性是指特定维度上衡量时与某事物距离很近,进而集成引力较强。然而,邻近性是在不同维度界定和衡量距离水平的测量,为量化分析奠定了基础。多维邻近性的含义、性质、作用其中的关系涉及范围较广,与集成场范畴有一定的联系。将集成场基本范畴与邻近性联系起来,更有着量化程度的考察特点,具体参见图 10-1。

2. 运用多维邻近理论可以深化集成场范畴

多维邻近理论应用于集成场联接键等范畴的质性分析,使多维邻近性

[①] 董千里:《境外园区在"一带一路"产能合作的新使命及实现机制》,《中国流通经济》2018 年第 10 期。

[②] 于永达、闫盛枫:《邻近性与自主合作创新网络演进:以集成电路产业链为例》,《科技进步与对策》2017 年第 14 期。

研究成果能够最大限度地融合集成场理论研究成果。根据相关学者们的研究，邻近性内容主要包括地理邻近、知识邻近、社会邻近、关系邻近、组织邻近、制度邻近等，就制度而言，其本身是一个多维的概念，包括了政治、经济、文化等多个方面，在具体的研究过程中有自己的融合取舍。可以从一般层面和二元层面两个视角对邻近性进行考察，从前者来看，主要指组织或地区的空间邻近性；而后者则侧重区域或组织之间的邻近性。①

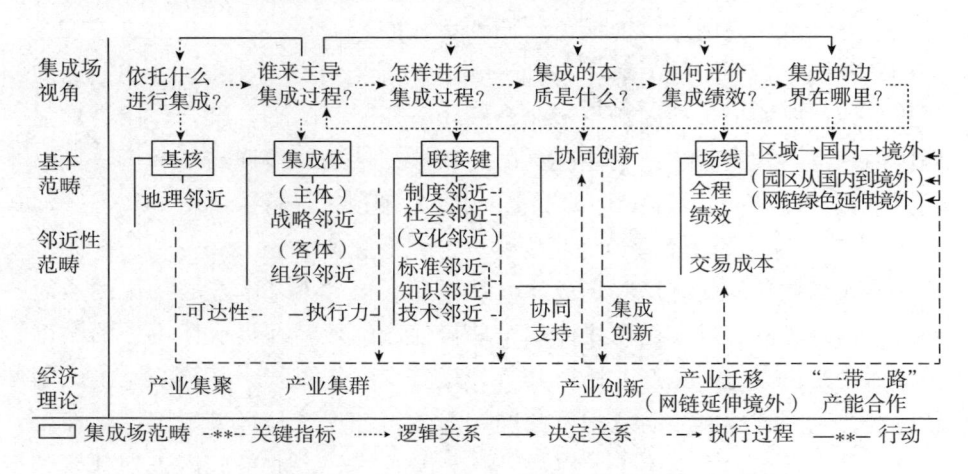

集成场视角	依托什么进行集成？	谁来主导集成过程？	怎样进行集成过程？	集成的本质是什么？	如何评价集成绩效？	集成的边界在哪里？
基本范畴	基核 地理邻近	集成体 (主体)战略邻近 (客体)组织邻近	联接键 制度邻近-社会邻近-(文化邻近) 标准邻近知识邻近技术邻近	协同创新	场线 全程绩效 交易成本	区域→国内→境外 (园区从国内到境外) (网链绿色延伸境外)
邻近性范畴	可达性	执行力		协同支持	集成创新	
经济理论	产业集聚	产业集群		产业创新	产业迁移 (网链延伸境外)	"一带一路"产能合作

图例：□集成场范畴 -**- 关键指标 ⋯⋯ 逻辑关系 → 决定关系 --▶ 执行过程 —**— 行动

图 10 – 1　集成场基本范畴与多维邻近理论的关系

（1）地理邻近性是两个互动组织之间的距离，可以用可达性指标来实现，对集成引力有正向作用。在集成体主导创新组织的运作过程中，所交流的知识体系中存在大量因难以编码而主要以面对面交流为主的隐性知识，这就涉及地理邻近性的集成引力作用。

（2）知识邻近性是指组织间技术水平、实力和吸收能力的邻近程度。知识邻近性过高过低对合作组织都不利，过低则合作组织间无法学到新知识，难以实现突破性创新，过高则因其创新成果很容易被竞争对手模仿，也可能降低合作组织间创新的积极性。合作创新的一个重要特征是组织拥有的知识基础决定了其吸收能力，进而决定其合作前景。

（3）制度邻近性是指合作创新组织间面临的外部制度环境与约束的邻

---

① 李琳、韩宝龙：《组织合作中的多维邻近性：西方文献评述与思考》，《社会科学家》2009年第7期。

近程度。制度邻近性提供了对制度进行二元分析的途径。组织制度邻近性高意味着面临共同的文化环境、制度约束与发展诉求，这些均有利于组织间形成更稳定的心理预期，同时降低了沟通与交流成本进而促进了合作创新。

（4）技术邻近性是以共有技术经验和技术知识为基础的，主要指知识主体对这些技术的应用。吸收能力与相对吸收能力的区别在于：吸收能力认为一个公司的学习能力决定于公司本身，而相对吸收能力认为这个能力同样决定于交换的知识源，即取决于交换双方。

（5）组织邻近性、文化邻近性有时是一个相对模糊的概念。而社会邻近性有时被称为个人邻近性或关系邻近性，一些学者把它看作组织邻近性的一部分或一种特殊的组织邻近性。①

产业集群企业具有明显的地理邻近性特征。其中，尤以作为龙头企业的集成体为最。在境外园区的建设中，依靠地理邻近性，可以在培育集成体创新能力的同时，帮扶中小企业。另外，发挥知识邻近性的作用，加强集成体与相关科研机构的联系，鼓励其余同行之间的合作交流，积极引进国内外创新资源，不断吸收、模仿和创新。同时，还要兼顾组织邻近性，即和国外机构联系，尤其要获得东道国政府的支持，从而获得有益于自己创新发展的政策。

集群企业关系网络与整体关系网络均具有多核心关系节点，整体关系网络的核心节点较多。集群企业关系网络集中度低于整体关系网络的集中度，说明集群企业外部的几个节点集中性程度较高；集群企业关系网络节点之间互动联系的紧密程度要弱于整体关系网络。关系邻近效应对集群创新影响更显著，永久性地理邻近在当前产业集群创新中依然起到正向作用，但作用要弱于关系邻近。②

实证分析的结果表明了地理邻近对促进集群内创新氛围形成、提高新知识新技术在集群内扩散流通仍起着正向作用。但当前要真正提高产业集群创新的发展，还应从关系邻近的角度抓起。根据李琳、韩宝龙（2009）组织合作中的多维邻近性的研究，可梳理为表10-5表述的内容。

---

① 于永达、闫盛枫：《邻近性与自主合作创新网络演进：以集成电路产业链为例》，《科技进步与对策》2017年第14期。

② 史焱文、李二玲、李小建：《地理邻近、关系邻近对农业产业集群创新影响——基于山东省寿光蔬菜产业集群实证研究》，《地理科学》2016年第5期。

表 10-5　　　　　多维邻近性的内涵与集成场范畴的关联

一般层面	多维邻近性	二元层面	集成场范畴(细分类型)层面
主体附近的地理集聚	地理邻近性	两主体间的距离	基核间距离
其他组织是否与主体组织相似	组织邻近性	主体间结构及相似程度	集成体（客体部分）
国家区域间的制度差别	制度邻近性	主体间的制度的相似与差异	联接键（组织内与组织间的二元制度）
与主体吸收外部知识的能力	技术邻近性	两主体间共同决定的相对吸收能力	技术型联接键
与主体所处区域文化方面的相似性	文化邻近性	两主体间区域文化组织文化的相似	文化型联接键
是否同一社交圈，是否具有相同位势	社会邻近性	两主体与第三方在社会关系上的相似	联接键（社会）
某一集群中出现的沟通与交流中的流畅性和相似性	认知邻近性	两主体在沟通与交流中的流畅性和相似性	集成体（主体部分）

3. 产业创新是集成体多维邻近理论的协同组织效果

集成创新是将生产要素重新组合而使绩效倍增的过程，这就需要以知识、要素、资源优化配置为前提，其集成体战略的执行力、基核场源的吸引性和联接键资源的可达性都是两业联动发展模式、境外园区建设发展模式、境外产能合作模式等考虑的重要因素，也是同态网链发展在集成创新方面的关注要点。在构建境外园区发展模式时，可以将多维邻近性融合与合并。

针对区域、国内与境外园区，有些指标的内涵、外延及作用效果存在很大的差异。例如，区域发展战略是促进区域发展政策的措施，属于制度性内容，区域之间的行政管理关系也属于制度范畴，因此，区域间文化邻近性、战略邻近性、组织邻近性等都属于制度性内容，可整合到制度邻近性概念中。① 具体参见图 10-2。

---

① 党兴华、弓志刚：《多维邻近性对跨区域技术创新合作的影响——基于中国共同专利数据的实证分析》，《科学学研究》2013 年第 10 期。

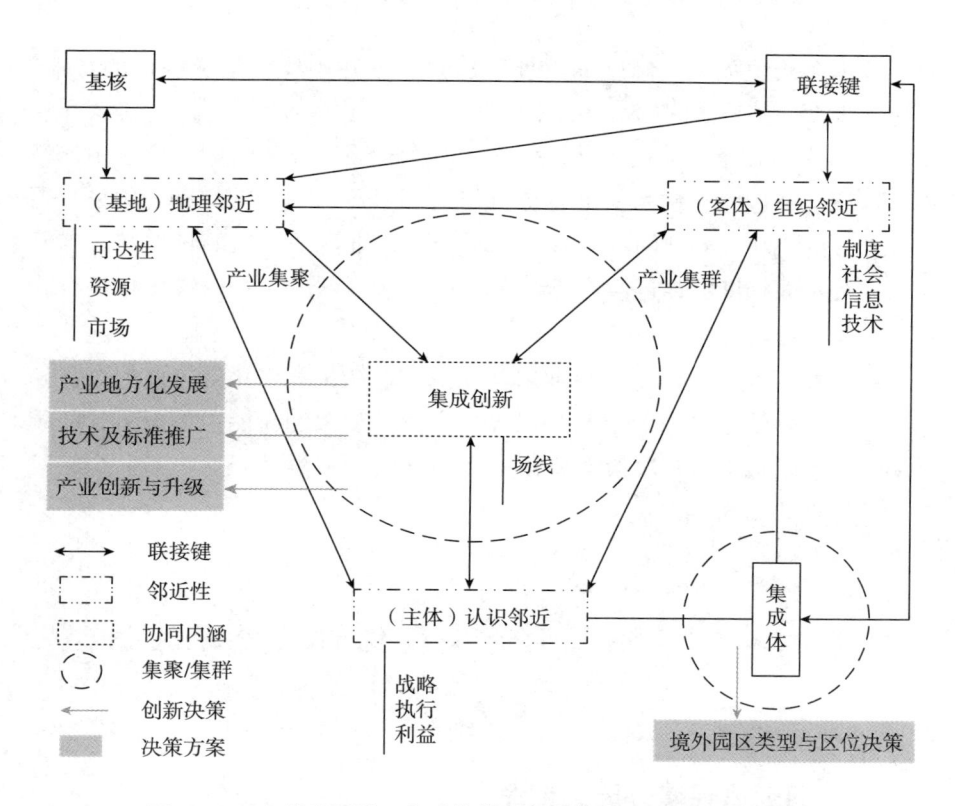

第十章 全球价值链：境外园区在产能合作中的使命及实现

图 10-2 多维邻近性、集成体协同创新与产业升级方案的关系

组织体系中的参与者在网络中相互间的关系不仅要相容匹配，而且还要基于共同的认知体系。可见，多维邻近性对利用境外园区作为产业链发展基核可以发挥以下作用，并融合到境外园区发展模式中。

（1）多维邻近性理论影响境外园区协同创新涉及两个决策层次：首先是园区选址，境外园区选址是产业链全球布局决策，像重卡产业链的研发中心，一般就会选址在发达国家，离掌握先进技术的国家近，便于交流。其次是产品生产基核与市场距离的运行合理化，高端产品离经济发达区域的销售市场近，低端产品距新兴经济的销售市场近；在此基础上，通过境外园区协同创新活动，将园区产能实现的重点放在产业地方化为目标的集成创新，以分别实现高中端产品与中低端产品生产布局、销售市场、售后服务的可达性，支持全球价值链增值。

（2）网链产品在东道国市场空间演化的影响，这些实际上映射了在网链结构中联接键的综合作用。认识邻近性和组织邻近性体现了集成体之间对产业创新认识关系，制度邻近性、社会邻近性等反映了联接键的功能，地理邻近性是基核之间的可达性。

（3）中国技术标准在境外推广应用，境外园区成为国标推广应用的基地。组织间邻近性与技术标准合作网络密不可分，网链的结构—关系—行为—绩效的成功离不开网络中各组织基于各种维度邻近性的良性耦合与互动，区分不同维度的邻近性对组织间合作的影响可以为企业技术标准合作提供非常有价值的信息。

（4）依托园区构建中外企业之间在战略、结构和文化等方面的交流匹配平台。境外园区促进了企业知识技术交流、联盟创新能力的提升，将境外园区作为基地平台，决策者应该考虑多维度的邻近性组合，与一个特定的合作伙伴建立联盟。①

第二节　境外园区的基核规划及场源认识

一　规划体现境外园区使命

李鲁、赵方（2017）认为，产业升级、产城融合、区域协同共建、对接自贸试验区及园区海外合作将是未来中国园区经济转型升级的主要方向。境外产能合作园区作为中国境内园区产业部分经济功能在境外绿色延伸的建设，体现着适应境外产能合作模式的功能与途径。Deborah Brutigam 和 Tang Xiaoyang（2012）认为，中国政府的意图是经贸合作区的建造能够使中国企业达到相当大的规模，并吸引中国企业集群形成一条产业链，进而可以触发当地制造业的发展，从而实现与东道国的互惠共赢。这样从国内供应链、供应链集成到产业链，均可以在境外园区获得支撑，形成境外园区与产业链"一带一路"产能合作之间的关系，也构成了境外园区在新使命下的发展模式，并指导园区类型、服务职能的新设计、新定位。

---

① 毛崇峰、龚艳萍、周青：《组织间邻近性对技术标准合作绩效的影响研究——基于闪联的案例分析》，《科学管理研究》2012年第2期。

（一）"一带一路"园区新使命的思考

"一带一路"产能合作赋予网链延伸的使命是绿色，而支撑网链绿色延伸实现的基础是集成创新。

境外园区是以园区而非项目合作为载体的境外投资模式，是中国产能网链绿色延伸境外方式的全球价值链的一个重要支点。用集成场视角观察，境外园区是由产业（制造）集成体主导的网链绿色延伸与平台集成体主营的境外园区形成的交汇平台区，其意义在于它是多个产业合作项目在一定经济区域内的集合，是境外产业合作从环节合作向链条合作的转变，是产能转移向园区转移的演进。① 在我们梳理的 152 个国际产能合作案例中，国内产品制造供应链延伸到境外就往往形成了供应链集成或产业链形式，其比例约占一半多。境外园区建设不仅是国际合作的基础设施投资项目，具有资本输出境外的投资特征和经营风险，而且是中国产能输出境外的产业集聚、产业集群承载地。因此，境外园区不等于境内园区的简单外迁，它是供应链、产业链在境外的网链形成基地和发展基地，是产业链在基础设施平台的交汇区，承载着产业或产业地方化创新升级职能，体现了与东道国互利共赢的产业链发展、产城发展过程。境外园区应在"一带一路"产能合作中承担产业链形成与发展基地的使命，承担产业地方化协同创新职能，能够支撑产业链在境外全球价值链提升的新使命。

（二）境外园区新使命的内容

"一带一路"建设赋予境外园区的新使命内容可以包括：网链延伸境外的全球价值链的一个重要支点，形成产业集聚、产业集群和产业协同创新的基地，境外产能形成、网链运营服务、新技术及标准推广和国家产业形象展示平台。可以具体用一个支点、三个基地和四个平台的一体化建设工程进行概括。

（1）一个支点建设工程。境外园区是既有国内网链绿色延伸境外的全球价值链支点之一，支撑着产品形成（或资源价值实现）、生产规模扩张、市场腹地拓展。在国际物流中转、优化价值辐射、创新升值途径过程中，创新机能是重要的支撑点。境外园区作为"一带一路"网链绿色延伸的基核一部分，其境外园区建设的集成场范畴关系模式与之相近，但其所关注

---

① 王爱华：《海外园区：山东半岛蓝色经济区境外投资新模式研究》，《生态经济》2013 年第 10 期。

的侧重点应当包括全球价值链在境外的一个重要支点。

（2）三个基地建设工程。境外园区是产业迁移境外的产业集聚基地，承载着产业集群功能。产业集群基地支撑着新的产业链形成、产能规模扩张、产业升级等，产业创新升级基地，是境内产业资源延伸在境外园区的产业集聚、产业集群和产业优化升级基地建设。例如，在全球家电市场转型升级的背景下，海尔海外市场提早布局，进行海外创新基地的建设，力求打造海外市场零距离交互，形成了自己独特的核心竞争力。①

（3）四个平台建设工程。主要是指国内产业落脚境外的服务平台：产业产能、技术组织创新的培育平台，国家优势技术、产品的推广平台（对类似北斗定位技术、国家新技术标准的国际化应用等）、国家优势产业形象展示平台，境外园区应当做好这四个平台工程的建设。

二 境外园区发展模式认识

（一）境外园区发展的同态模式

1. 境外园区发展模式的表达

集成场视角的两业联动发展模式是针对制造业与物流业的两业集成体形成、互动，并主导两链集成创新发展关系，核心是产业集成创新、网链绿色延伸，支持供应链、供应链集成，进而推进适应市场的产业升级发展。

集成场视角的产能合作发展模式是针对网链境外绿色延伸建立的，支持的是供应链、产业链运作，实现网链为基础的产业集成创新与产业链延伸，以提升集成场视角的全球价值链价值，具有一定的产业联动继承性并可推进产业可持续发展。已经梳理的152个国际产能合作案例可以验证这一过程，其中31个是境外园区建设运营案例，我们可以从中提炼出境外园区发展模式（10-1），这三个模式都是同态结构发展模式。境外园区服务对象是针对产业集聚、产业集群的产业链，可以是多条供应链、供应链集成的基核，不仅可以成为复合场源承载基地，也可以承载产业地方化创新升级的使命。因此，境外园区的新使命，是全球价值链的一个支点，能够支持产业集成创新，还能进一步支持产城融合，促进区域经济本地化发展。从集成场视角观察，境外园区支持网链绿色延伸的同态发展模式如式（10-1）所示。

---

① 海尔集团网站（http://www.haier.net/cn/about_haier/news/）。

第十章　全球价值链：境外园区在产能合作中的使命及实现

$$境外园区发展模式 = 集成体 \begin{Bmatrix} 相对控股 \\ 合资控股 \\ 绝对控股 \\ 独资开发 \end{Bmatrix} 关系 + 基核 \begin{Bmatrix} 制造型 \\ 研发型 \\ 资源型 \\ 综合型 \\ 平台型 \\ \cdots\cdots \end{Bmatrix} + \begin{Bmatrix} 社会型 \\ 制度型 \\ 政企型 \\ 技术型 \\ 资源型 \\ 信息型 \end{Bmatrix} 联接键 \quad (10-1)$$

式（10-1）说明境外园区建设集成体主要是平台集成体，有时平台集成体还是具有一定实力的产业集成体，不仅具有基核场源的集成引力，还具有集成体相应的集成力。在境外园区建设过程中，中方集成体可以按照东道国政府、法律要求进行独资建设，或与东道国企业进行合资控股或相对控股建设；为了体现集成体意志，可以采用控股合资、控股合作等股权融合的集成体间关系，容易实现国际产能合作机制要求，以境外园区发展模式促进国际产能合作发展。

2. 境外园区发展模式同态机制的叠加

作为产业基核、运行平台，集成场视角的境外经贸合作区其建设与运营者为平台集成体，依托平台运作的产业运作者为产业集成体，园区涉及多个集成体在平台的集聚关系，是在联接键支持作用下形成的，以基核作为场源的载体通过联接键形成集成体、基核等关系。

（1）集成体及其间关系决定了投资项目、建设规模、运营模式、投资成本和收益分配，并承担着相应的投资风险，从独资到股份比例的集成体关系机制体现出来。平台集成体作为投资主体，面临着境外园区投资额大、回收期长、经营风险大等实际问题，这些同国内与东道国政府、企业所形成政企关系、企企关系密切相关。所以说，涉外的集成体间关系大都是二元的。海尔集团在巴基斯坦海尔—鲁巴经济区的角色就是平台集成体+产业集成体。该境外园区是 2006 年获批，计划投资 1.29 亿美元，规划面积 2.33 平方千米，2009 年通过考核的国家级境外园区，集成体是由以 55：45 股份比例的海尔集团与鲁巴集团合资扩建而成，基核是在巴基斯坦海尔工业园基础上形成的中方控股的"（合资控股型）集成体关系 +（制造—平台型）基核 +（技术—制度—文化—信息—资源）综合型联接键的境外园区建设发展模式"，园区由家电产业基地扩展为汽车、纺织、建材、化工等产业集聚区。

（2）基核选址及其场源规划建设事关投资运营和产业集聚、集群绩效。

专项园区建设选择物流枢纽布局，基核的场源集成引力作用关系常常吸引三种常见产业关系，依可达性高低的顺序分别是直接关联产业、间接关联产业和一般关联产业。诸如，化工码头、煤炭码头、粮食码头、石油码头等，对相应企业有较大的集成引力。构成场源作用的还有，海港集装箱码头、海关服务（国际铁海联运）、口岸功能（汽车、粮食贸易）、保税功能（保税加工贸易）、自由港功能、出入境物流服务（集疏运效率）等都是基核场源的重要类型和组成部分，吸引着具有相关需求的企业集聚。这些与园区建设的场源构成密切相关。

（3）联接键衔接了集成体的战略执行力、基核的综合信息服务平台和场线运行过程，实现可视化的战略、执行和运营过程，引导创新能力运用，进行技术资源、信息交换、集成创新和市场开发，相关的技术、产品、市场及服务都与联接键构筑与作用发挥密切相关。

海尔集团 1999 年就在美国南卡罗来纳州卡姆登市（Camden）兴建了工业园，是我国最早在境外建立工业园区的企业。目前，其已在海外建立 8 个工业园、24 个制造工厂、四大本土化研发中心，并在全球建立了 24 个营销中心、37683 个销售网点，共覆盖 160 多个国家和地区。其中，8 个海外工业园中就有 6 个是在"一带一路"沿线区域，在我国境外园区发展中具有代表性。上述"巴基斯坦海尔—鲁巴经济区"的境外园区案例，可用集成场范畴描述为：在"一带一路"的政策影响下开创探索"建境外基核，搭物流网链，联接产品和服务的全程可视化场线"的境外园区发展思路，形成与东道国企业的合作共赢新局面（见图 10 – 3）。

（二）境外园区发展机制及叠加

1. 境外园区产业发展机制

在"一带一路"国家和地区建设一批境外制造业合作园区，是在总结 2006—2007 年境外园区建设实践新战略的基础上，继续坚持国家政府推动、核心企业主导，创新商业模式，鼓励高端装备、先进技术、优势产能向境外转移，形成并实现国家战略部署。境外园区是产业地方化的基础，基于园区进行地方化创新是一项重要机制，提升的重点列在表 10 – 6 中。

2. 实现园区一体化平台服务机制

根据境外园区的新使命，支持产业园区从境内走向境外的发展要点，加强境外园区与东道国政府部门和有关机构沟通、协调的平台，做好以下几方面主要服务功能：对入园企业均提供"一站式"投资、贸易、金融、产业等相关政策咨询,以及政策咨询、法律服务、产品推介等信息咨询服务;对企业运营提供企业注册、财税事务、海关申报、人力资源、金融服务、物流服务等运营管理服务;对生产、生活和其他设施提供租赁服务、厂房建造、生产配套、生活配套、维修服务、医疗服务等物业管理服务,提高境外园区配套设施水平,降低境外园区建设运营成本,有利于降低企业境外投资经营的风险和筹建成本,推进企业的国际化发展;做好预防和应对火灾、水灾、罢工、破坏活动、卫生安全等突发事件的服务;加强和国内一流产业园区的合作;搭建金融平台,支持经贸合作区建设。

表 10-6 产业园区从境内走向境外的发展要点

境外园区	含义与延伸	发展要点
定位提升	由国内园区到"一带一路"产能合作平台	提供国内企业境外落地服务平台,产业先进技术、技术标准推广平台,国家产业形象展示平台
功能升级	由集聚过剩产能到承载技术扩散升级	产业集聚到产业集群,生产能力到产业创新,促进产业升级
路径转变	由引导企业集聚到培育产业集群、产业升级	支持国内产业链境外运行、创新和发展,起到全球价值链境外价值提升的支点作用
领域拓展	由建设园区到经营园区、产业新城	生产、营销、产业发展、产城经济可持续发展

3. 同态发展模式的叠加运用

做好境外园区发展模式面对境外园区在"一带一路"倡议赋予的新使命,做好园区的"一站式"平台服务机制,有利于形成产业链形成及有效运作机制。

(1)发挥境外园区发展模式的集成体间关系,对东道国政府政策、制度缺陷进行弥补制约,完善企企关系,降低境外园区投资、运营和发展的风险。

(2)把握境外园区产业链发展定位,科学规划布局基核,构建联接键,坚持领先的产业国际竞争优势,避免同质竞争造成的资源与市场争夺。在国际价值链分工体系中占据更加主动的地位,我国必须促进境外经贸合作区融入"一带一路"倡议,为我国产业链形成与发展保驾护航。

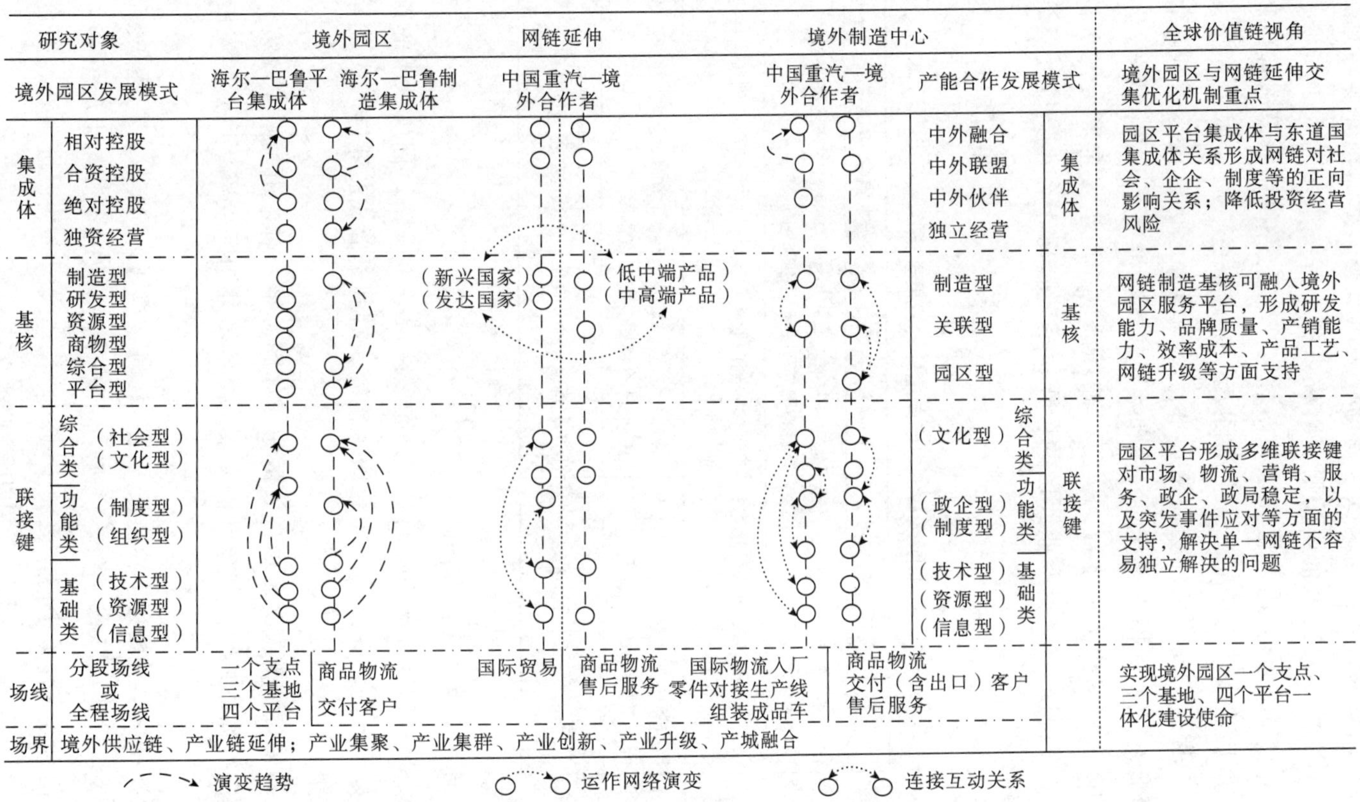

图 10-3 境外园区发展模式与国际产能合作模式汇交及优化重点

(3)以"一带一路"倡议建设境外园区,对于形成特定产业链发展机制是一个良好的契机,要运用国际产能合作发展机制,在提高产业运行效率的基础上,考虑两个联动发展机制的叠加运用,基于集成场视角的同态模式及运行机制的叠加,能与当地经济优势互补,促进产业链形成、产业地方化创新升级。①

第三节　境外园区的产能合作案例分析

一　把握国际产能合作机遇

(一)把握合作成功的机遇

越来越多国内企业沿"一带一路""走出去"进行产能合作,体现了集成体主导网链集成创新、绿色延伸的产业升级形式,在我国政府产业转型升级政策的政策势能作用下,集成体自主按照市场运作规律,提升并优化网链结构,从地方产业链提升为国家价值链,能够从国家价值链角度主动参与全球价值链分工,从而发挥我国产业政策导向在国际市场竞争中提升和发展产业、产品质量等方面的作用,扩大国际市场份额。

(二)抱团出海

为了积极推动国际产能合作重点行业,国家发展改革委着力推动企业"抱团出海",利用园区可以发挥先到境外的企业的人才、所掌握咨询的条件和对外交流优势,加快成立本行业的国际产能合作企业联盟,有利于企业抱团出海、园区组团招商。目前,在国家发展改革委国际合作中心的直接推动下,已经组建了电力、石化、建材、汽车、工程机械、纺织、钢铁、有色、通信、轻工十家重点行业联盟以及"一带一路"矿业联盟、卫星应用联盟、园区联盟等,中央企业和大型民企纷纷加入②,有利于形成集成体及其主导网链意识,推动优质富余产能通过集成创新、绿色延伸方式走出

---

① 董千里:《境外园区在"一带一路"产能合作的新使命及实现机制》,《中国流通经济》2018年第10期。

② 中非泰达:《一带一路 | 境外产业园区:如何又好又快地发展》,丝路国际产能合作促进中心微信公号,2018年7月4日。

国门，为"一带一路"国家合作双方营造新的产业经济增长点，加快推进"一带一路"建设及周边国家和区域基础设施互联互通建设，形成全方位开放新格局，促进区域相关各国和地区的经济社会发展，为我国利用对外投资带动技术升级和产业升级创造空间。这些重要举措必将加快我国资本输出、产业升级步伐和前进速度。

二 境外园区在产能合作中的优势

（一）产业布局与园区服务

国内企业为了实现全球范围产业优化布局，需要规避欧美国家的贸易壁垒、减少贸易摩擦，充分利用当地原材料资源、根据市场形势更好地带动国内出口，推动国际产能合作，做出贡献。例如，浙江诸暨海亮铜业公司的高级铜管加工项目，属于机械加工类产业，属于高能耗产业。作为龙江工业园内首批入驻企业，它在越南的投产，成功地规避了欧美针对中国的反倾销贸易壁垒。项目已经投产多年，出口欧美并产生良好经济效益，推进了我国出口加工产品原产地化。浙江宁波永峰包装公司，属于废旧塑料再加工企业，产品主要出口俄罗斯及在当地销售。该企业利用当地的原材料资源，就地加工拓展在俄罗斯的市场份额。根据市场规律完成了企业的产业布局，实现了共赢发展。这家企业在中国现在效益良好，利润返回母公司后，对在国内再投资，贡献巨大。

（二）园区服务与产能合作

"一带一路"境外园区产能合作案例说明：①利用境外园区作为产能合作平台，可以发挥平台集成体打前站的服务体系，满足相应境外法律、文化、制度等的咨询、指导服务；②有利于根据企业和东道国产业全球市场布局的需要，帮助国内企业实现产业"走出去"；③有利于规避"一带一路"产能合作的国际贸易壁垒风险，境内企业在以网链绿色延伸形式"走出去"以后，不但能更好地存活下来，而且效益显著，所取得的利润也回归国内进行再投资；④有利于利用"一带一路"国家当地的市场和资源带动我国装备制造设备及相关产业的出口，解决因国内某些原材料资源限制而发展受制的问题；⑤以境外产业园区作为平台，还可以利用平台集成体的服务，减少国内企业"走出去"的风险和成本，是一举多得的产能合作方式。

第十章　全球价值链：境外园区在产能合作中的使命及实现

第四节　本章小结

一　主要结论

（1）以集成场视角认识境外园区建设与功能，除了国内园区既有的基核及场源规划建设规律以外，在"一带一路"倡议下，赋予了境外园区产能合作的新使命。境外园区在当前的新使命是作为网链绿色延伸境外的全球价值链支点和境外产业集聚、集群和优化升级基地，针对产业链的产能、规模形成、技术和服务发展的创新、推广和国家产业展示平台进行一体化建设，随着境外园区今后发展还会增加产城融合等新的使命和作用。

（2）境外园区建设机制可由中外平台集成体以及所能连接的产业集成体间关系决定。影响境外园区建设所涉及的国家政府间关系、政府政策势能、政企关系、企企关系可以通过中外集成体间关系弥补制约，在结成中外集成体关系前，中方企业先要结成总体利益一致的集成体关系，形成中方整体一致的集成体。

（3）境外园区是产业集群的基核，所支持的是产业链境外绿色延伸，将产业集群与产业链延伸结合起来，有利于获得国家政府政策、制度约束、社会文化、基础设施、资源获取和市场供需等影响的正向支持，除了发挥一般市场经济机制作用以外还可利用非市场协调机制发生作用，即网链治理关系。

二　研究启示

境外园区是投资很大的项目，充分发挥境外园区发展模式的作用机制，可以有以下几点启示。

（1）构建良好的中外平台集成体间关系可以发挥园区基核（场源）、联接键类型规划建设的主导作用，降低境外园区投资与经营风险，使得两业联动发展、产能合作发展和境外园区发展形成协同运行机制。

（2）良好的平台集成体与产业集成体的关系不仅有利于产业集聚、集群过程，而且有利于形成产业多维邻近性，促进产业地方化发展协同创新，促进产业链升级。

（3）境外园区发展模式是园区产业运作发展的基本模式，在此基础上可以进一步将同态模式进行叠加分析，即按照"境外园区—网链延伸—产业联动"逻辑，将境外产能合作发展以及两业联动发展的同态模式进一步叠加分析，完善产业链形成、创新和发展机制。

（4）境外园区发展使命是动态发展的，当前主要是以产业组织、网链治理、产业本地化、产业链升级发展为主，以提升集成场视角的产业全球价值链水平，同时也可以考虑境外园区对产城经济一体化的支持。

第十一章　网链机制：预见、进取、应对

在中国与"一带一路"沿线国家开展产能合作的同时，会出现一些突发事件，由于其对物流链、供应链、产业链等网链都可能带来比较严重的后果，一般称其为"供应链突发事件"（董千里，2009）。本章基于"网链突发事件"探讨风险识别、危机转化和应急管理等集成场过程中的风险防范。

第一节　"一带一路"产能合作的风险识别

网链突发事件比较严重的后果有：投资建设项目被突然叫停、恐怖袭击导致合作失败及其他一些政治、经济原因导致的各种网链突发事件。

据不完全统计，近10年里有20多个"一带一路"沿线国家至少出现过一次政治冲突或动乱。① 网链各种突发事件的发生，给作为核心企业的集成体带来了巨大的损失。例如，2011年，中国13家央企因为战乱波及蒙受巨大经济损失，涉及资金188亿元；2014年，中国公司签订的价值44亿美元高铁合同被突然取消；2018年，铁路工程项目被突然停止等。据课题组以新闻报道为基础的不完全统计，中国在对外投资以及"一带一路"倡议和国际产能合作中的网链突发事件的案例，已达到208例，其中涉及金额达到近千亿美元，中国企业损失达到上亿美元。

对国际产能合作的网链突发事件的梳理及研究表明，企业作为集成体

---

①　周保根：《新形势下企业"走出去"的风险防范与利用》，《国际经济合作》2016年第11期。

在对外投资及跨国经营的产能合作中，物流与供应链网链结构构建及外部环境更加复杂，面临网链风险和危机的可能性增大，尤其是政治风险会对网链结构和企业经营过程产生不利影响①。例如，中国企业中兴、华为在全球价值链拓展中遇到严重不公平的对待。目前鲜有研究探讨和分析我国企业主导网链走向全球价值链的风险识别与防范。本章将借助"一带一路"产能合作中的网链突发事件案例分析，对产能合作中的网链突发事件进行研究和探讨，寻求"一带一路"国际产能合作的网链突发事件预警、识别和集成应对的措施和途径。

一　网链突发事件

突发事件是指突然发生的造成或者可能造成严重社会危害，需要采取应急处置措施予以应对的自然灾害、事故灾难、公共卫生事件和社会安全事件。② 网链突发事件是物流链、供应链和产业链等遭遇供应链条中断、运行过程断裂和产能彻底破坏等，对可能网链绩效造成重大损失。在国际产能合作中涉及国家之间利益，国家政治、经济等其他重要关联因素也可能影响网链突发事件的发生。物流链、供应链乃至产业链识别与应对突发事件的实体是集成体，即主导网链运行经济实体如龙头企业、核心企业等。网链突发事件是集成体在"一带一路"产能合作中所涉及或面临的危机中，具有突发性、灾难性的重大损失事件，并可对集成体主导的供应链、产业链乃至全球价值链等产生巨大负面影响。

"一带一路"产能合作是国际产能合作的重要组成部分，也是我国当前产业"走出去"的主要任务。其中的网链突发事件是涉及国际关系的突发事件，既可能由前述四类突发事件引起网链中断，也可能由于战争、政治、武装暴乱、罢工、供应商中断供应、物流过程事故、市场需求波动、信息误差、人为失误等因素单独或多因素联合发生导致。由此可见，引起国际产能合作中网链突发事件的因素不但多样，而且突发事件的表现形式及影响更是大不相同。

---

① Casson, M., Lopes, T. D. S., "Foreign Direct Investment in High – Risk Environments: An Historical Perspective", *Business History*, 2013（3）: 375 – 404.

② 全国人大常委会办公厅：《中华人民共和国突发事件应对法》，《中华人民共和国最高人民检察院公报》2007 年第 21 期。谢健民、秦琴、吴文晓、黄怡璇：《突发事件网络舆情案例库的本体构建研究》，《情报科学》2019 年第 2 期。

所谓"一带一路"产能合作的网链突发事件，大部分是由国际产能合作中的网链内外偶发因素直接作用或潜伏引起，在短时间形成并突然爆发，直接影响或中断产能合作，并可能带来灾难性后果的意外事件。所谓灾难性后果的意外事件包括影响、破坏"一带一路"产能合作正常开展，造成产能合作中断、失效和成本剧增，导致国家或区域价值链体系紊乱、失败、崩溃，甚至整个全球价值链体系解体等。

二 产能合作突发事件类型

根据导致产能合作突发事件发生的缘由，可将其分为全球价值链外部因素和内部因素引发的两大类。全球价值链外部因素引发的有自然灾害型、政治型（政局动荡、战争和内乱、国家战略冲突等）、法律型、经济型（汇率波动、衍生品交易差异、债务违约等）、文化型等，全球价值链内部因素引发的有意外事故型、投资决策型、经营型、财务型等。产能合作突发事件类型的明确划分，为进一步研究产能合作风险分类、产能合作危机特点及产能合作应急对策提供了研究依据，有助于我们构建产能合作突发事件管理体系。在"一带一路"产能合作过程中，要注意中华文化的传播，有些突发事件直接或者间接是由对中华文化的理解差异所致。所以，在"一带一路"产能合作推进过程中，还应当注意中华优秀文化的传播。

三 产能合作突发事件特点

按照产能合作突发事件发生、发展和应对过程，其特点可归纳为以下几点。

（1）爆发的突然性。突发事件在运营过程中的极短时间内突然发生，使网链成员企业在国际产能合作中措手不及，应对与后果准备不足，难以及时采取正确决策，错失挽救损失的最佳时机。

（2）后果的灾难性。网链突发事件在"一带一路"产能合作中属于偶发事件，它极少爆发，一旦爆发所造成的损失影响特别巨大，不仅可能使产能合作网链中断、崩溃，还可能导致国际社会一连串新的突发事件的发生，对整个国家乃至全球产业链造成恶劣影响。

（3）链状的蔓延性。突发事件一旦发生会呈现网络或链状蔓延，网链突发事件可能随"一带一路"产能合作的全球价值网链进行蔓延，也可能随全球价值链传递关系逆向演化并影响到国内价值链。

(4) 应对的迷惘性。网链突发事件具有非常规性,在没有预案的情况下,很难有正确、及时的决策。非常规性环境状况下网链突发事件的应对程序和方法应事前准备,才可能保证解决决策的有效性、正确性。防止突发事件爆发的形式与内容多样且复杂,应及时选择准确的决策和方案,防止出现决策迷惘状态。

四 突发事件应急管理体系

应对网链突发事件在"一带一路"产能合作中的发生,需要建立特定的识别、预警、应对和应急管理系统。网链突发事件应对、应急是一个非常规管理系统,而建立、运作和维持应对网链突发事件的应急系统成本是很高的,因此需要理顺网链突发事件含义、性质和应对理论,将网链风险识别与评估、危机转移与处理、应急处理与善后等管理过程,形成网链内外部相互衔接、协同运作的突发事件集成管理体系,将非常规的应急管理系统纳入常规的企业、产业、供应链、价值链等网链管理或治理系统之中,既提升应对网链突发事件预警功能,又能避免不必要的重复设置,对网链突发事件进行及时、有效的处置。Kent Miller(1992)首先提出集成风险管理,北美非寿险精算师协会(Casualty Actuarial Society,CAS)(2001)进一步提出任何行业和企业都可以结合自身的风险状况建立集成风险管理体系,减少风险损失和提升企业价值。国际风险管理领域的重要组织美国发起人委员会(2004年9月)颁布了《企业风险管理——整体框架》,标志着集成风险管理理念得到普及和认可。[①] 依据集成场同态网链结构机理,参考董千里(2009)建立的供应链突发事件管理体系,构建出"一带一路"产能合作的网链突发事件集成管理体系,如图11-1所示。

通过将突发事件管理体系应用到国际产能合作风险管理中,针对"一带一路"产能合作突发事件从风险识别、危机处理和应急管理三部分集成来进行系统监控管理研究。

五 "一带一路"产能合作的风险

可将"一带一路"产能合作的网链风险定义为:"一带一路"产能合作中,因网链内外各种不确定因素造成产能合作参与方损失及可能性的一

---

① 吴钩:《中国跨国公司境外投资集成风险管理研究》,《学术论坛》2012年第11期。

第十一章　网链机制：预见、进取、应对

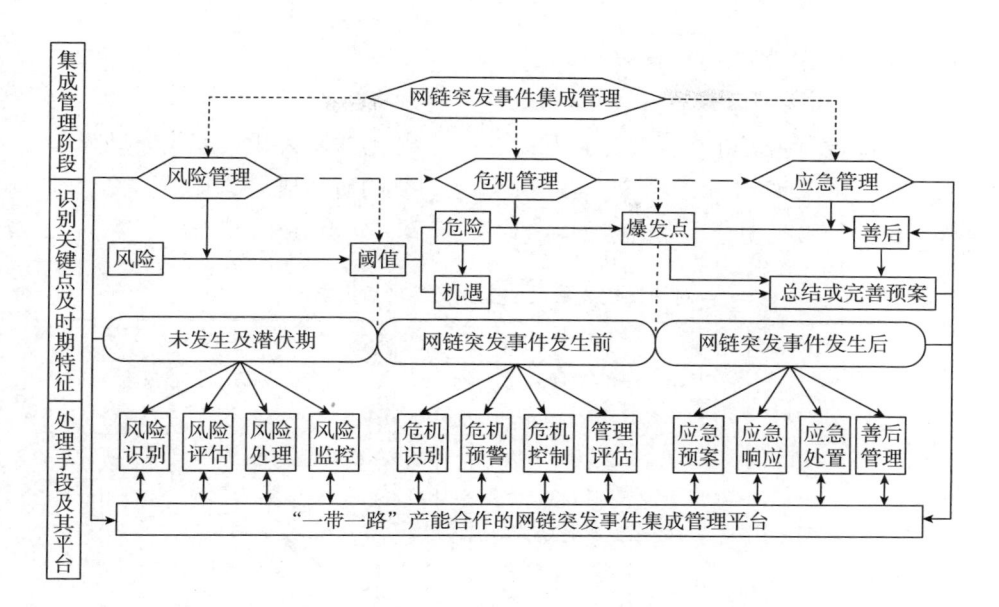

图 11-1　突发事件管理体系

种特定领域事件。显然"一带一路"产能合作包括突发事件造成的风险，风险超过阈值就可能爆发突发事件，突发事件必然造成危机，危机处理不当就会造成重大损失。

通过本书整理的 208 个案例，可以看到，中国企业在对外投资过程中，因多种不确定因素屡遭亏损，究其原因，涉及政治、经济、社会、技术等多个方面的综合作用。"一带一路"产能合作是典型的国际产能合作过程，参与竞合的基本单位是集成体主导的网链结构。

第二节　"一带一路"产能合作的风险类型

一　国际产能合作突发事件风险识别

国际产能合作风险，往往是指国际产能合作突发事件风险，当突发事件风险超过阈值，就会造成国际产能合作突发事件形成，造成严重损失。本章借鉴文献中的对外投资风险、产业转移风险、供应链风险和"一带一路"产能合作风险，进行归纳梳理。

（一）对外投资风险

对外投资是国际产能合作的主要切入点。① 有关对外投资风险的研究由来已久，从 1987 年延续至今，已形成了系列化的研究成果。其中，关于对外投资的风险类型，主要观点如表 11-1 所示。

表 11-1　　　　　　　　对外投资风险类型主要文献观点汇总

作者（年份）	风险类型
张留禄（1997）	管理风险（政府管理风险、企业管理风险）；竞争风险（技术风险、规模风险）；资金风险；政治和制度风险
白远（2005）	商业风险［又称为经济风险，包括：自然风险、外汇风险（外汇买卖风险、外汇交易风险和会计结算风险）、利率风险、经营风险（内部财务风险、价格风险、销售风险、技术风险、信用风险、决策风险、环保风险和品牌与信誉风险）］；政治风险（东道国政策和法律所产生的风险、战争风险和国有化风险等）；文化风险
邵予工、郭晓、杨乃定（2008）	经营风险（生产风险、销售风险、技术风险）；管理风险（财务风险、人力资源风险、资金风险、跨文化风险、无形资产风险）；市场风险（关税风险、非关税风险）；交易风险（外汇风险、折算风险、知识产权风险）；要素禀赋风险（劳动力风险、原材料风险）；政治风险（政策变动风险、国有化风险、战争内乱风险、资金转移风险、政府违约风险）；东道国市场风险（运输成本风险、东道国经济风险）
聂名华（2009）	国家政治风险（政治势力"区别性干预"风险、蚕食式征用风险、战争或内乱风险）；恐怖主义与民族主义风险；政策与法律变动风险；汇率变动与汇兑风险；投资决策与经营风险；文化冲突风险；管理体制与道德风险
张琦（2010）	政治风险（政府干预风险、民族主义风险、政策变动风险、恐怖主义风险、地缘政治风险）；管理风险（效率风险、跨文化风险）；财务风险
太平、李姣（2015）	政治风险（国家安全审查风险、政治暴力风险、法律风险、劳工风险）；经济风险（财务风险、税收风险、汇率风险）；市场风险（市场竞争风险、技术风险、市场条件变化风险）；社会风险
聂娜（2016）	外部投资环境风险：政治风险（政局动荡、战争和内乱风险、国家战略冲突风险）；经济风险（汇率风险、金融衍生品交易风险、信用风险）；文化风险
	企业内部经营风险：投资决策风险；经营风险；财务风险

---

① 赵德宇、刘苏文：《国际产能合作风险防控问题研究》，《国际经济合作》2016 年第 3 期。

续表

作者（年份）	风险类型
丁志帆、孙根紧（2016）	国际风险（地缘政治风险、认知风险、政策风险、市场风险、文化差异风险）；国内挑战（对外直接投资法律缺位、对外直接投资管理体制不完善、对投资环境研究不足）
商务部投资促进事务局（2017）	国际政治风险［东道国政治风险（政局变化、政权更迭、政府征用、武装冲突、对华关系变化、社会治安环境恶化等）、大国地缘博弈］；经济风险；法律风险（环境法律风险、劳工标准法律风险、知识产权法律风险、争端解决机制风险）；宗教文化风险
孙南申（2018）	商业风险（如信用风险、违约风险、自然风险、侵权风险等）；非商业风险（政治风险或国别风险，战争、动乱、恐怖袭击、国有化等风险）

可以看到，随着时间推移，对外投资的风险并没有因为经济的发展而减少，而且风险类型趋于全面和丰富。其中，主要的风险侧重于政治风险，同时经济风险、法律风险和文化风险是企业面临的外部风险，内部风险主要在于内部经营风险方面。也可以发现，关于各种风险的具体内涵，并不完全相同，或者是命名并不相同。例如，关于政治风险，虽然都有涉及，但是，不同的学者强调的内容并不完全相同。从1983年Mark Fitzpatrick收集的27个政治风险定义到现在，学者们依然很少能一致认同某个政治风险的定义。[1] 再者，关于民族主义风险，有的是把它和宗教文化风险放在一起，或者认为它是政治风险的一种，也有的是将之归类到管理风险，还有的是和恐怖主义风险放在一起。[2]

（二）产业转移风险

产业转移是产能合作研究之前的一个重要范畴。国内关于产业转移风险的研究始于2007年，主要集中在国内产业的梯度转移方面[3]，可以

---

[1] Fitzpatrick, M., "The Definition and Assessment of Political Risk in International Business: A Review of the Literature", *The Academy of Management Review*, 1983（2）: 249-254.

[2] 董千里:《供应链突发事件集成管理研究》,《物流技术》2009年第7期。

[3] 黄建康、李蒙蒙、季嘉慧:《欠发达地区承接产业转移风险规避路径》,《现代商贸工业》2014年第16期。

从境内拓展到境外风险，或者是对中国承接国际产业转移风险的研究①，从我国产业"走出去"角度进行的研究非常少。这也从侧面印证了在前几次的产业转移浪潮中，中国扮演的主要角色是产业承接地，而当前中国的"一带一路"倡议以及产能合作和早期的产业转移并非同一概念，有本质区别。

（三）"走出去"风险

关于中国企业"走出去"的研究始于2000年，而后相关研究数量逐年攀升，在2015年国际产能合作研究达到了近年来研究热点的峰值。而关于"走出去"的风险分类问题，主要观点有：李福胜（2006）提到了传统的政治风险、经济风险、金融风险以及非传统的风险，包括恐怖主义、宗教及资源冲突、民族冲突、疫病、生物侵害、生化病毒与武器、自然灾害、人类公海、生产安全及突发事件等；刘宏、汪段泳（2010）将中国企业"走出去"面临的主要外部风险分为政治风险、主权风险、安全风险、法律风险、文化风险、工会及利益相关者风险和环保风险；王茹（2012）谈到中国企业"走出去"的风险包括外部风险和内部风险，其中，政治、经济、法律、市场、同业竞争等是主要的外部风险，战略风险、整合风险、人力资源风险和经营风险等是主要的内部风险；韩振海、袁莹（2013）认为，我国在企业"走出去"的过程中，在东道国主要面临产业、税收以及外汇等经济政策风险。可以看到，有关"走出去"风险的研究，主要关注点也是外部风险和内部风险两大方面，而外部风险主要集中于与不同国家国情、社会环境等相关联的国别风险。

（四）跨国经营风险

主要研究集中在跨国企业经营以及并购方面，涉及国家风险（或政治风险）、外汇风险、决策风险、财务风险、市场风险、整合风险等②，明显的发展趋势是，从关注战争、征收、国有化等方面的政治风险，开始关注东道国政策的变化、区域保护、经济和政治报复、区域内部协调、第三国的干预、民族主义和宗教矛盾、各国内部的利益集团和非政府组织的政治

---

① 唐丽艳、张秋艳、王会芹：《基于ISM的软件业承接国际产业转移风险研究》，《价值工程》2007年第8期。

② 叶永刚：《跨国公司对外汇风险管理的方法》，《国际金融研究》1986年第4期。

参与等方面的政治风险（国家风险）。① 各国政府政策势能对应对网链突发事件及其竞争实力有一定影响。

（五）价值链风险

价值链风险是指在价值链的生产运营过程中由于一些潜在的风险因素的影响导致价值链的整体效益下降，进而导致价值链不能达到其预期目标，不能实现每个环节预期的价值增值。②

国内的相关研究比较少，始于 2007 年，主要的分类观点有以下几种：段文娟、聂鸣、张雄（2007）将价值链风险分为：内生性风险和外生性风险，前者是指由全球价值链下产业集群的内部原因所积累的升级风险，后者是指由全球价值链下产业集群外部原因所导致的升级风险。王继光、李补喜（2009）认为价值链风险包括：市场、信息传递、道德信用、系统、战略等方面的风险。其中的价值链内生性风险和外生性风险可以为我们从全球价值链视角定义"一带一路"产能合作风险提供一些思路，即从全球价值链内部和外部两部分来讨论"一带一路"产能合作风险。

（六）供应链风险

国内关于供应链风险的研究，始于 2001 年，迄今为止，已经形成了系列化的研究成果。其中，对于供应链风险的类型，主要观点见表 11 - 2。

表 11 - 2　　　　　　　供应链风险分类的主要观点③

作者（年份）	风险分类
张炳轩、李龙洙、都忠诚（2001）	市场风险因素、合作风险因素、利润分配因素、供应链利润波动因素、技术与信息资源风险因素、道德风险因素
马士华（2003）	内生风险（道德风险、信息风险、合作关系风险、物流风险）；外生风险（政治风险、经济风险、技术风险、法律风险、供应风险和需求风险）
解琨、刘凯、周双贵（2003）	管理协作风险、信任风险、激励风险、道德风险和核心技术外泄风险等合作关系风险

---

① 童生、成金华：《我国资源型企业跨国经营的政治风险及其规避》，《国际贸易问题》2006 年第 1 期。

② 郭秋霞、邓祥明、欧阳江：《基于 BP 人工神经网络的价值链风险的评价》，《物流技术》2011 年第 13 期。

③ 周宝刚：《风险环境下基于决策者行为的供应链集成优化》，博士学位论文，东北大学，2011 年。

续表

作者（年份）	风险分类
倪燕翎、李海婴、燕翔（2004）	外部风险（环境、市场）；内部风险（管理、信息、技术、结构、金融）
汪贤裕、肖玉明、钟胜（2008）	环境风险、供应链网络风险（即链风险）、节点企业风险
晚春东、王雅林、齐二石（2007）	系统、供应、物流、信息、财务、管理、市场需求和环境八类风险
耿殿明、傅克俊、宋华岭（2009）	内生风险（道德风险、信息风险、采购风险、物流风险、合作风险）；外生风险（市场风险、政策风险、法律风险、突发灾害风险）
董千里（2009）	外部风险（自然风险、社会风险、经济风险、政策风险、信用风险、市场风险）；内部风险（技术风险、信息风险、人机风险、物流风险、策略风险、道德风险）
钟昌宝、魏晓平、聂茂林、姜殿玉（2010）	外部风险（供应风险、需求风险）；内部风险（合作风险、利益分配风险）
周宝刚、关志民、杨锡怀（2010）	环境风险（外部不确定性，包括自然、政治、经济、法律和技术等）；组织风险（内部不确定性）；网络风险（供应链结构的复杂性）
赵静（2015）	市场风险、合作风险、技术风险、信息风险、金融和财务风险、制度风险、供应链解散风险（自贸区供应链风险管理研究）
高翔、贾亮亭（2016）	网络营销风险、电子支付风险、通关风险、跨境物流风险、法律法规风险、信息风险
易伟明、董沛武（2018）	外部环境风险（自然灾害、社会扰动、政策变化）；外部网络风险（物流风险、资金流风险、信息流风险）；企业内部风险（管理风险、财务风险、人事风险、技术风险）

  可以看出，有关供应链风险的分类，大多数包含内部风险和外部风险两个方面，这与前面对价值链风险的分类方法相同，由此，对在全球价值链视角下考察产能合作的风险，我们也可以将之分为内部风险和外部风险。同时，国际产能合作很多是以对外投资的形式展开，所以，对外投资风险的分类对"一带一路"产能合作风险的分类有借鉴意义。

（七）"一带一路"产能合作风险

关于"一带一路"产能合作风险方面的研究，目前比较少，其中主要涉及突发事件风险的分类。主要有以下观点。赵德宇、刘苏文（2016）将之分为政治风险、制度风险、外交风险、经济风险、竞争风险和社会风险。郭建鸾、闫冬（2017）认为包括地缘政治风险、社会风险、经济风险、大国博弈风险。梅建平（2018）主要强调了国际产能合作的国别风险，并从四个维度进行了定义，包括征收、汇兑限制、战争及政治暴乱、违约。

可见，现有的文献主要强调的是外部风险，其中涉及的风险主要集中在政治风险、社会风险、经济风险方面，并未过多讨论在国际产能合作中涉及的其他方面的风险，比如自然风险、法律风险、技术风险等，也并没有从全球价值链角度来考虑产能合作时价值链内部的风险。本章将对"一带一路"产能合作风险做系统定义，并力争对风险分类做全面梳理。

二 "一带一路"产能合作风险类型

根据导致"一带一路"乃至国际产能合作网链突发事件发生的缘由，可将其分为全球价值链外部因素和内部因素引发的两大类。网链外部因素引发的有自然灾害、政治（政局动荡、战争和内乱、国家战略冲突等）、法律、经济（汇率波动、衍生品交易差异、债务违约等）、文化（文化、宗教冲突等）等类型，网链内部因素引发的有意外事故、投资决策、经营、财务等。网链突发事件类型在"一带一路"产能合作过程的明确划分，为进一步研究"一带一路"产能合作的网链风险分类、网链危机特点及网链应急对策等提供了分类及研究依据，进而有利于构建"一带一路"产能合作的网链突发事件集成管理体系。

结合"一带一路"产能合作的网链风险分类理论，网链风险分为外部风险和内部风险。其中，外部风险包括自然、国别、跨文化三个方面的风险；内部风险包括合作、财务、信息、物流、决策、信用、运营和技术八个方面的风险。鉴于各种版本对风险定义的不同，本章在对国际产能合作相关风险分类的基础上，梳理其定义。

（一）国际产能合作外部风险

1. 自然风险

自然现象、物理现象和其他物质现象所带来的灾害，对国际产能合作造成损失的可能性，如地震、水灾、火灾、风灾、雹灾、冻灾、旱灾、虫灾以及各种瘟疫等。自然风险的成因不可控，但有一定的规律和周期，发生后的影响范围较广。如 2016 年 4 月 16 日，厄瓜多尔近海发生里氏 7.8 级地震，共造成 654 人死亡、68 人失踪、1.6 万余人受伤，而在地震发生前的 4 月 13 日，辛克雷水电站项目的首批 4 台机组刚刚投产发电。幸好经过系统排查后，在强震中安然无恙。①

2. 国别风险

国别风险指在国际产能合作中，由国家的主权行为引起的造成损失的可能性及其后果。在主权风险的范围内，国家作为交易的一方，其违约行为（例如停付外债本金或利息）直接构成风险，政策和法规的变动（例如调整汇率和税率等）间接构成风险，在转移风险范围内，国家不一定是交易的直接参与者，但国家的政策、法规却影响着该国内的企业或个人的交易行为。② 本章采用中国社科院世界经济与政治研究所的《中国海外投资国别风险评级报告（CROIC－IWEP）》中的国别风险评级结果，因为其除了包含通常的经济基础、偿债能力、社会弹性、政治风险以外，还包含了对华关系这一指标③，在一定程度上弥补了传统评级机构方法的不足。

（1）经济基础指标（市场规模、发展水平、经济增速、经济波动性、贸易开放度、投资开放度、资本账户开放度、通货膨胀、失业率）；

（2）偿债能力（公共债务/GDP、外债/GDP、短期外债/总外债、财政余额/GDP、贸易条件、银行业不良资产比重、是否为储备货币发行国）；

（3）社会弹性（内部冲突、环境政策、资本和人员流动的限制、劳动力市场管制、商业管制、教育水平、社会安全、其他投资风险）；

（4）政治风险（执政时间、政府稳定性、军事干预政治、腐败、民主问责、政府有效性、法制、外部冲突）；

（5）对华关系（是否签订 BIT、投资受阻程度、双边政治关系、贸易依存度、投资依存度、免签情况）。

3. 跨文化风险

跨文化风险是指在国际产能合作中由于投资、经营主体的文化差异及对由此引起的文化冲突不能合理化解，而导致经济合作目标落空、并购失

---

① 资料来源于中国一带一路网（https://www.yidaiyilu.gov.cn）。
② 王学龙：《试论国家审计在国家治理中的作用及路径》，《财会研究》2012 年第 16 期。
③ 张明：《中国海外投资国家风险评级报告（2015）》，《光明日报》2015 年 6 月 3 日第 16 版。

败等风险后果,包括本族文化主义风险、价值观念差异风险、沟通风险、宗教与风俗习惯风险等。如2016年,国外媒体报道一款中国出口的婴儿沐浴液,产品说明部分英文翻译不当,使当地消费者无法准确理解其含义,导致进口国对该款婴儿沐浴液进行调查,要求当地进口商停止进口该款产品,已经上架的产品必须召回。①

(二) 国际产能合作内部风险

1. 合作风险

合作风险是指国际产能合作企业之间缺乏必要的沟通造成相互信任的缺乏而产生的不确定性及其后果。国际产能合作的根本目的是合作,这种合作的本质体现为合作伙伴之间的资源共享与集成优化。但是,因为各成员企业所处的经营环境相比国内企业有很大差异,无形中就增加了企业之间的合作障碍,甚至阻碍了全球价值链的整体竞争优势。同时,国际产能合作中的各企业经营目标和利益诉求各不相同,不可避免地存在一些博弈,进而出现了一些规避风险、转嫁风险的现象。如某中国工程企业经中介介绍,与外商草签了一份房屋建筑合同。在合同未完成签署程序且对方资金未到位的情况下,该公司便开始启动项目,设备和人员进场,最终合同无法落实,该公司蒙受巨大损失,出现劳资纠纷五年,造成恶劣影响。

2. 财务风险

财务风险是指企业在国际产能合作中,由于各种不确定因素的发生,使企业在一定时期、一定范围内所获取的最终财务成果与预期的经营目标发生偏差,从而使企业蒙受经济损失或更大收益的可能性及其后果。企业的财务活动贯穿于生产经营的整个过程中,筹措资金、长短期投资、分配利润等都可能产生风险。② 如某中国企业与外商签订设备设计与安装合同后,对方资金流断裂,导致项目长期停工,给中方公司造成很大损失。③

3. 信息风险

信息风险是指全球价值链在开放的信息流环境下,各节点企业在国际产能合作中,由于信息的不对称和严重的信息污染现象导致信息不准确性、滞后性和其他一些不良后果的一种相对冒险现象。④ 一方面国际产能合作机

---

① 资料来源于中国一带一路网(https://www.yidaiyilu.gov.cn)。
② 顾弘宇:《企业经营风险和财务风险的防范和控制》,《甘肃科技》2011年第17期。
③ 资料来源于中国一带一路网(https://www.yidaiyilu.gov.cn)。
④ 司腾龙、徐晓莉:《电子商务在企业应用的风险管理研究》,《现代商业》2014年第9期。

制决定了各成员企业需要不断进行信息共享,从而提高合作效率、提升价值链竞争力。但同时,处于价值链上的合作企业本身又有各自的利益诉求,不能事无巨细地共享各类信息,尤其是关键的涉密信息。同时,随着全球价值链的扩张、链条日益庞大、结构日趋复杂,不可避免地存在信息传递延迟或传递失真的情况。这些都会导致"一带一路"产能合作信息风险的出现和加剧。① 如中国某企业收购澳大利亚西部铁矿,由于地质资料和项目信息获取不充分,后来发现不是赤铁矿,而是磁铁矿。再加上没有配套的港口、铁路等矿石出口通道,项目面临巨额亏损。②

4. 物流风险

由于物流过程中其周围环境具有发散性影响,同时自身条件的不稳定以及物流过程的具体操作者和拥有共同利益者无法精确预算或掌控各类变动因子,使物流项目在运作及结束后,所获得的预期效益与预计不符,从而可能造成损失。国际产能合作涉及范围广、环节多,要加快资金周转速度,实现生产或柔性化制造,离不开高效运作的物流系统。这类风险一般包括物流及时性风险、物流安全性风险、物流准确性风险、物流成本风险、通关风险。如某中国企业对外出口轴承,因海关编码差异,进口税率差别极大,进口国海关根据相关竞争企业举报,按高税率核定中资企业出口产品,造成企业亏损和市场份额减少。

5. 决策风险

决策风险是指在决策活动中,由于主体、客体等多种不确定因素的存在,决策活动不能达到预期目的的可能性及其后果。如中海外参与国外的高速公路建设项目,总报价约30.49亿人民币,但项目工期过去三分之二时,就已经举步维艰,整个项目预计亏损约25.45亿人民币。最终,不得不放弃该工程。

6. 信用风险

信用风险又称违约风险,是指国际产能合作方故意违约或因为其他原因不能履行合同,致使交易对方遭受损失的可能性。某中国石油设备出口企业,未签署自我保护条款,轻率发货,却由于外商长期拖欠约10亿元货

---

① 耿殿明、傅克俊、宋华岭:《大型企业集团供应链风险的识别与防范》,《企业经济》2009年第7期。

② http://www.sohu.com/a/245355268_100240421.

款,导致该企业面临破产,被其他企业接管。①

7. 运营风险

运营风险是指企业在运营过程中,由于外部环境的复杂性和变动性以及主体对环境的认知能力和适应能力的有限性,而导致的运营失败或使运营活动达不到预期的目标的可能性及其损失。② 某中资企业在国外承建工程承包项目时,与中国一家企业签订分包合同,后者又将土建工程分包给个人,形成"层层分包",导致总承包单位无法掌控施工团队,三方因工期、工程质量、工程款等问题产生纠纷,后花费大半年时间,承担了较大经济损失,才使纠纷平息,也因此该项目无法按期竣工交付,对外造成了不良影响。

8. 技术风险

技术风险是由于技术因素的变动,投资项目的经济效益可能偏离人们预测或期望的水平。技术因素的变化包括:设计方案与图纸的变更、施工条件的变化、技术装备质量不稳定以及技术性差错等,这些都将影响投资经济效益的发挥。这类风险主要包括技术不足、技术开发、技术保护、技术使用、技术取得和转让等方面的风险。如2006年,因为丰田、通用、大众、日产等国际汽车巨头纷纷到一些国家投产,这些国家不再像当初那样迫切需要引进外国的汽车企业,因而开始选择合资对象,中国汽车企业便成了被"婉拒"的对象。③

上述各种投资风险中,政治风险对投资者而言是最大的风险,梅建平(2018),黎绍凯、张广来(2018)等,都强调了国别风险对国际产能合作的重大影响。国别风险的规避难度大且复杂,商业风险等的风险规避措施在此处多不适用,故应深究其风险影响因素,寻找行之有效的应对策略。

这一点,在课题组收集的突发事件案例中,也得到了证实。在课题组收集的208个案例中,按照风险类型排序,国别风险的比例接近50%。当然,因为搜索的信息主要来源于网络和论文,不可避免地存在信息的失真,例如,课题组搜索到物流风险、技术风险突发事件相对较少。但是,国别风险的比例之高可见一斑(见图11-2)。

---

① 资料来源于中国一带一路网(https://www.yidaiyilu.gov.cn)。
② 黄欢:《建筑施工企业财务管理风险及审计对策研究》,《现代国企研究》2019年第4期。
③ 吴琼:《吉利等五汽车企业俄罗斯项目遇阻》,《上海证券报》2007年7月11日第16版。

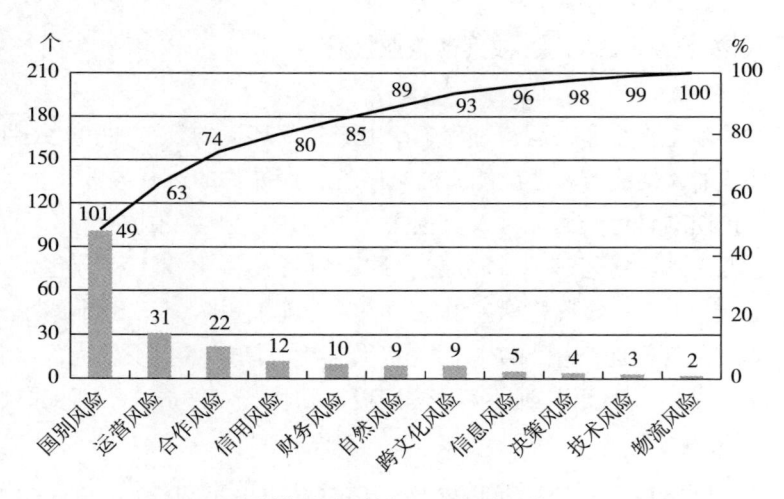

图 11-2　突发事件案例风险归类的巴雷特分析

另外，从行业类型上看（见图 11-3），境外产业网链风险可以划分为三类：建筑业、水电气供应业、采矿业和制造业为第一类（占比 82%）；物流及信息服务业为第二类（占比 12%）；其余为第三类（占比 6%）。建筑业，电力、燃气及水的生产和供应业，采矿业，制造业是容易爆发网链突发事件的主要产业领域，占突发事件案例数量的 82%，这与国际产能合作项目投资大、金额高、战略影响期长等因素相关；交通运输、信息传输等

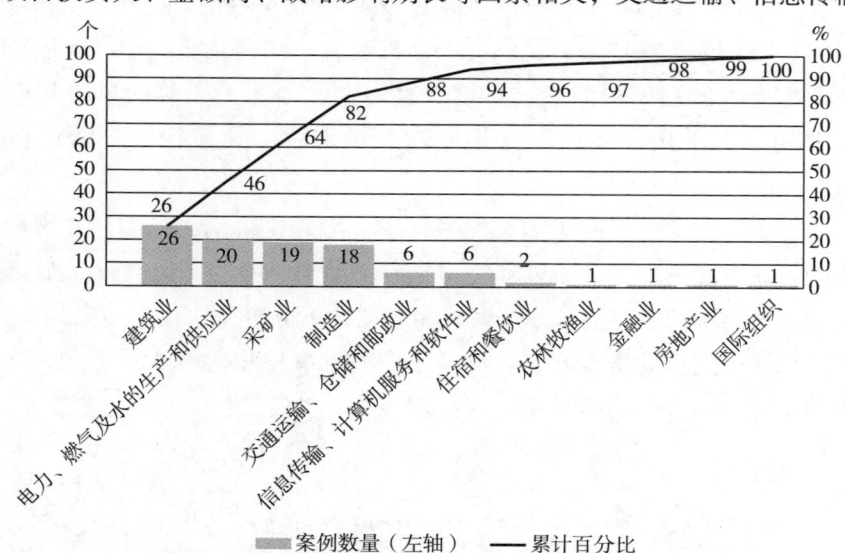

图 11-3　网链突发事件发生案例占行业的分类示意

生产性服务业，是较容易发生突发事件的产业领域；最后才是住宿餐饮、农林牧渔业等产业领域。

第三节 "一带一路"产能合作的风险测度

对"一带一路"产能合作风险要建立长期持续识别和监控运行机制，其中对风险的测度是重要一环。

一 "一带一路"产能合作风险测度模型构建

根据产能合作风险类型，构建"一带一路"产能合作风险的测度指标框架体系如表11-3所示。

表11-3　　　"一带一路"产能合作风险测度指标体系

目标层	准则层	一级指标	备注
"一带一路"产能合作风险	外部风险 E	自然风险 R_1	根据近年来自然灾害发生的频率，从自然灾害的危险度和承灾体易损度来判断
		国别风险 R_2	根据《中国海外投资国别风险评级报告（CROIC-IWEP）》中的国别风险评级结果，对应的风险得分为1—9
		跨文化风险 R_3	民族文化主义风险、价值观念差异风险、沟通风险、宗教与风俗习惯风险等
	内部风险 I	合作风险 R_4	主要合作伙伴相互信任度、利益分配公平度、风险相应机制有效性等
		财务风险 R_5	信息技术与设备重大故障率、资金流、最终产品成本、主要节点企业资金流动、核心企业整体协调能力等
		信息风险 R_6	信息共享与知识产权保护协调性、牛鞭效应强度、数据存储与传输失效程度等
		物流风险 R_7	延迟交货率、产品损坏率、通关情况等
		决策风险 R_8	市场波动幅度、对目标市场的了解等
		信用风险 R_9	利用信用评级结果、对应的风险得分为1—9
		运营风险 R_{10}	主要节点企业核心业务能力、结构稳定性等
		技术风险 R_{11}	企业技术创新能力、供应商生产柔性、独家供应商等

二 步骤与方法

运用 Fuzzy AHP 法①量化国际产能合作风险,主要针对测度指标进行分析②,主要包括以下几个步骤。

(一)明确风险指标比较标度准则

比较第 i 个风险与第 j 个风险的相对重要性时,使用相对权重 a_{ij} 来描述。设共有 n 种风险参与比较,则可以构造出对应的成对比较矩阵 $A = (a_{ij})_{n \times n}$,其中 a_{ij} 的取值采用表 11-4 中标度法进行标度取值。

表 11-4　　　　　　　　风险指标比较标度准则

标度	说明
0.5	风险 R_i 与风险 R_j 同等重要
0.6	风险 R_i 比风险 R_j 稍微重要
0.7	风险 R_i 比风险 R_j 明显重要
0.8	风险 R_i 比风险 R_j 重要得多
0.9	风险 R_i 比风险 R_j 极端重要
0.1, 0.2, 0.3, 0.4	风险 R_i 与风险 R_j 相比较得到判断 a_{ij},则风险 R_i 与风险 R_j 相比较得到的判断为 $a_{ji} = 1 - a_{ij}$

(二)构建模糊判断矩阵

假设有 k 位专家,n 种风险 $R = \{R_1, R_2, \cdots, R_n\}$,那么,$\widetilde{a}_{ij}^x = (l_{ij}^x, m_{ij}^x, u_{ij}^x)$,$(i, j = 1, 2, \cdots, n; x = 1, 2, \cdots, k)$ 为专家 x 经过两两比较得出的风险 R_i 比风险 R_j 重要的模糊判断程度,其中,l_{ij}^x 和 u_{ij}^x 表示左右扩展判断的模糊程度,$u_{ij}^x - l_{ij}^x$ 的值越大,表示判断越模糊;m_{ij}^x 是 $\widetilde{a}_{ij}^x$ 隶属度为 1 的中值。因为模糊判断矩阵具有互补性,则有:

$$\widetilde{a}_{ji}^x = (1 - u_{ij}^x, 1 - m_{ij}^x, 1 - l_{ij}^x) \tag{11-1}$$

构造出的三角模糊判断矩阵集为:

---

① 董千里:《站场规划方案综合评价的 AHP-F 隶属度合成法》,《西安公路交通大学学报》1995 年第 4 期。

② 苏世彬、黄瑞华:《基于三角模糊数的属性层次模型》,《系统工程理论与实践》2006 年第 12 期。

$$\{\tilde{A}^k | \tilde{A}^k = (\tilde{a}_{ij}^x)_{n \times n} = (l_{ij}^x, m_{ij}^x, u_{ij}^x)_{n \times n}, (i,j = 1,2,\cdots,n; x = 1,2,\cdots,k)\}$$
(11-2)

（三）计算各项指标的综合重要程度

根据三角模糊计算公式，将上述矩阵 A 进行变换，并利用式（11-3）计算出各层指标排序的三角模糊向量集①，即得出各风险指标的综合重要程度 I_i。

$$I_i = \sum_{j=1}^n \tilde{a}_{ij} / \sum_{i=1}^n \sum_{j=1}^n \tilde{a}_{ij} = \left(\frac{\sum_{j=1}^n \tilde{a}_{ij}^l}{\sum_{i=1}^n \sum_{j=1}^n \tilde{a}_{ij}^u}, \frac{\sum_{j=1}^n \tilde{a}_{ij}^m}{\sum_{i=1}^n \sum_{j=1}^n \tilde{a}_{ij}^m}, \frac{\sum_{j=1}^n \tilde{a}_{ij}^u}{\sum_{i=1}^n \sum_{j=1}^n \tilde{a}_{ij}^l} \right)$$
(11-3)

（四）比较各项指标重要程度

计算各项指标重要于同一层次其他指标的可能性，即 $I_i > I_j$（$i, j = 1, 2, \cdots, n$，且 $i \neq j$）的可能性程度为：

$$d_i = \min_{j=1,2,\cdots,n; j \neq i} \left[\frac{l_j - u_i}{(m_i - u_j) - (m_j - l_j)}, 1 \right]$$
(11-4)

根据式（11-4）得到各指标 R_i 的单指标权重向量，为：
$$w = [d_1, d_2, \cdots, d_n]^T$$
(11-5)

再进行归一化处理，令：
$$D_i = \frac{d_i}{\sum_{i=1}^n d_i}, i = 1,2,\cdots,n$$
(11-6)

得到的风险指标权重向量为：
$$W' = [D_1, D_2, \cdots, D_n]^T$$
(11-7)

而后根据第 q 个准则层对应于目标层的权重 λ_q，计算所有指标的综合权重，为：
$$W = [\lambda_1 W'_1, \lambda_2 W'_2, \cdots, \lambda_q W'_q]$$
(11-8)

（五）利用德尔菲法以及表 11-4 所述的方法，确定对应方案各个指标的得分 r_i

对于第 i 个指标，假设有 k 位专家做出了评判，其中选择"风险很高""风险高""风险较高""风险一般"以及"风险较低"的人数分别为 k_1、

---

① 喻海燕：《我国主权财富基金对外投资风险评估——基于三角模糊层次分析法（TFAHP）的研究》，《厦门大学学报》（哲学社会科学版）2015 年第 1 期。

k_2、k_3、k_4、k_5,则对应指标的得分为:

$$r_i = \frac{9 \times k_1 + 7 \times k_2 + 5 \times k_3 + 3 \times k_4 + k_5}{k} \qquad (11-9)$$

而后计算备选方案的综合得分 Z,Z 值越高,风险越高。

$$Z = \sum_{i=1}^{n} r_i W_i, i = 1, 2, \cdots, n \qquad (11-10)$$

三 实证分析

(一) 构建三角模糊数的模糊判断矩阵

邀请三位专家针对企业在国际产能合作中的风险重要性进行指标评价,构建出如表 11-5 所示的外部风险三角模糊判断矩阵。

表 11-5　　　　　　外部风险三角模糊判断矩阵

	R_1	R_2	R_3
R_1	(0.5, 0.5, 0.5)	(0.3, 0.3, 0.4) (0.3, 0.4, 0.5) (0.2, 0.3, 0.4)	(0.3, 0.3, 0.4) (0.4, 0.5, 0.6) (0.2, 0.3, 0.4)
R_2	(0.6, 0.7, 0.7) (0.5, 0.6, 0.7) (0.6, 0.7, 0.8)	(0.5, 0.5, 0.5)	(0.7, 0.7, 0.8) (0.4, 0.5, 0.6) (0.5, 0.6, 0.7)
R_3	(0.6, 0.7, 0.7) (0.4, 0.5, 0.6) (0.6, 0.7, 0.8)	(0.2, 0.3, 0.3) (0.4, 0.5, 0.6) (0.3, 0.4, 0.5)	(0.5, 0.5, 0.5)

(二) 构建综合三角模糊判断矩阵

假设三位专家的风险评估能力相当,赋予各专家相同的权重为 1/3,由此得到如表 11-6 所示的综合三角模糊判断矩阵。

表 11-6　　　　　　外部风险综合三角模糊判断矩阵

	R_1	R_2	R_3
R_1	(0.500, 0.500, 0.500)	(0.267, 0.333, 0.433)	(0.300, 0.367, 0.467)
R_2	(0.567, 0.667, 0.733)	(0.500, 0.500, 0.500)	(0.533, 0.600, 0.700)
R_3	(0.533, 0.633, 0.700)	(0.300, 0.400, 0.467)	(0.500, 0.500, 0.500)

第十一章 网链机制：预见、进取、应对

（三）风险指标排序

利用式（11-3）可得外部风险各指标的排序，如表 11-7 所示。

表 11-7　　　　　　　　　　外部风险各指标排序

风险指标重要程度	排序模糊向量集
I_1	(0.213, 0.267, 0.350)
I_2	(0.320, 0.393, 0.483)
I_3	(0.267, 0.341, 0.417)

根据式（11-4）和式（11-5）比较 I_i，得到外部风险指标单排序向量 $W_{外} = (0.1924, 1, 0.6509)^T$，进行归一化处理，得到外部风险指标权重向量 $W_{外} = (0.1044, 0.5425, 0.3531)^T$。

同理可得，内部风险指标单排序向量 $W_{内} = (0.9415, 1, 0.4555, 0.6380, 0.9373, 0.6920, 0.6340, 0.3395)^T$，内部风险指标权重向量 $W_{内} = (0.1671, 0.1774, 0.0808, 0.1132, 0.1663, 0.1227, 0.1125, 0.0602)^T$。

（四）风险指标综合排序

假设外部风险和内部风险对国际产能合作同样重要，分别赋予它们 0.5 的权重，则得到各风险指标的综合排序向量 W，如表 11-8 所示。

表 11-8　　　　　　　　　　各风险指标综合权重

准则层	外部风险					内部风险					
指标	R_1	R_2	R_3	R_4	R_5	R_6	R_7	R_8	R_9	R_{10}	R_{11}
权重	0.0522	0.2713	0.1766	0.0835	0.0887	0.0404	0.0566	0.0831	0.0614	0.0562	0.0301

按照其权重值大小将风险类型进行排序，得到如图 11-4 所示的结果。可见，在国际产能合作中，风险最高的主要是外部风险中的国别风险和跨文化风险。当然，并不是说自然风险并不重要，只是相对其他风险发生的频率，自然风险发生的频率较低，所以受到的重视也就低一些。而在内部风险中，首当其冲的是财务风险和合作风险，这从课题组收集到的案例中也可以得到证实，财务风险和合作风险所带来的损失往往是巨大的，很难弥补和挽回的。同时，虽然技术风险排名最后，这主要与中国对外产

能合作中主要开展的是能源与制造业有关，但是，技术风险并不是不重要，尤其是在高新技术产业当中的核心技术风险，华为、中兴的案例就恰恰说明了核心技术风险的重要性。尤其是中兴的案例，因为核心技术的部分缺失，当其他的诱因引发突发事件的时候，恰恰是核心技术对企业产生了重大影响。

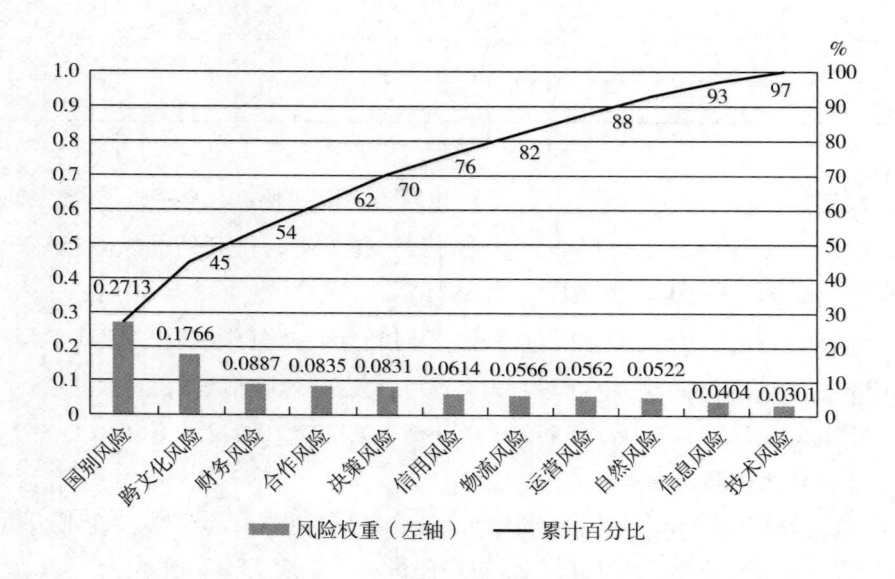

图 11-4 "一带一路"产能合作风险排序

（五）模型在国际产能合作案例中的使用

利用之前的模型，对某公司与印度尼西亚和柬埔寨进行产能合作的两个项目的网链风险进行测度（以下简称项目1和项目2）。

（1）风险测度模型应用。若要测度"一带一路"产能合作中的网链风险程度，可以邀请几位专家，利用德尔菲法以及表 11-3 所述的方法，根据式（11-9）确定对应方案各个指标得分 r_i，而后，利用式（11-10），得到备选方案的综合得分，从而做出判断。

课题组调查并测度了某医药公司在与印度尼西亚和柬埔寨开展国际产能合作中的案例风险程度。邀请该企业内外专家进行风险评价，得到如表 11-9 所示的结果。

表 11-9　　某公司与印度尼西亚和柬埔寨产能合作风险评价

风险类型	项目 1	项目 2
国别风险	6.0	4.0
跨文化风险	6.0	4.0
财务风险	3.0	3.0
合作风险	4.0	3.5
决策风险	3.5	3.0
信用风险	4.5	3.5
物流风险	3.5	2.5
运营风险	5.0	4.0
自然风险	4.0	3.0
信息风险	4.5	4.0
技术风险	5.0	6.0
风险总分	4.87485	3.67925

资料来源：风险评分来源于专家评价。

根据如表 11-9 所示的结果，在与印度尼西亚合作的项目 1 中，企业作为集成体的网链总风险为 4.87485，明显高于与柬埔寨合作项目的 3.67925，这也在实际当中得到了印证，项目 1 最后没有合作成功，项目 2 至今仍在运营。

（2）网链的风险测度及应用。在国内网链走向全球价值链的时候，其所面临的外部风险中，最大的风险是国别风险，对于国别风险的防范，可以考虑：①建立网链风险识别防范体系，构建集成体协调机制，积极参与全球治理体系。②完善对外投资法律政策体系，发挥境外产能合作区的作用，为企业提供风险预警帮助；借助各种专业服务机构规避风险。③企业要更好地利用各种对外投资指南信息（如"一带一路网"中的国家投资指南信息等），对合作对象的风险做到事前、事中都心中有数。

第四节 "一带一路"产能合作的风险防范

一 国际产能合作风险管理的基本环节

"一带一路"产能合作走向全球价值链的过程,是全球价值链的分工过程,其中也包含了发生突发事件的风险承担过程。通过考虑"一带一路"产能合作的内外部因素,突发事件发生、发展、演化和善后的过程,形成了网链风险集成应对过程①,参见图11-5。

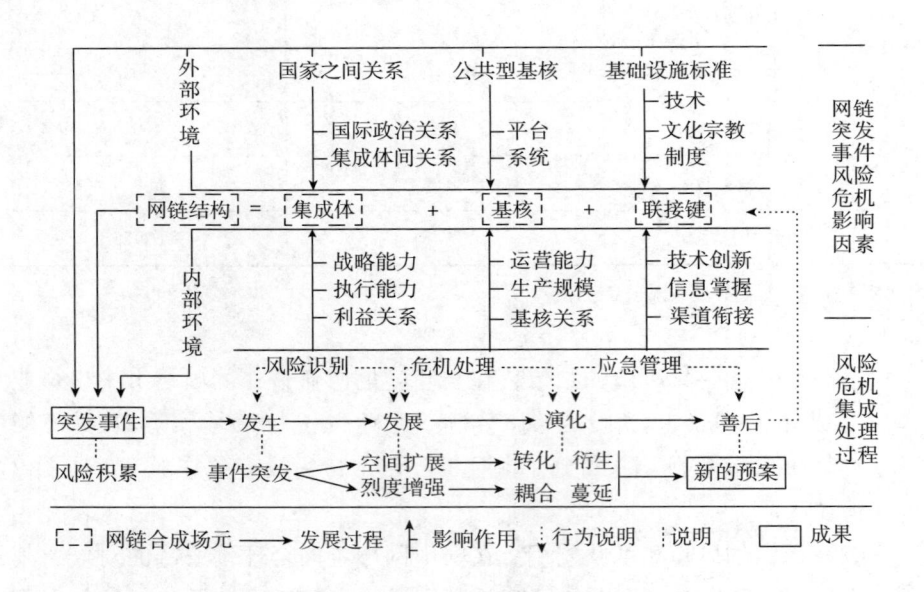

图11-5 网链突发事件因素影响及风险集成处理过程

国际产能合作风险管理是全球价值链成员企业独自或者协同运用风险管理工具和方法去处理由全球价值链内外部因素或相关活动引起的或受其

---

① 刘小东、尚鸿雁、陈安等:《危险货物运输突发事件与应急管理机理研究》,《物流技术》2010年第4期。

影响的国际产能合作运作中的风险。风险指突发事件或不确定性事件造成的损失，或造成损失的可能性。

国际产能合作风险是全球价值链上的成员单位的所有风险，风险管理的主体是全球价值链成员单个或多主体企业协同运作，针对可能出现的损失，选择最佳风险管理技术、组织和机制，实现保障最大安全和最佳经济效能，即最大限度地保证全球价值链成员单位人员、财产的安全及盈利能力，谋求最有效成本进行风险管理，以获取最佳效益。

"一带一路"产能合作风险主要体现在内部与外部因素造成的网链风险，网链集成体独自或协同运用工具和处理方法，消除或降低网链内外部因素或相关活动引起的突发事件风险。主导网链的集成体在"一带一路"产能合作中承担着风险识别、危机处理和应急管理职能，必要时可与网链其他成员企业结成合作集成体或多集成体协同运作，力争网链损失量或损失可能性为最小。因此，在产能合作的网链风险管理过程中需要关注四个相互联系的环节：产能合作网的链风险识别、风险评估、风险处理、风险监控与反馈。

二　国际产能合作危机管理

（一）国际产能合作突发事件危机转化

国际产能合作突发事件危机是由全球价值链内部或外部风险产生的，任何严重影响国际产能合作的稳定性与连续性的事件都可能导致整条价值链的产品、服务、资金和声誉出现巨大的损失和损害，甚至使价值链系统解体。国际产能合作突发事件往往具有突发性和灾难性。国际产能合作突发事件一定会导致国际产能合作出现严重危机。但当国际产能合作突发事件从风险达到危机状态，往往是除了"危险"，可能还有"机遇"存在，有时将其称为国际产能合作危机，当国际产能合作突发事件发生时，只有危险、灾害形成，那只能是应急，应采取预案所确定的应急管理措施，尽量减少灾难、灾害的损失，尽快恢复研发和生产过程。

按照国际产能合作突发事件产生的危机带给价值链的影响程度来划分，可将国际产能合作危机分为国际产能合作波动性危机、国际产能合作中断性危机和国际产能合作灾难性危机。全球价值链是一个非常复杂的动态系统，链条上的企业是一个个独立的经营主体，有着各自的经营战略、目标市场、技术水平、管理方式以及企业文化等，甚至存在一个企业同属多个相互竞争的价值链的情形,所有这一切都增加了国际产能合作中的复杂性和不确定性,从而导致风险甚至危机的产生。与一般企业可能遇到的合作危机相比,国际产能合作危机有如下特征:(1)国际产能合作危机的博弈性;(2)国际产能合作危机的动态性;(3)国际产能合作危机的复杂性;(4)国际产能合作危机的层次性;(5)国际产能合作危机的多元性;(6)国际产能合作危机的联系性;(7)国际产能合作危机的传递性;(8)国际产能合作危机的放大性。

国际产能合作具有成员的多元性、关系的竞合性、地域的分散性、组织的网络型等特点,而应对突发事件又要求全球价值链功能的集成性,这种企业组织形式掩藏着众多国际产能合作内部风险与潜在风险,使企业不得不重视"一带一路"产能合作风险管理。

(二)国际产能合作危机管理措施

国际产能合作危机管理是运用危机管理的理论及方法,为预防、控制国际产能合作危机产生、减少危机影响、维持国际产能合作正常运行而采取的一系列应对国际产能合作危机的行动与对策。国际产能合作危机管理活动包括对国际产能合作危机的识别、评估、预警,进而对危机状态可能的价值链危害进行调节、控制和处理等管理活动,使国际产能合作危机能够向积极的一面发展,缓解危机状况,防止其变成突发事件。

1. 要善于化解危险

在危机形成之前要及早识别危险、化风险为机遇。

国际产能合作危机管理与"一带一路"产能合作风险管理在概念和研究对象方面常常有相似的内容,但是"一带一路"产能合作风险管理的重点在于对风险的识别、评估、控制与监控,而国际产能合作危机管理更加关注实际操作层面的内容,也就是研究对于存在的"一带一路"产能合作风险,应当采取哪些具体的应对措施来降低其导致国际产能合作危机的可能。二者既有区别,又有联系,供应链风险管理是供应链危机管理的基础,而供应链危机管理是供应链风险管理的延伸,对于企业来讲,二者缺一不可。

国际产能合作危机的源头来自"一带一路"产能合作风险。有些风险是可控的,有些风险是不可控的。由不同"一带一路"产能合作风险引发的国际产能合作危机也具有部分可控的特征,特别是由于"一带一路"产能合作风险的复杂与多变,国际产能合作危机的种类也呈现出多种不同的形式。所以，针对不同特性、不同种类的危机必须采取不同措施来应对。

2. 要主动抓住机遇

主动抓住机遇，便于化险为夷。国际产能合作危机管理措施可以分为危机防范措施和应急管理措施。危机防范措施研究的是如何通过预防风险来预防危机的发生；而应急管理措施指的是在突发性、灾难性危机发生的情况下，应采取何种手段来降低或转移危机，并把可能造成的危害减到最小。在国际产能合作面临的危机中，有些可以采取危机防范措施来预防发生；而对于恐怖袭击、东道国法令突变等事先无法预料的危机，只有通过国际产能合作应急管理措施来妥善化解。不论是全球价值链的内部风险，还是外部风险，直接作用的都是一个个的节点企业，但是波及的却是整条价值链从上游到下游的所有企业，所以研究国际产能合作危机管理措施也应建立审视整个全球价值链的基础之上。由于企业所处的产业、国内价值链、国家价值链、全球价值链等不同，面临的风险情况相差巨大，即使是同一产业（行业）的不同价值链间也有许多区别，因此，不同价值链所需要采取的国际产能合作危机管理措施也是不同的，具有普遍指导意义的国际产能合作危机管理措施如下。

（1）建立、加强集成体的风险识别意识，包括"一带一路"产能合作成员企业的风险—危机意识。

（2）合理规划构建基核识别风险、转化危机和应对事件物资、技术和智能储备，形成"一带一路"产能合作风险、危机和应急管理机制。

（3）完善网链在原料地、市场地等的联接键，保持物流链、供应链和产业链和全球价值链的柔性，即适应性，增加全球价值链弹性，即恢复性。即使遭遇了网链突发事件也能够迂回应对，及时恢复网链运行能力。

（4）加强网链绩效在全球价值链的信息交流与共享机制，建立高效、快捷的"一带一路"产能合作信息传递渠道，形成完善的场线规模效率体系。

（5）强化"一带一路"产能合作核心企业的领导、监控作用。强化"一带一路"产能合作企业之间面对风险、危机的同舟共济意识和合作伙伴关系，促进基于网链的协同发展。

（6）在主导网链发展过程中，集成体要加强"一带一路"产能合作企业的激励，稳固"一带一路"产能合作成员的长期战略联盟，建立"一带一路"产能合作风险、危机和应急处理机制。

由于"一带一路"产能合作危机管理的复杂性与不确定性,"一带一路"产能合作危机管理措施在制定及实施过程中,必须与"一带一路"产能合作风险管理、国际产能合作应急管理中的相关措施与方法相协调、配合才能实现最佳危机管理效果。也只有通过不同管理手段多管齐下、共同管理,才能在国际产能合作危机发生前将其风险予以消除,在危机发生后将其危害尽可能地降低。

总之,国际产能合作危机管理的目的并不是百分百地避免危机,而是了解究竟可能会面临哪些危机,有哪些风险可以预防,又有哪些风险可以被消除,从而制定相应的措施来应对。而出现危机及突发事件后应采取何种管理手段去防止事件扩散、发展,并把危机可能造成的危害减到最小,这些内容将主要在国际产能合作应急管理中研究。

三 国际产能合作应急管理

（一）国际产能合作突发事件应急管理

将应对突发事件的应急管理思想应用到国际产能合作之中,是近年来的一个新发展。国际产能合作应急管理是针对国际产能合作突发事件发生前的预防、预警和突发事件发生后的响应、处置和善后管理活动的综合。国际产能合作应急管理利用应急管理的思想方法和研究框架,将应急管理和国际产能合作管理结合起来考虑,对全球价值链系统中出现的突发性危机、事件进行实时管理,以降低其对价值链系统的影响,提高经历突发事件后价值链系统的性能。国际产能合作应急管理是针对突发事件的一个动态的管理过程,可以分为监测预防、识别评价、应急处置和善后管理四个阶段。形成应急计划或应急预案是重要的管理手段和方法。

国际产能合作应急管理不同于"一带一路"产能合作风险管理、国际产能合作危机管理,却是防止国际产能合作在突发事件发生后遭到严重影响的最后一道管理屏障。也就是说,国际产能合作应急管理主要研究的是国际产能合作突发事件已经发生的情况下的管理方法与手段,在这一点上,它与"一带一路"产能合作风险管理、国际产能合作危机管理注重"发现—预防"式的管理方法有显著的不同。如果说国际产能合作突发事件应急管理也要有识别—预防式的管理方法的话,那就是将风险管理、危机管理和应急管理纳入同一个国际产能合作集成管理体系之中。

（二）国际产能合作应急管理的重点

探索和研究科学的、系统的国际产能合作应急管理内容，针对其全过程中的变化规律，借助先进的信息技术，建立国际产能合作内外部的应急机制，有效解除和应对国际产能合作运作过程中所发生的具有破坏性的意外事故。由于国际产能合作突发事件具有多样性、突然性、传递性等特征，应在建立常备不懈的突发事件防范体系的同时，更应该明确国际产能合作应急管理过程中的管理重点。

（1）国际产能合作应急管理应与供应链风险、危机管理相配合，构建一个完整的体系。"一带一路"产能合作风险管理、危机管理和应急管理并不是一个个单独的管理阶段，而是一个密切联系、有机结合的整体，为了尽可能地避免国际产能合作突发事件的发生，应该从突发事件的风险潜伏期，也就是在对"一带一路"产能合作风险的监控及识别阶段，就考虑这些风险可能导致的突发事件问题，根据不同风险的来源及突发事件的构成因素，采取相应的国际产能合作危机管理措施，将国际产能合作突发事件消灭在潜伏状态。

（2）将国际产能合作突发事件预警、防范工作渗透到"一带一路"产能合作风险管理、危机管理之中，将识别—评估—预警—应对—善后等过程形成集成管理过程，将非常规管理纳入常规管理工作之中。

（3）规范和优化国际产能合作的应急管理过程。在国际产能合作突发事件发生后，从识别控制到应急处置，应做到临危不乱、分工明确、责任清晰，防止事件扩大、演化，或在事件已经演化时能及时控制事件的进一步发展。建立系统、规范的国际产能合作突发事件应急处置机制，掌握和处理好供应链各环节间关系，快速、高效实施最有效的管理措施。

（4）注重国际产能合作突发事件的善后管理。也就是在国际产能合作突发事件发生后，注重善后处置的工作，防止次生影响的产生，并在应急处置完成后，尽可能快速地完成善后工作，最大限度地缩短应急管理周期，降低突发事件对国际产能合作的影响，以使国际产能合作在短时间内恢复正常运行。通过加强集成管理，可以在对国际产能合作突发事件应急管理过程做到有的放矢、主次分明，将有限的管理资源发挥出最大的管理效果，避免系统瓦解等悲惨事件发生。

（三）国际产能合作应急管理的过程

研究国际产能合作应急管理理论的最终目的就是建立和完善针对国际

产能合作突发事件的应急管理过程，使其更加有效和优化。国际产能合作应急管理过程一般可以分为监测预防、识别评价、应急处置和善后管理四个阶段。

（1）监测预防阶段。监测预防是国际产能合作应急管理过程的第一个阶段，这一环节所包含的管理手段和完成的重要职能是在国际产能合作突发事件的事前采取风险、危机的监控和预防措施，以达到预防事件发生和快速响应的目的。这一阶段的管理活动往往与"一带一路"产能合作风险管理有着密切的联系，且需要信息技术的有力支持。

（2）识别评价阶段。国际产能合作应急管理过程中的识别评价是对已经发生或不可避免发生的突发事件进行总体识别、评估的活动。其主要目的是在突发事件发生后的第一时间进行事件调查，找出事件发生的原因、性质及类型，初步评估其所涉及的范围和危险程度，为下一步展开应急处置及善后处理活动提供可靠有效的依据。一般来讲，可从可减缓性、可挽救性、可恢复性三个方面衡量、评估国际产能合作突发事件的危害。

（3）应急处置阶段。当国际产能合作突发事件不可避免地发生以后，通过初步识别与评价，用事先设计的应急预案，对国际产能合作突发事件采取紧急减灾处置措施。这是国际产能合作应急管理过程中的关键阶段，应急处置活动的及时、正确与否，直接决定了突发事件发生后的持续时间、影响范围和损失程度，决定了一个企业、一条供应链、一条产业链甚至一条全球价值链的存亡。

（4）善后管理阶段。主要指应急处置阶段结束后，尽快对受突发事件影响的对象进行补偿、恢复和重建，通过制定相应的善后管理办法和措施，进一步加强宣传教育、总结经验、吸取教训，以在日后的国际产能合作运作过程中杜绝类似事故发生。其管理活动主要包括恢复重建活动和奖惩改进活动等。

综上所述，通过完善国际产能合作应急管理过程的四阶段管理内容，确立了国际产能合作应急管理的组织框架和管理体系，系统地明晰了各阶段应急管理职责和所能依附的支撑条件，但对于具体的管理措施，还需要根据不同价值链类型和不同的突发事件类型来进一步设计和应对。

第五节 本章小结

一 主要结论

（1）风险—危机—应急是一个连续过程。基于全球价值链视角的"一带一路"产能合作突发事件的潜伏、发生、发展和处置的全过程，可分为"一带一路"产能合作风险管理、国际产能合作危机管理和国际产能合作应急管理三个相互关联的管理领域。应用辩证的方法认识和处理国际产能合作突发事件在风险、危机阶段的识别、预警，突发事件发生后的应对与善后过程等。国际产能合作突发事件管理是集"一带一路"产能合作风险管理、危机管理和应急管理为一体的集成管理过程。突发事件爆发是"一带一路"产能合作风险、危机管理过程中的一个转折点，是应急管理启动的必然条件。常规业务的突发事件管理应与"一带一路"产能合作风险管理、危机管理过程紧密结合起来。

（2）将分段管理转为集成管理。突发事件后果是严重的，应急管理成本是很高的。特别是在网链突发事件中，每一个合成场元都会涉及风险识别相关因素。"一带一路"产能合作风险识别、风险评估和风险规避，是一个连续的常规管理过程，而突发事件爆发的应对、处理和善后是一个非常规管理过程。国际产能合作突发事件集成管理主体（集成体）应该将非常规管理纳入常规管理工作的一个连续的集成管理过程之中。

（3）国家间关系是国际产能合作最高风险来源。国家间关系是"一带一路"产能合作环境的最高级别风险来源，往往也是后果最严重的风险来源，是网链突发事件预警、转化、应对和集成管控的重要内容，应该清晰定位国家间关系，将网链风险识别及其非常规治理，纳入国家间关系常规管控工作过程，形成网链突发事件预警、转化、应对和应急管控的集成管理过程。在关键时刻，国家应介入涉及集成体主导的网链突发事件应急管理。①

二 主要启示

通过本章的研究可以看到，在网链结构的基本范畴中，不仅要关注主要合成场元中的主动性与被动性，还要关注以下几个方面。

（1）集成体要学习和提升识别网链风险、转化危机和应对突发事件的能力，包括积极主动地做好突发事件的风险识别、智能和物质能力准备工作，而不仅仅是被动应对，其中包括集成体战略思想、战略方针和实现措施。

（2）基核的场源要做好应对网链风险技术、资源和创新技术的物质、技术准备，在遇到网链突发事件风险时，基核要能够及时完成识别风险和应对危机的资源和集成技术。

（3）联接键要能够为网链技术创新、应对危机准备和提供获得资源、技术的通道能力，也包括国家政策势能的支持。

---

① 董千里、闫柏睿：《网链走向全球价值链的风险—危机集成应对》，《中国流通经济》2019年第6期；董千里：《供应链突发事件集成管理研究》，《物流技术》2009年第7期。

结论启示篇

结论启示篇是研究报告最终结论和拓展认识的启示，主要包括集成场机理应用于"一带一路"产能合作在四个方面主要基础理论研究成果，产能合作实践六个方面实践提炼的理论认识观点，理论与实践相结合七个方面主要研究推论，以及多个方面主要启示和建议。

第十二章 主要研究结论与启示

本书归纳总结了 152 个"一带一路"产能合作案例、208 个产能合作风险与危机应对案例研究。依托以中国改革开放 40 余年物流外包为基础的两业联动及其产业转型升级实践及理论提炼,以物流业集成创新实践提炼的集成场理论,在"一带一路"背景下,以集成场全球价值链视角,创建了同态网链结构理论,拓展了两业联动发展模式,提出了网链转型升级、网链绿色延伸理论,形成了境外产能合作发展模式、境外产业园区发展模式,为"一带一路"网链治理、价值链升级奠定了理论基础;提出从境内地方产业链、升级到国家产业链,进而延伸到境外国国际产能合作产业链,以参与全球价值链分工的产能合作机制、路径和治理方式等,形成全球价值链增值等一系列主要研究成果。

从实践—理论—实践的认识网链结构循环发展中形成集成场理论,在产能合作上形成六方面观点、七项主要推论并获得四方面主要启示。

第一节 主要理论成果

在研究过程中,基于集成场理论和全球价值链视角,进一步形成并完善了"一带一路"产能合作相关理论。

一 集成场网链结构理论

集成体主导的网链参与"一带一路"产能合作,将物流链、供应链、供应链集成和产业链用同态网链结构统一了结构范畴,主要由同态网链结构、网链绿色延伸和风险危机集成管理几个方面理论要点组成。

(一) 同态网链结构理论

(1) 集成场的集成体、基核和联接键所构建的网链是反映人工大系统的最简单网链结构。最简单的结构便于抓住最核心的范畴。

(2) 基于集成场三维结构可以将物流链、供应链、供应链集成和产业链等合成场元性质、功能和作用反映出来,以同态网链范畴进行类推分析和研究探讨,简化了研究对象的形式,深化了不同层次网链嵌入的关联内容研究。

(3) 物流链、供应链、产业链等在集成场视角下可以看作同态网链结构,同态网链便于在集成场范畴内进行耦合、链接、嵌入和融合,为链接、融合后的网链进行全球价值链分工和价值地位分析奠定了基础。

(二) 网链绿色延伸理论

(1) 产业迁移往往具有梯度转移特征,产能合作要集成产业转移的优势,避免产业转移所涉及"过剩""劣质"转移之嫌,就要在产品用途、服务品牌、产能技术和生态环境等方面有所改进,即体现网链绿色延伸境外与东道国进行共享的合作。

(2) 围绕网链绿色延伸就需要产品性质、功能、核心技术、集成创新,包括在文化、组织和制度等集成创新、渗透传播相结合的支持下,形成网链绿色延伸的技术、组织和制度创新。

(3) 知识集成、技术创新、文化传播、组织制度要纳入网链绿色延伸的政策势能范围,并转化为网链运行的经济动能,通过网链集成体、基核和联接键综合形成的集成力和集成引力体现出来。

(三) 风险—危机—应急集成应对理论

(1) "一带一路"产能合作中突发事件的风险积累、危机形成、灾难应急是一个网链状延伸的过程,要防止风险累积、危机恶化和灾难形成,就要对网链突发事件风险及时识别,对风险累积进行控制,危机一旦形成就要及时化险为夷。

(2) 要将风险识别、危机转换和应急管理构建成一个系统,实现一体化集成系统监控及应对过程。需要注意优秀文化传播对防范或抑制某些网链突发事件的积极作用。

(四) 网链转型升级理论

(1) 单一网链所呈现的螺旋式自运行是由集成体主导网链实现的,网链螺旋形自运行是微观经济动能机制推动的，体现了网链自身集成创新发展方向；多个网链之间竞合及所体现的方向，是由网链群运行所呈现的螺旋形推荐、集成创新方向叠加所体现的，在一定环境下，体现着政府规划政策势能的作用。

（2）改革开放以来的物流高级化、两业联动、产业联动、产能合作等体现了产业转型升级的基本轨迹，这是实践归纳提炼出来的理论认识，完善后可用于指导产能合作实践。

二 主要研究观点

集成场全球价值链视角的"一带一路"产能合作研究观点，可以概括为集成体主导境外产能合作模式及其全球价值链分工等，简要阐述如下。

（一）集成体主导网链形成及全球价值链分工

每一个成功的网链背后都有集成体战略思维的光辉和战略执行能力的坚定，从物流链、供应链、供应链集成、产业链到以价值链的角度观察形成境内价值链、国家价值链和全球价值链。从境内价值链到国家价值链是"走出去"的必要途径，特别是全球影响重大的产业链。集成体关系是延伸境外的中外集成体"企企"关系，基核及场源建设体现了网链延伸的核心内容，绿色特征融于"一带一路"产能合作发展模式，如下所示。

$$\text{产能合作发展模式} = \text{集成体} \begin{Bmatrix} \text{中外融合} \\ \text{中外联盟} \\ \text{中外伙伴} \\ \text{独立经营} \end{Bmatrix} \text{关系} + \begin{Bmatrix} \text{综合型} \\ \text{关联型} \\ \text{园区型} \end{Bmatrix} \text{基核} + \begin{Bmatrix} \text{文化型} \\ \text{制度型} \\ \text{政企型} \\ \text{技术型} \\ \text{资源型} \\ \text{信息型} \\ \cdots\cdots \end{Bmatrix} \text{联接键}$$

要深刻理解产能合作发展模式的含义。产能合作发展模式与两业联动发展模式虽然是同态网链结构性质，但其形式与内容还有更深刻的含义，针对更深刻的含义需要集成体加深理解。这一差异体现在从境内延伸至境外这一重大环境因素的转变，相应的集成体、基核和联接键维度相同，但内涵、机制相异。

（二）境内产业链升级是网链绿色延伸前提

境内价值链表现为基于地方产业链的升级，地方价值链提升为国家价值链，体现了集成体所主导的企业文化、制度和竞争机制，有利于形成国内和国际共识品牌，这是从产业转移意识到产能合作理念并体现网链在全球价值链中竞争力的一种集中表现形式。国家价值链境外绿色延伸，是集成创新、转型升级提升全球价值链价值地位并抵御风险、危机和突发事件的一种途径。

（三）网链绿色延伸需要有集成创新体系支持

区别于以往产业转移的产能合作，"一带一路"的目的是寻求合作双方或多方构建人类命运共同体，实现合作共赢。所以，在借鉴以往经验时，要进行集成场顶层设计，集成体要规划产业网链集成创新，规划文化、制度渗透和传播。构建产业网链在境内与境外集成创新发展机制，实现并落实网链的绿色延伸。网链绿色延伸体现在产品、技术、文化、制度和环境等诸多方面，需要网链知识集成、技术创新、环境保护和政策势能的支持。这里涉及网链集成创新和可持续发展创新等方面所得到的国家政策势能重视与关注，以增强网链抵御风险能力。

（四）国际物流主通道及其中转枢纽紧密衔接

国际物流主通道及其国际物流中转枢纽形成网链绿色延伸的国际场线支撑体系，在境内也形成点轴型区域发展系统。以西安为国际物流中转枢纽的一个重要载体，向东形成铁海联运，向西形成铁路货运班列，向南可以对接国际贸易陆海新通道，加上航空立体网络，形成了以有关主通道为基础的点轴发展系统。这样一个网络可以形成产能合作网链，实现高质量、高效率、低成本运营。

（五）境外园区是网链绿色延伸的承载基地

境外产业园是网链结构绿色延伸境外的落脚点、承载地，要精心设计场源结构，提升集成引力作用。从集成场视角观察境外园区支持网链绿色延伸的同态发展模式如下：

$$\text{境外园区发展模式} = \text{集成体} \begin{Bmatrix} \text{相对控股} \\ \text{合资控股} \\ \text{绝对控股} \\ \text{独资开发} \end{Bmatrix} \text{关系} + \begin{Bmatrix} \text{制造型} \\ \text{研发型} \\ \text{资源型} \\ \text{综合型} \\ \text{平台型} \\ \cdots\cdots \end{Bmatrix} \text{基核} + \begin{Bmatrix} \text{社会型} \\ \text{制度型} \\ \text{政企型} \\ \text{技术型} \\ \text{资源型} \\ \text{信息型} \\ \cdots\cdots \end{Bmatrix} \text{联接键}$$

境外园区发展模式中集成体主要是平台集成体，有时平台集成体还是具有一定实力的产业集成体，因此，除了基于基核场源的集成引力，还具有产业整合能力的集成力作用。在境外园区规划建设过程中，中方集成体可以按照东道国政府、法律要求进行独资建设，或与东道国企业进行合资控股或相对控股建设，为了体现集成体意志，也可以采用控股合资、控股合作等股权融合的集成体间关系，实现国际产能合作机制要求，以境外园区发展模式促进国际产能合作发展。

（六）基核及其园区建设是风险防范点

境外研究报告对 208 个产能合作突发事件案例进行了分析，指出了"一带一路"产能合作存在的风险类型，提出了构建风险识别、危机转化和应急管理的一体化管理体系。产能合作中的优秀文化传播，对构建境外网链风险识别—危机转换—应急集成应对机制、案例研究验证、防范网链突发事件，都有重要的作用。

三 主要研究推论

根据网链结构理论、集成体主导、发挥政策势能等观点，可以得到以下推论或建议。

（一）建立产业转移到产能合作的集成场理论视角，深度研究拓展

本书以集成场全球价值链角度分析，验证了从产业转移到产能合作的研究新视角。这种新视角具体如下：（1）源自中国改革开放的认识、实践，结合中国在改革开放中对引进和承接外资、建厂和拓展市场等过程中遇到的问题与解决措施的探索，提炼中国对作为"世界工厂"的产业网链认识与治理过程的理论；（2）探索中国依托"一带一路"走向全球价值链，在新的全球价值链分工中找到中国产业链在全球价值链分工的地位、作用和途径；（3）总结和指导如何构建人类命运共同体，在"一带一路"产能合作中如何做出中国贡献，走出中国道路，形成中国特色。

（二）构建网链结构是产业转型升级的知识—技术—组织系统支撑

本书提出并运用集成体、基核和联接键构成的网链是最简单的网链结构，这是人工大系统的最简要描述，改变了以往被动的研究对象表述，体现了集成具有的"主动优化"的含义。代表这个主动优化的实体是集成体，承载基础是基核，对内对外衔接是联接键，这是集成场视角的最简单的同态网链结构。本书用最简单的网链结构描述了研究对象及基本特征，简化

了研究对象及过程重复交叉问题，便于进行深入研究。物流业高级化、产业联动集成是人工大系统的基本行为，实践所形成的理论是集成场，从集成场全球价值链视角研究"一带一路"产能合作，可识别、提炼中国产业链走向"一带一路"乃至全球的路径及理论。

（三）地方产业链提升到国家层面是绿色延伸提升全球价值链前提

本书将产业链产品品牌提升到国家层面以上，用集成场同态网链理论简化了网链结构，进一步探讨了物流链、供应链、供应链集成乃至产业链，并实现了网链集成创新、绿色延伸，这是名正言顺"走出去"的必要前提。"一带一路"产能合作应以国家价值链途径"走出去"，渗透和传播中华优秀文化，这样在"一带一路"产能合作中成功的可能性大大增强。

（四）同态网链绿色延伸是推行"一带一路"产能合作的基础理论

本书运用集成场结合全球价值链视角观察两业联动、产业联动，将其考察的基本对象看作由集成体、基核和联接键构成的同态网链结构。集成场将集成体主导的网链作为当今国际市场上企业参与产业竞争与合作的基本单元。构建"一带一路"网链境外绿色延伸理论，同态网链、转型升级、集成创新、绿色延伸等实践总结成为"产业迁移"到"产能合作"的基础理论，也是"一带一路"倡议中国特征的体现。

（五）技术组织集成创新要满足网链绿色延伸产业转型升级的要求

创新是新的合成场元组合产生新的产出函数。技术组织是两业联动模式、境外产能合作模式、境外产业园模式的重要内容，是网链新的合成场元之间的关系。基于这种网链关系的新技术组织关系构成有利于集成创新目的的实现。中国改革开放中引进外资并走向"一带一路"产能合作是寻求共赢发展的良好倡议。

（六）网链治理与政策治理主导者、功能差异与作用协同

集成场视角的网链治理关系，可以分为网链运行内部结构治理和网链外部环境治理两部分。网链本身具有相对性，业内网链、业间网链都属于网链治理范畴。网链治理侧重网链内部治理，政府治理侧重于环境治理，特别是网链所涉及政治、经济、法律等大环境治理与政府治理对象大不相同。

网链系统与网链环境治理主体往往是不同的，政府是环境治理主体，核心企业或核心企业群以集成体方式成为治理集成体，两者治理的主导者方面不同，治理的对象不同，治理的性质不同。作为人工大系统，网链治

理主体在两个层面不同而又有一定交织的治理体系，前者侧重于微观，后者侧重于宏观。我国产业链要走向"一带一路"，必须克服政治、经济、社会等因素的各种阻碍，防范"一带一路"产能合作过程中相应的政治、经济、社会、金融等各类风险。

（七）全球价值链扩展了集成场范畴认识深度及应用境界

本书在运用集成场理论构建和完善境内两业联动发展模式基础上，向境外产能合作发展及机制拓展。在"一带一路"网链绿色延伸过程中，集成场基本范畴逐步形成了集成场哲学思想。在理论方面构建了集成场的集成体、基核和联接键作为同态网链结构的最简网链特征，便于结合案例进行境内到境外产业转移、产能合作方面的理论探讨，便于进行境内境外比较和探索理论创新；在实践方面抓住了产能合作的途径，缩短认识、验证和实践过程的进度。

第二节 主要启示

一 持续进行网链技术组织创新

网链技术创新是非常必要的。提高网链自主研发的学习能力，关键是吸收和消化新兴技术，使新兴技术中国化。国内企业和科研机构建立的联系很少，很多研究学者的研究内容和水平已经达到了世界的先进水平，但这些学者主要集中在科研机构，成果转化非常困难。产业与企业、高校、科研机构构建创新技术研发合作联盟会使创新技术组织水平有显著提高。

二 落实培养境外专业人才

我国需要引进发达国家技术并进行消化吸收，但是我国科技创新转换率较低。一部分原因就是研发人员不充分，很多留学高级人才选择留在国外，而国内的高级人才一般都留在大型企业，因此必须注意中小企业高素质人才的培养。同时，在企业国际化过程中，对其他环节人才的培养同样非常重要，海尔集团专门建立了海尔大学用于培养集团内部的高素质人才，这对我国产业国际化的技术人才培养是很有借鉴意义的。

三 发挥政府政策势能作用

政府政策势能在构建"一带一路"产能合作环境，应对国别政治风险，支持技术创新，市场开发和实现可持续发展等方面都有重要的作用。政府应该在企业技术创新提供必要的条件，促进企业和高校、科研院所的联合，积极在国际市场上推广我国家电产品。政府制定政策可以根据"一带一路"倡议，提出有中国特色的产业国际化道路，在全球价值链中占据合适分工地位，提高主动优化的合作能力。

四 媒体宣传兼容国际企业文化

企业不断引进和吸收新的技术而发展壮大并进入国际市场时，如果企业文化不能随着企业规模的国际化而国际化，其发展最终是要受到限制的。我国的家电企业可以通过培养国际化的人才，让东方色彩浓厚的企业文化与开放的西方企业文化相融合，使员工在一种国际化的文化氛围中工作，树立国际化的目标，开拓国际化的视野，从而才能使企业登上国际化的舞台并取得成功。

参考文献

《海尔集团:"一带一路"上加速奔跑的中国名片》,《中国品牌与防伪》,2017年。

陈刚、刘珊珊:《产业转移理论研究:现状与展望》,《当代财经》2006年第10期。

陈文玲、梅冠群:《"一带一路"物流体系的整体架构与建设方案》,《经济纵横》2016年第10期。

丁俊发:《改革开放40年中国物流业发展与展望》,《中国流通经济》2018年第4期。

董千里:《"一带一路"背景下国际中转港战略优势、条件及实现途径》,《中国流通经济》2017年第2期。

董千里:《道路货运集散战略的设计与实现》,《西安公路交通大学学报》1995年第2期。

董千里:《道路运输产业与企业创新的思考》,《综合运输》1996年第12期。

董千里:《电子信息技术与运输产业科技化》,《综合运输》1995年第7期。

董千里:《改革开放40年我国物流业高级化发展理论与实践》,《中国流通经济》2018年第8期。

董千里:《高级物流学》,人民交通出版社1999年版。

董千里:《高级物流学》(第三版),人民交通出版社2015年版。

董千里:《供应链管理》,东北财经大学出版社2009年版。

董千里:《供应链突发事件集成管理研究》,《物流技术》2009年第7期。

董千里:《货运集散业及支持系统探讨》,《重庆交通大学学报》(自然科学版)1995年第3期。

董千里：《基于"一带一路"跨境物流网络构建的产业联动发展——集成场理论的顶层设计思路》，《中国流通经济》2015年第10期。

董千里：《基于供应链管理的第三方物流战略研究》，《中国软科学》2000年第10期。

董千里：《基于集成场的省域制造业与物流业联动发展水平研究》，《物流技术》2013年第2期。

董千里：《基于集成场理论的制造业与物流业联动发展模式研究》，长安大学物流与供应链研究所，2015年。

董千里：《基于集成场理论的制造业与物流业网链融合发展机理研究》，《物流技术》2013年第5期。

董千里：《集成场理论：两业联动发展模式及机制》，中国社会科学出版社2018年版。

董千里：《集成场视角：两业联动集成创新机制及网链绿色延伸》，《中国流通经济》2018年第1期。

董千里：《加速中国道路运输产业科技化进程的研究》，《西安公路交通大学学报》1996年第1期。

董千里：《境外园区在"一带一路"产能合作的新使命及实现机制》，《中国流通经济》2018年第10期。

董千里：《强化集成体，精铸联接键——基于物流集成场视角的再认识与思考场线效率》，《大陆桥视野》2012年第23期。

董千里：《深化"一带一路"产能合作的集成场认识》，《国家治理》2018年第40期。

董千里：《网链绿色延伸："一带一路"重卡产能合作的价值链提升》，《中国流通经济》2018年第6期。

董千里：《物流集成场：国际陆港理论与实践》，社会科学文献出版社2012年版。

董千里：《物流中心初探》，《汽车运输研究》1995年第4期。

董千里：《物流中心再探》，《汽车运输研究》1997年第1期。

董千里：《以转机建制促运输企业发展的思考》，《汽车运输研究》1995年第1期。

董千里：《站场规划方案综合评价的AHP－F隶属度合成法》，《西安公路交通大学学报》1995年第4期。

董千里、董展:《集成体主导的基核区位分布与两业联动发展关系研究》,《物流技术》2013年第10期。

董千里、董展:《制造业与物流业联动发展模式的识别与应用——集成场视角的案例研究》,《物流技术》2013年第12期。

董千里、董展:《制造业与物流业联动集成场中的联接键形成与运行研究》,《物流技术》2013年第11期。

董千里、董展、关高峰:《低碳物流运作的理论与策略研究》,《科技进步与对策》2010年第22期。

董千里、鄢飞:《物流集成理论及实现机制》,社会科学文献出版社2011年版。

董千里、闫敏:《物流战略管理研究》,《西安公路交通大学学报》1997年第1期。

董千里、阎敏、董明:《关于区域物流理论在我国应用的研究》,《重庆交通学院学报》(自然科学版)1998年第2期。

董小君:《通过国际转移化解过剩产能:全球五次浪潮、两种模式及中国探索》,《经济研究参考》2014年第55期。

董展、董千里:《构建物流集成场的主体思路与基本范畴》,《物流技术》2012年第9期。

耿献辉:《中国涉农产业:结构、关联与发展》,博士学位论文,南京农业大学,2009年。

国家统计局国民经济核算司:《中国2012年投入产出表编制方法》,中国统计出版社2014年版。

黄梅波、张晓倩:《中非产能对接与非洲三网一化建设:合作基础及作用机制》,《国际论坛》2016年第1期。

贾根良、刘书瀚:《生产性服务业:构建中国制造业国家价值链的关键》,《学术月刊》2012年第12期。

刘勇、黄子恒、杜帅等:《国际产能合作:规律、趋势与政策》,《上海经济研究》2018年第2期。

毛基业、李晓燕:《理论在案例研究中的作用——中国企业管理案例论坛(2009)综述与范文分析》,《管理世界》2010年第2期。

潘峰华、王缉慈:《从"被动嵌入"到供应链园区投资:外商直接投资的新模式?》,《中国软科学》2010年第3期。

钱学森：《一个科学新领域——开放的复杂巨系统及其方法论》，《上海理工大学学报》2011年第6期。

邱斌、周勤、刘修岩等：《"'一带一路'背景下的国际产能合作：理论创新与政策研究"学术研讨会综述》，《经济研究》2016年第5期。

全国现代物流工作部际联席会议办公室：《全国制造业与物流业联动发展示范案例精编》，中国物资出版社2011年版。

任相久、赵慧灿、刘秀：《技术创新视角下我国家电行业国际化战略研究》，《经济视角》2015年第5期。

商务部投资促进事务局、中国服务外包研究中心：《"一带一路"战略下的投资促进研究》，2017年。

苏湘云、何伟静：《全球价值链理论与企业竞争优势分析》，《山东人大工作》2010年第10期。

孙南申：《"一带一路"背景下对外投资PPP项目的风险应对机制》，《法治现代化研究》2018年第3期。

王海杰、吴颖：《基于区域价值链的欠发达地区产业升级路径研究》，《经济体制改革》2014年第4期。

王燕飞：《全球价值链治理创新与中国产业升级》，《重庆与世界》2016年第10期。

魏江、王诗翔、杨洋：《向谁同构？中国跨国企业海外子公司对制度双元的响应》，《管理世界》2016年第10期。

吴晓研、刘忠敏：《产业联动推动我国物流产业升级的作用机理及路径分析》，《物流技术》2017年第3期。

西安爱菊粮油工业集团：《依托"一带一路"发展战略加快粮食企业"走出去"步伐》，国家粮食局门户网站。

徐毅鸣：《中国稀土产业的国家价值链构建问题研究——基于对俘获型全球价值链治理突破的探讨》，《经济经纬》2012年第3期。

杨小凯：《经济控制论》，湖南人民出版社1982年版。

张辉：《全球价值链理论与我国产业发展研究》，《中国工业经济》2004年第5期。

张立国：《新常态下我国物流业升级目标及路径》，《技术经济与管理研究》2018年第7期。

张梅：《对外产能合作：进展与挑战》，《国际问题研究》2016年第1期。

张少军:《全球价值链与国内价值链——基于投入产出表的新方法》,《国际贸易问题》2009 年第 4 期。

张彤:《价值链嵌入视角下的制造业与物流业互动升级》,《中国流通经济》2016 年第 5 期。

Abeliansky, A., and Krenz, A., "Democracy and International Trade: Differential Effects from a Panel Quantile Regression Framework", Discussion Papers, Center for European Governance and Economic Development Research (243), 2015.

Anderson, James E., "A Theoretical Foundation for the Gravity Equation", *American Economic Review*, 1979, 69: 106 – 116.

Anderson, J. E., Van Wincoop, E., "Gravity with Gravitas: A Solution to the Border Puzzle", *American Economic Review*, 2003, 91 (1): 170 – 192.

Arvis, J. F., Mustra, M. A., Ojala, L., Shepherd, B., Saslavsky, D., Connecting to Compete 2010: Trade Logistics in the Global Economy; The Logistics Performance Index and Its Indicators, World Bank, 2010.

Bensassi, S., Márquez – Ramos, L. M. I., Suárez – Burguet, C., "Relationship between Logistics Infrastructure and Trade: Evidence from Spanish Regional Exports", *Transportation Research Part A: Policy and Practice*, 2015, 72: 47 – 61.

Borrmann, A. B. M., Neuhaus, S., "Institutional Quality and the Gains from Trade", *Kyklos*, 2006, 59 (3): 345 – 368.

Brian Uzzi, "The Sources and Consequences of Embeddedness for the Economic Performance of Organizations: The Network Effect", *American Sociological Review*, 1996, 96: 674 – 698.

Dube, N., Van der Vaart, T., Teunter, R. H., et al., "Host Government Impact on the Logistics Performance of International Humanitarian Organisations", *Journal of Operations Management*, 2016, 47: 44 – 57.

Díez – Vial, I., Fernández – Olmos, M., "Knowledge Spillovers in Science and Technology Parks: How Can Firms Benefit Most?", *Journal of Technology Transfer*, 2015, 40 (1): 70 – 84.

García, R. P., Leandro, L. M., "Logistics Performance and Export Competitiveness: European Experience", *Empirica*, 2014, 41 (3): 467 – 480.

Gereffi, G., "International Trade and Industrial Upgrading in the Apparel Commodity Chain", 1999.

Ghio, N., Guerini, M., Lehmann, E. E., et al., "The Emergence of the Knowledge Spillover Theory of Entrepreneurship", *Small Business Economics*, 2015, 44 (1): 1 – 18.

Granovetter, M., "The Strength of Weak Ties: A Network Theory Revisited", *Sociological Theory*, 1983, 1 (6): 201 – 233.

Helpman, E., and Krugman, P. R., *Market Structure and Foreign Trade: Increasing Returns, Imperfect Competition, and the International Economy*, MIT Press, 1985.

Hidalgo, C. A., Hausmann, R., "The Product Space Conditions the Development of Nations", *Science*, 2007, 317 (5837): 482 – 487.

Hollweg, C., and Wong, M. H., "Measuring Regulatory Restrictions in Logistics Services", ERIA Discussion Paper Series, No. 2009 – 14.

Jens Koeniger, Magdalene Silberberger, "Regulation, Trade and Economic Growth", *Economic Systems*, 2016, 40 (2): 308 – 322.

Korinek, J., and Sourdin, P., *To What Extent Are High – Quality Logistics Services Trade Facilitating?* (*No.108*), OECD Publishing, 2011.

Kox, H. L., and Lejour, A., Regulatory Heterogeneity as Obstacle for International Services Trade (Vol. 49), CPB Netherlands Bureau for Economic Policy Analysis, 2005.

Kox, H. L., and Nords, H. K., "Services Trade and Domestic Regulation", OECD Trade Policy Working Paper No. 49, 2007.

Limao, N., Venables, A. J., "Infrastructure, Geographical Disadvantage, Transport Costs, and Trade", *World Bank Economic Review*, 2001, 15 (3): 451 – 479.

Marti, L., Puertas, R., Garcia, L., "The Importance of the Logistics Performance Index in International Trade", *Applied Economics*, 2014, 46 (24): 2982 – 2992.

Martínez – Zarzoso, I., García – Menéndez, L., Suárez – Burguet, C., "Impact of Transport Costs on International Trade: The Case of Spanish Ceramic Exports", *Maritime Economics & Logistics*, 2003, 5 (2): 179 – 198.

Matthee, M., Santana – Gallego, M., "Identifying the Determinants of South Africa's Extensive and Intensive Trade Margins: A Gravity Model Approach", *South African Journal of Economic and Management Sciences*, 2017, 20 (1): 1 – 13.

Mccarthy, I. P., Lawrence, T. B., Wixted, B., et al., "A Multidimensional Conceptualization of Environmental Velocity", *Academy of Management Review*, 2010, 35 (4): 604 – 626.

Márquez – Ramos, L. M. I., Pérez – García, E., Wilmsmeier, G., "'Special Issue on Latin – American Research' Maritime Networks, Services Structure and Maritime Trade", *Networks and Spatial Economics*, 2011, 11 (3): 555 – 576.

North, D. C., *Institutions, Institutional Change and Economic Performance*, Cambridge University Press, 1990.

Núñez – Sánchez, R., Coto – Millán, P., "The Impact of Public Reforms on the Productivity of Spanish Ports: A Parametric Distance Function Approach", *Transport Policy*, 2012, 24: 99 – 108.

Soloaga, I., and Wilson, J. S., *Moving Forward Faster: Trade Facilitation Reform and Mexican Competitiveness (Vol. 3953)*, World Bank Publications, 2006.

Uca, N. I. H., Sumen, H., "The Mediator Effect of Logistics Performance Index on the Relation between Corruption Perception Index and Foreign Trade Volume", *European Scientific Journal*, 2016, 12 (25): 37 – 45.

Vernon, R., "International Investment and International Trade in the Product Cycle", *International Executive*, 1966, 80 (2): 190 – 207.

关键术语中英文对照

差异度	Different degrees
产能合作	Capacity cooperation
产能合作风险	Risk of production capacity cooperation
产品空间理论	Product space theory
产业集聚	Industrial agglomeration
产业集群	Industry cluster
产业结构升级	Upgrading of industrial structure
产业联动	Industrial linkage
产业链	The industrial chain
产业协同路径	Industrial synergy path
产业转型升级	Industrial transformation and upgrading
产业转移	Industrial relocation
场界	Field border
场线	Field line
出口贸易额	Export volume
大数据	Big data
动态网络管理	Dynamic network management
对称平衡原理	Principle of symmetric equilibrium
二元结构	Dual structure
范围经济	Economies of scope
服务类联接键	Service class join key (Connection key)
复合场源	Composite field source
高端产业	High-end industry

共享共赢机制	Win-win sharing mechanism
供应链	The supply chain
供应链风险	Supply chain risk
供应链集成	Supply chain integration
供应链突发事件	Supply chain emergency
供应链危机	Supply chain crisis
关联度	Correlation
规模经济	Economies of scale
国家价值链	National value chain
国内价值链	Domestic value chain
合成场元理论	Synthesis field element theory
合作创新	Cooperative innovation
黑箱原理	Black-box principle
环境治理	Environmental governance
混合型流程	Mixed process; Hybrid process
基础类联接键	Base class join key (Connection key)
基核	The base nuclear
基核场源	Nuclear field source
集成力	Integration force
集成体	The integrator
集成系统	Integrated system
集成引力	Integration gravity
集成主体	Integration subject
技术密集型产业	Technology-intensive industry
技术型联接键	Technical join key (Connection key)
监测预防	Monitoring and prevention
结构创新原理	Principle of structural innovation
进口贸易额	Import volume
近址运营	Nearly site operation
经济动能	Economic momentum
境内产业联动	Domestic industrial linkage
境内产业链	Domestic industrial chain

境外产能合作	Overseas production capacity cooperation
境外园区	Overseas park
聚类分析	Clustering analysis
可视化	Visualization
客体单元	The object unit
劳动密集型产业	Labor – intensive industry
离散型流程	Discrete flow
连续型流程	Continuous flow
联接键	Join key（Connection key）
链接	Link
两链融合	Two chain integration
两业联动	Two industry linkage
邻近性	Proximity
领先物流	Leading logistics
孟中印缅经济走廊	BCIM economic corridor
耦合关系	Coupling relationship
嵌入	Embedded（implant）
区域价值链	Regional value chain
全球价值链	Global value chain
人工大系统	Artificial large system
三维集成创新机制	3d integration innovation mechanism
三主体特征	Three main body characteristics
善后管理	Follow – up management
识别评价	Identify evaluation
梯度转移	Gradient shift
同态网链结构	Homomorphic network chain structure
同址运营	Same site operation
突发事件应对	Emergency response
外国直接投资	Foreign direct investment
网链集成创新	Network chain integration innovation
网链绿色延伸	Net chain green extension
网链突发事件	Network chain incident

网链治理	Net chain governance
危机转换	Crisis conversion
物联网	The Internet of things
物流集成理论	Logistics integration theory
物流链	Logistics chain
物流枢纽	Logistics hub
物流通道	The logistics channel
物流需求比较优势	Comparative advantage in logistics demand
物流园区	Logistics park
系统同构	System isomorphism
显性比较优势	Dominant comparative advantage
效率经济原理	Principle of efficiency economy
新亚欧大陆桥	New Eurasian land bridge
信息型联接键	Informational join key（Connection key）
需供互动原理	Interaction between supply and demand
业间网链	Network between industry chain
业内网链	The industry net chain
一带一路	The Belt and Road
应急处置	Emergency disposal
应急管理	Emergency management
云计算	Cloud computing
政策势能	Potential energy policy
政府治理水平	Governance level
知识产权协定	Intellectual property agreement
治理集成体	Governance integrator
治理主体	The governance body
智能机器人	Intelligent robot
智能决策机构	Intelligent decision making institution
中巴经济走廊	China–Pakistan Economic Corridor
中国中南半岛	Indochina Peninsula
中国中亚西亚经济走廊	China Central Asia Economic Corridor
中蒙俄经济走廊	China–Mongolia–Russia Economic Corridor

主动性合成场元	Active composition field element
主动优化	Take the initiative to optimize
主动优化原理	Principle of active optimization
主体单元	The main unit
资本密集型产业	Capital – intensive industry
资源型联接键	Resource – type join key (Connection key)
自主创新	The independent innovation
综合类联接键	Comprehensive class join key (Connection key)
最简网链结构	Minimal network chain structure